北京市少年宫

单元设计优秀案例汇编

张京华◎主编

中国铁道出版社有限公司
CHINA RAILWAY PUBLISHING HOUSE CO., LTD.

内 容 简 介

本书基于“十四五”时期北京市少年宫开展的“教学单元设计培训大赛”活动，对教学理念进行重构，对教学内容进行再设计，形成符合核心素养和单元教学设计理念的新方案。本书汇编的优秀案例在一定程度上体现了新时代北京市少年宫高质量校外教育的水平和努力方向。

全书收录了北京市少年宫单元设计优秀案例26篇，覆盖科学、艺术、体育、美术等兴趣小组多个专业类别。每篇教学单元设计都是少年宫兴趣小组教师结合各自教学工作实际，紧密围绕核心素养，经过不断设计、实践、反思取得的教学研究成果。

本书旨在为校外教育搭建一个展示与交流的平台，从不同维度和视角展现新时代背景下北京市少年宫兴趣小组教师的教学研究成果，助力校外教师专业成长，为校外教师队伍建设赋能，也为全国校外教育同行贡献具有北京特色的教学成果与智慧。

图书在版编目（CIP）数据

北京市少年宫单元设计优秀案例汇编 / 张京华主编. 北京 ： 中国铁道出版社有限公司，2025. 5. -- ISBN 978-7-113-31646-4

Ⅰ. G244

中国国家版本馆CIP数据核字第2024FY3757号

书　　名：北京市少年宫单元设计优秀案例汇编
作　　者：张京华

策　　划：刘丽丽　　　　**编辑部电话：**（010）51873090
责任编辑：刘丽丽
封面设计：刘　颖
责任校对：刘　畅
责任印制：赵星辰

出版发行：中国铁道出版社有限公司（100054，北京市西城区右安门西街8号）
网　　址：https://www.tdpress.com/51eds
印　　刷：天津嘉恒印务有限公司
版　　次：2025年5月第1版　2025年5月第1次印刷
开　　本：787 mm×1 092 mm　1/16　**印张：**13.5　**字数：**328千
书　　号：ISBN 978-7-113-31646-4
定　　价：56.00元

编委会

首先，本书的编写过程和结果可有效提高校外教师专业水平，推进校外教育高质量发展。当前校外教育教师专业发展存在的一个主要瓶颈是校外教师职前培养。大部分校外教师毕业于各个专业院校，如美术学院、舞蹈学院、音乐学院等，虽然他们都经历过较系统的专业特长培养，但在教育理论特别是校外教育教学理论方面的学习和培养却较为薄弱。这一职前培养模式导致校外教师在专业发展上呈现出专业技能强、教育教学弱的现象。这在一定程度上导致了青少年校外教育活动开展中教育内涵不足，从而削弱了校外活动的教育价值。[①] 北京市少年宫基于单元教学设计的小组教师培训，通过专题讲座和参与式培训两种形式，突出讲练结合，培训内容围绕学生核心素养培育、单元教学设计实操等方面，推进了校外教师专业化发展，弥补了校外教师职前培养的不足。一个完整的专业活动需要精心的设计，本书正是体现了校外教师所制订活动方案的专业性。

其次，本书的进一步推广也将助力学校课后服务质量的提升，推进校内外协同育人。2021年7月，中共中央办公厅、国务院办公厅印发《关于进一步减轻义务教育阶段学生作业负担和校外培训负担的意见》，强调了校外教育机构的作用，提出要发挥好少年宫、青少年活动中心等校外活动场所在课后服务中的作用。本书中的优秀案例具有代表性和实用性。大部分案例体现了少年宫与社会资源单位、学校合作开展的活动，是学校、社会融合的生动实践，为学校教师开展课后服务拓宽视野，为学校丰富课后服务内容提供借鉴。

本书由北京市少年宫教师张京华主编。期望北京市少年宫以完成本书为契机，立足于新时代，坚持立德树人、五育并举、活动育人，通过提供科学优质规范的校外教育课程，助力少年儿童茁壮成长。

编　者

2025年2月

---

① 陈岚，陈敬. 青少年宫师资问题及解决路径探析 [J]. 青少年研究与实践，2018（2）：97.

前言

党的二十大报告指出，新时代要“以中国式现代化全面推进中华民族伟大复兴”。中国式现代化的本质要求和核心问题是实现高质量发展，在教育领域要加快建设高质量教育体系。校外教育无疑是高质量教育体系建设的重要一环，教师的专业化发展水平直接决定着校外教育教学质量，决定着校外教育现代化的进程。早在 2018 年，中共中央、国务院就印发《关于全面深化新时代教师队伍建设改革的意见》。同年，北京市委、市政府印发了《关于全面深化新时代教师队伍建设改革的实施意见》，提出要建设高素质专业化创新型教师队伍。在此背景下，北京市少年宫近年来开展了围绕单元教学设计的系列培训活动。

以单元教学设计为主题开展培训是教育教学改革趋势所致。21 世纪以来，“核心素养”时代来临，这使得“单元”一词愈加得到理论界和实践领域的关注。以核心素养的育人目标为指引，课程变革由偏重内容走向关注学习方式，强调基于育人立场进行学生学习经验的结构化组织，以培养学生解决真实问题的能力。核心素养导向的单元教学超越了教材单元和活动单元，走向了有组织的学习单元。在这一理念下，单元是由各种相关的学习经验组成，通常具备以下三点特征：第一，相比于“一节课”或是“一个章节”，“单元”更是一个学习经验集合的单位；第二，通常是以教材中知识之间的逻辑、问题，或以学生的学习需要作为组织内容的依据；第三，单元是课程设计中最小的单位，也是课堂中的教学单位。①

基于核心素养和单元教学设计的理念与概念，北京市少年宫相关教师对原有的教学理念进行了重构，对原有的教学内容进行了再设计。本书收录了北京市少年宫单元设计优秀案例 26 篇，覆盖艺术、体育、科技、美术等兴趣小组多个专业类别，在一定程度上体现了新时代北京市少年宫高质量校外教育的水平和努力方向。

---

① 田薇臻，崔允漷 . 单元设计的三大模式：从学科到超学科 [J]. 教育研究与实验，2023（5）：62.

目录

艺术篇

体育篇

科技篇

美术篇

艺术篇

北京市少年宫单元设计优秀案例汇编

疫情中的微光
——身体脊椎能力训练与动作设计

艺术教学部　陈　思

一、课程基本信息

单元名称	疫情中的微光——身体脊椎能力训练与动作设计	专业类型	艺术类
活动类型	舞蹈	设计教师	陈思
活动课时	2 课时 / 周 ×4 周（45 分钟 / 课时）	活动对象	8~10 岁学生
活动时间	2020 年 9 月	人数	25 人

二、背景分析

1. 学期目标及分析

①结合舞蹈解剖学原理，认识青少年身体的骨骼、肌肉、关节的构造与功能，理解身体肌群与舞蹈动作的关系。结合课堂实践，掌握基本功的科学训练方法，懂得有效预防身体损伤。

②用拉班动作分析发展身体动作，能够在动作变化中通过改变力度、速度、方位、路线等，进行身体形态及动作风格的转换，提升身体的灵活性、协调性，也使空间定位能力、音乐节奏感以及动作表现力进一步加强。

③能创造性地开发舞蹈动作，兼顾动脑、动身体，与人互动，促进自己与社会、与自然对话的能力，能够在社会参与中感受舞蹈与文化、与生活、与情感之间的连接。

2. 教材分析

（1）教学内容分析

本单元主要针对脊椎部位的能力训练来开展多方位教学活动。脊椎训练原则与方法在青少年舞蹈教学中极为重要，尤其是柔韧度及核心能力训练的科学性、安全性、有效性，对于提升学生表达身体张力、表现力与感染力都有着重要的作用和意义。教材内容的理论依据有舞蹈解剖学、拉班人体动律学、创造性舞蹈思维等。

舞蹈解剖学对身体构造和运动原理进行系统梳理，分析如何运用脊椎各部位完成身体动作；拉班人体动律学让学生运用动作元素，通过力度、速度、方位、空间、关系的变化让身体姿态更加丰富，舞蹈风格更加鲜明；创造性舞蹈思维让学生运用创意思维进行舞蹈的组合与编排，并在合作学习、探究学习等多种形式中提升主观能动性和思辨能力。这三种理论在课程中的融合运用，使教学形式和内容偏重探索的过程，让身体的创造来源于心智上经验的累积。

（2）实践活动分析

为了增强学生的社会责任感，培养责任担当，促进学生发展“社会参与”层面的核心素养，培育学生社会主义核心价值观及家国情怀，本单元让学生用舞蹈的创意编排来体现内心情感，表达对医护工作者的敬意。舞蹈创作形式将选取主题式构思和开放式结构，让学生将所学的脊椎动律创造性地运用到舞蹈主题表达中，拓宽对艺术审美、文化、社会责任的理解。

实践过程将强调以学生为主体，教师只是引导者，从生活中提取素材，组织到课堂教学中，从而激发学生发挥潜能，让身体探索成为习惯，达到终身学习的目的。

（3）任务分析

大任务：舞蹈《疫情中的微光》集体创作。

驱动性问题：如何运用脊椎动作元素的运动原理，在规定情境中合作完成主题舞蹈的创作编排？

基本问题：

①人体脊椎部位的运动方式有哪几种？

②通过脊椎运动产生的不同身体形态在舞蹈中是如何运用的？

③怎样通过脊椎形态的变化表达舞蹈的不同情绪？

3. 学情分析

本班学生为8~10岁年龄段的女孩，有三年的舞蹈学习经历，想象力丰富、好奇心强，具备一定的观察模仿能力，热衷于对身体的探索。此年龄阶段的学生具备一定的身体柔韧性与肌肉控制能力，但身体平衡能力、动作分析能力、合作创作能力都有所欠缺，需要进一步增强身体综合能力和创造性舞蹈思维，从而学习如何用身体语言来表达不同舞种的情感。

学生通过三年的舞蹈学习，对身体部位运动方式有一定的认知，懂得基本的运动常识，具备进一步用解剖学原理指导动作的基础。学生进行过简单的组合式练习（双人）。本单元将开展多人（6~7人）合作式学习。小学中年级学生已具备一定的沟通能力，并能积极地参与讨论，但参与积极性、表达能力与评价反思能力需进一步提升。

在单元学习中有可能产生的问题是：学生的身体能力与动作要求达成度不符；动作元素排列和衔接的完成度不够充分；在多人造型和行动路线中，身体与所处空间的关系较难把握；动作的设计与舞蹈主题内容相符度的高度统一较难；在小组中相互倾听、回应、轮流承担任务及合作能力不足等。在学习的过程与评价环节中将重点关注以上内容。

三、单元目标

1. 学习目标

①学会从舞蹈解剖学角度辨别脊椎结构特征，了解脊椎周围骨骼、肌肉、关节之间的关系，懂得脊椎形态对人体体态的影响，理解核心肌群能力对预防脊椎损伤的作用。通过课堂实践，脊椎各部位动作姿态在控制、平衡中产生美感，动作更加轻松、流畅，富有表现力。

②通过讲练结合等方式，结合当代舞蹈动作特质，学会用“动作分析”理论联系实际。从脊椎动作元素着手，从空间、时间、力量、关系的探索中开发身体能动性，完成舞蹈的起（想

象动机）承（延续发展）转（突破再创）合（总结整合）。

③运用创造性舞蹈思维，通过个人即兴动作、与他人合作动作、与小组同时动作、集体完善动作，最终完成舞蹈，体会合作学习的意义与创作舞蹈的成就感。在对艺术作品的观摩、分析、交流、评价中，能从专业角度分辨不同舞种在动作质感和情感表达上的不同。学生的艺术核心素养得到培育，社会责任感得到增强。

2. 使能目标

①知道身体脊椎的构成以及特征，能运用解剖学知识进行基本的动作分析，从肩、胸腰、腰部的运动规律中掌握基本功训练动作，从预防身体损伤角度学会保护脊椎的方法。

②能结合脊椎运动规律，知道身体形态和舞蹈动作是如何形成的。用动作元素能发展出动作短句，会通过改变力度、空间、方位等方法设计造型、发展动作。

四、单元内容与实施

活动 1	学习内容	学习资源	学习活动
“认识脊椎”——脊椎的构成及其运动原理（第一周）	脊椎内部构造，各部位功能特点	脊椎构造图、舞蹈解剖学、人体模型道具、脊椎解剖教学视频	**活动 1-1：观察脊椎部位形态** 学生观看人体脊椎构造图、解剖视频，教师结合人体模型道具分部位进行讲解。 ①位置：人体躯干后部正中，上连接头颅，下连接骨盆，支撑胸廓。 ②构成：成人脊椎（有 26 块椎骨）由颈椎、胸椎、腰椎、骶骨、尾骨组成。 ③脊柱的生理曲度（两组）：颈曲和腰曲前凸；胸曲和骶曲后凸。讲解人类产生生理曲度的进化过程，生理弯曲的作用，以及对舞者站立体态的影响。 ④功能：维持身体直立和缓冲震动；保护和缓冲负重活动时对中轴结构的冲击；运动中传递压力和张力。 ⑤椎骨间的连结：椎间盘，韧带连结，关节突间连结。 ⑥脊柱周围的肌肉：后伸肌群、前屈肌群、侧屈肌群。 活动时长：20 分钟
	脊椎各部位运动方式		**活动 1-2：探索脊椎部位运动** ①根据教师指令做出动作，探索脊椎在身体中的运动方式：坐位体前屈；跪位躯干后伸；仰卧侧屈、旋转（翻身、变身）。 分为两组，可相互触摸脊椎部位，在他人动作时，观察脊椎各部位动作的特点和幅度。 ②教师讲解脊椎各部位的结构特征、运动原理。 颈椎：7 节，锥体较小。 胸椎：12 节，旋转幅度小于颈椎，受限于胸廓，胜在数量多，12 块胸椎连接 12 根肋骨。 腰椎：5 节，锥体最大，L5 承受的压力最大（常见腰间盘突出部位），旋转因关节面的方向而受限。（重点讲解） 尾骨和骶骨：幼年时期为 3~5 块，成年骨化后变成 1 块，主要为髋部的运动。 ③形成结论： 青少年骨骼特点：弹性、韧性，可塑性；骨坚固性差，承受压力和张力的能力一般。 关节与关节面的概念及训练要点：加强关节周围的肌肉力量训练，提高关节的牢固性和稳定性，使关节既牢固又灵活。 肌肉的作用：控制身体平衡能力、协调性和灵活性，但不能使肌肉过度负担。 活动时长：40 分钟

续表

活动 1	学习内容	学习资源	学习活动
“认识脊椎”——脊椎的构成及其运动原理（第一周）	脊椎部位名称及对应动作	任务单、评价表	**活动 1-3：认一认，连一连** ①学生 5 人分为一小组，完成“脊椎部位图片与身体部位名称连连看”和“基本功训练名称与训练部位连连看”两份任务单。 ②教师公布答案，各组在评价表上自评。 ③教师评判完成质量，收取评价表，记录各组成绩。 **使能目标评价任务** 1。 活动时长：20 分钟
	回顾总结与思考	课堂实录等	**总结与作业布置：** ①复习脊椎部位基本功训练动作。 ②找出自己的错误体态，自行纠正并记录。 ③练功时是否出现脊椎部位疼痛？是否有解决的办法？ **学习目标评价任务** C。 活动时长：10 分钟
活动 2	学习内容	学习资源	学习活动
“保卫脊椎”——科学训练、预防身体损伤（第二周）	过度训练造成脊椎损伤的原因	运动解剖学视频	**课前热身及知识回顾**（用时 10 分钟） **活动 2-1：何为脊椎过度训练** 观看身体过度训练的视频案例，学习人体运动科学，总结哪些错误的训练动作会产生身体的损伤。 ①频繁跳跃训练，骨骼发生变曲和变形。 ②突然大幅度动作引发关节脱位。 ③过度练习导致腰部椎体骺软骨损伤。 ④长时间高强度训练引起缺氧或晕厥。 ⑤舞蹈训练后没做放松练习，引起急慢性损伤。 活动时长：20 分钟
	脊椎部位核心肌群能力训练的方法	核心能力训练视频	**活动 2-2：何为脊椎科学训练** 讲解脊椎部位基本功及核心肌群的训练方法，学习用科学的训练动作预防部位损伤。 ①腹背臀肌动作训练（呼吸方法、发力点、节奏）。 ②肩部动作训练（动态环绕、静态拉伸）。 ③胸腰柔韧训练（肩胛提肌运动、俯卧卷腰、跪地挤胸腰）。 ④脊椎旋拧训练（前旁波浪腰、涮腰）。 ⑤还原及恢复动作（弓背团身、下犬式、猫式伸展等）。 活动时长：30 分钟
	脊椎部位训练动作姿态辨析	任务单、评价表	**活动 2-3：我的身体我做主** ①学生 4 人分为一组，每组抽取任务单，做出任务单上脊椎所标部位训练动作，说出动作易错点和预防损伤的方法。 ②各组学生填写评价表，提出改进方案。 ③教师评判完成质量，收取评价表，记录各组成绩。 **学习目标评价任务** A。 活动时长：20 分钟
	回顾总结与思考	课堂实录 当代舞视频、图片、文字资料	**总结与作业布置：** ①练习核心肌群的训练动作。 ②练习脊椎柔韧动作，检验是否出现脊椎部位不正常疼痛。 ③思考舞蹈风格特点。 **学习目标评价任务** C。 活动时长：10 分钟
活动 3	学习内容	学习资源	学习活动
“舞动脊椎”——当代舞蹈的风格特征及动律（第三周）	当代舞蹈作品赏析风格界定	当代舞蹈剧目视频、图片、音乐等	**课前热身及知识回顾**（用时 10 分钟） **活动 3-1：舞在今朝——当代舞之身心观察** 1. 当代舞的概念 教师提问：什么是当代舞？ 学生回答：通过课程学习阐述自己对当代舞的理解。

续表

活动 3	学习内容	学习资源	学习活动
“舞动脊椎”——当代舞蹈的风格特征及动律（第三周）	当代舞蹈作品赏析风格界定	当代舞蹈剧目视频、图片、音乐等	教师总结：“当代舞”主要指广泛吸收而又不拘一格地运用中国传统舞蹈素材和外来艺术素材进行的创作和表演。当代舞蹈作品追求鲜明的艺术形象和丰富的民族审美情趣，反映中国当代社会生活和时代性的精神风貌。 教师提问：当代舞有哪些特点？ 学生回答：更自由的肢体动作，易于表达情感。 教师总结：在作品选材上鲜明地指向了中国人当代生活的感情状态。 2. 当代舞赏析 教师选取疫情期间涌现出的原创当代舞蹈优秀剧目，讲解舞蹈与社会的关系，生活情感在舞蹈中如何表达。 教师提问：当代舞与民族舞、芭蕾舞、现代舞的区别有哪些？ 学生回答：对于中国民族舞、西方芭蕾舞及现代舞中的舞蹈元素采取了兼收并蓄的方式。 教师提问：你认为哪种风格的舞蹈更适合用于本单元舞蹈的创作？ 学生回答：当代舞。 教师总结：动作可以来自生活，也可以来自想象。 活动时长：30 分钟
	当代舞蹈脊椎动作元素与身体动律	动作分析——脊椎部位和肢体动作探索	**活动 3-2：身之居所——脊椎探索与认知** 教师：在当代舞中，脊椎训练动作是最基础也是最重要的内容之一，是贯穿舞蹈动作最重要的组成部分。 当代舞的脊椎训练分为低空间地面、中空间直立、移动中的旋转等。 地面：放松（麻花状）、旋转（动力点带动）、延伸舒展。 直立：通过重量带动，使脊椎产生变化。从头带动颈椎至尾椎，直至上下肢折叠；关注关节牵引和重力带动。 综合性脊椎练习：改变节奏、速度、空间的复合型训练。关注脊椎的运动走向和动作中产生的变化。 学生在教师的指令下进行脊椎的运动练习。 教师总结：用不同的运动方式来改变身体部位的原始动态，让变化更加丰富。 活动时长：20 分钟
	身体造型基础上方位、节奏、空间、动作轨迹的改变	拉班动作分析原理——节奏 空间 音乐、评价表、记录表	**活动 3-3：魔法韵律——身体造型与律动** 教师播放青少年原创歌曲《你说》，歌词内容表达了对医护工作者的敬意与感恩。 ①根据音乐节奏与歌词含义，你能设计出带有感情色彩的当代舞蹈动作吗？请用刚才的脊椎动作做出三个低中高空间的身体造型。 学生在教师的指令下，即兴发展动作造型。教师选取几个有创意的身体造型进行展示，并让学生阐述动作的创作意图。 ②根据刚才的造型，加入音乐节奏，变成身体的连续动作。 ③将动作的方位进行变化，变成连绵不断的连续动作。 ④让动作在不同高度空间中进行转换，连接成流动动作。 学生在教师指令下发展出不同的身体形态，再用动作轨迹进行连接，发展为运动中的动作形态，形成身体动律。 从静态造型到动态动作再到转换设计，创作完成一组舞段。 教师进行活动记录与视频拍摄，作为课下练习素材。 教师总结：动作时间和节奏的表现能够反映动作意义的表达。 **使能目标评价任务 2**。 活动时长：30 分钟

续表

活动 3	学习内容	学习资源	学习活动
“舞动脊椎”——当代舞蹈的风格特征及动律（第三周）	回顾总结与思考	课堂实录等	**总结与作业布置：** ①当代舞中脊椎基本动作练习。 ②结合音乐，将课堂上完成的即兴舞蹈片段进行修饰，完成四个八拍的舞蹈创作。 ③给自己的舞蹈作品起一个名字。 **学习目标评价任务** C。 活动时长：10 分钟
活动 4	学习内容	学习资源	学习活动
“感应脊椎”——当代舞蹈《疫情中的微光》（第四周）	角色的塑造及情感的表达	拉班动作分析原理——角色形象、动作力度	**课前热身及知识回顾**（用时 10 分钟） **活动 4-1：我即角色——力量与内在驱动** 教师：你认为哪种形态的动作能表达本单元舞蹈主题的情感？对动作进行分析与讨论。 学生：动作力度的起承转合能突出表达本单元舞蹈主题的情感。 教师总结：舞蹈创作要达到形（演员动作）、意（情景和动作表达的意思）、情（抒发的感情）三者统一。 ①将上周即兴创作的主题舞蹈片段动作，通过改变脊椎动作力度，形成更富张力的身体动作。 ②配合情感抒发，强化主题舞蹈的表现力。 ③每位学生形成四个八拍的固定动作。 教师：观摩学生动作，找到脊椎动作创意变化最特别的几名学生为大家展示，并请他们讲解自己的创意点。 教师总结：动作中力度的运用让动作更加具有真实性和表现力。 活动时长：20 分钟
	创作与合作	拉班动作分析原理——身体关系	**活动 4-2：关系地图——空间探索与流动** 学生 5 人分为一组，每组完成四个动作短句舞蹈创作，每位学生在短句中承担一句的创作任务，一名学生承担四句动作的连接任务。 ①以动作分析中的“关系”元素作为创作依据，关注关系动作的延续性及丰富性。 ②动作限定：身体（脊椎）之间的关系流动——靠近、支撑、接触、远离、包围、滑动。 ③动作短句歌词如下： 第一句：你说风雨再大我们不怕，披上战袍奔赴战场； 第二句：荆棘坎坷踩在脚下，一切为了共同的家； 第三句：你说勇敢的人不会投降，毅然决然向前方； 第四句：漆黑的路上我们放声歌唱，迎接希望。 ④创作步骤：身体动作——身体关系——身体流动——合乐完成。 活动时长：20 分钟
	改善关系、发展潜能	拉班动作分析原理——队形设计	**活动 4-3：合作感应——动作衔接与队形组合** 引导学生编排出场和退场队形设计。 ①通过抽签方式每组从圆形、正方形、正三角形和倒三角形四个图形中选择一个图形，编排出场队形。 ②可以从教室一侧、两侧、三侧、四个方向，也可以以造型出场或退场。 ③注意队形与动作的衔接、队形的艺术表现等。 学生编排结束后，合音乐完成整体舞段。 活动时长：10 分钟

续表

活动 4	学习内容	学习资源	学习活动
"感应脊椎"——当代舞蹈《疫情中的微光》（第四周）	展示交流与评价	评价表、记录表	**活动 4-4：作品展示——《疫情中的微光》** ①每组学生分别展示舞蹈作品，相互观摩并评价。 ②通过四周课的评价表，集体表决每组的命名，分别为：最具艺术性小组、最具观赏性小组、最具创意小组、最具表现力小组、最具潜力小组。 ③通过集体讨论与表决，舞蹈作品命名为《疫情中的微光》。 **学习目标评价任务** B。 活动时长：20 分钟
	回顾总结与思考	调查问卷	**总结与活动布置：** ①通过创作舞蹈作品，你有哪些收获？可以将感想和体会说出来、写出来或画出来。 ②集体合影，完成调查问卷。 **学习目标评价任务** C。 活动时长：10 分钟

五、单元评价

1. 学习目标评价

（1）评价任务 A

学习目标：结合课堂实践，运用所学人体脊椎结构知识做出正确的脊椎部位训练动作，指出错误的动作，并说出预防脊椎损伤的方法。

任务描述：学生5人分为一组，每组抽取一个脊椎部位，做出这个部位正确的训练动作，并指出每个动作的易错之处。最后归纳出此部位预防损伤或肌肉恢复的训练方法。此项任务需要5个人分别发言，一人至少说出一个方面的内容。

此任务在第2课时完成。

评价量规：演绎法，标准见下表。

评价维度	评价指标	等级描述			
		优秀	良好	一般	须努力
动作设计	身体部位训练动作方法	能说出 3 个脊椎部位训练方法，准确示范正确动作，说出错误动作	能说出 1 或 2 个脊椎部位训练方法，较准确地做出正确动作，能说出错误动作	能说出 1 个脊椎部位训练方法，能说出正确及错误动作	不了解脊椎部位训练方法，分辨不出正确与错误的动作
能力评价	做出评价	能准确评价出自己及他人动作设计与完成的质量	能评价出自己及他人动作设计与完成的质量，但不够精准	能基本评价出他人动作完成的质量	不能对他人动作做出评价，动作正确与否无法判定
	提出建议	提出切实可行的改进方式，并做出相应动作	提出改进方法，基本能做出改进动作	提出改进建议，能做动作但做不到位	无法提出改进建议，不能做出动作
合作交流	任务合作	能准确归纳预防脊椎损伤的方式方法，主动参与交流讨论	能归纳部分预防脊椎损伤的方式方法，参与讨论	倾听学生归纳脊椎损伤的方式方法，不主动参与讨论	不能融入合作交流
	观点采纳	能采纳组员的动作意见，提出不同看法，并与他人共同达成一致	能采纳个别组员的动作意见，完成组员设计的相应动作	能采纳个别组员的动作意见，不主动提出意见及设计动作	不具备合作能力，不发表意见，不能完成动作设计

评价实施：每组任务完成后，由其他组的学生发表意见。意见包括评价动作完成质量、方法是否正确、是否还有更好的方式等。针对问题提出改进方案，做出正确的动作示范。把解剖

学知识编创为身体动作，把动律原理转化为身体与情感表达，把创造性舞蹈理思维呈现为角色驱动的舞蹈创作。

记录工具：笔、教师记录表。

（2）评价任务B

学习目标：运用创造性舞蹈思维，通过独立创作动作、与他人合作动作、与小组同时动作，集体完善动作，最终完成舞蹈。

任务描述：学生根据本单元所掌握的脊椎运动方式，在理解当代舞风格特点后，在即兴创作后，进入小组的动作创编、修改、合作、排练。最终塑造舞蹈角色，表达舞蹈情感，提升舞蹈表现力。

教师将学生分为5人一组，根据音乐和舞蹈内容，每小组分配四个八拍的创编任务。首先，在完成独立创作的基础上，通过动作分析元素组合成小组舞段，通过上下场方式连接完成舞蹈编排，分组展示、观摩、交流、评价。

此任务在第4课时完成。

评价量规：演绎法，标准见下表。

评价维度	评价指标	等级描述			
		优秀	良好	一般	须努力
知识归纳	解剖学知识转化为身体动作	能够运用脊椎部位解剖学原理发展出丰富的身体动作，动作设计合理，有训练意义，有创意	能够运用脊椎部位解剖学原理发展出身体动作，动作设计较为合理、较有创意	能够运用脊椎部位解剖学原理完成规定的身体动作，参与部分动作设计	脊椎部位解剖学原理理解不透彻，只能完成规定的身体动作
	动律原理转化为情感表达	能运用当代舞动作元素，在舞蹈中充分地体现情感表达，准确演绎舞蹈角色	基本能运用当代舞的动作元素，在舞蹈中有情感表达，体现舞蹈角色	能基本理解当代舞，基本体会舞蹈中的情感表达，但舞蹈情感不充分	不清楚当代舞的动作特点，不能将动作和情感融入舞蹈，表达内容
动作设计	动作分析元素（方位、节奏、空间、力度）的运用	能运用所有动作分析元素，让原有设计动作在不同元素改变下准确地发生质感的变化	能运用所有部分分析元素，让原有设计动作在不同元素改变下较准确地发生质感的变化	能运用动作分析元素，让原有设计动作发生变化，但变化不明显	不会使用动作分析元素使动作发生改变
合作表达	小组合作创作	能主动提出想法，大胆尝试，积极交流讨论，听取他人意见，能够及时修改动作，配合完成小组舞蹈创编	能提出看法，并作出一定尝试，能接受他人意见，跟随他人完成舞蹈动作	沟通合作产生分歧，但在成员帮助下，配合完成任务创编，但创编质量有待提高	无法与组员一起合作，不能尝试表达想法，缺乏沟通能力，无法完成合作
	舞蹈展示与表达	能完整地、富有感情地进行舞蹈展示，表现力突出，表达有创意	能较完整地、较有感情地进行舞蹈展示，表现力较好，表达较有创意	基本能完整地进行舞蹈展示，情感投入及表现力一般	不能完整地完成舞蹈，舞蹈缺乏表现力和感情投入

评价实施：分组展示，教师录制视频。学生共同为每组命名，有最具艺术性小组、最具观赏性小组、最具创意小组、最具表现力小组、最具潜力小组。

记录工具：照片、视频、评价表。

（3）评价任务C

学习目标：能在舞蹈学习中增强沟通协作能力，体会到合作学习的意义与创编舞蹈的成就感，促进良好的人格发展。

任务描述：课堂学习的专注程度，拓宽创造性思维，积极思考，多观察模仿；课下积极练习，完成布置作业，参与班级群打卡，每周能取得一定进步。

此评价任务贯穿第1~4课时。

评价量规：定性的分析性量规，标准见下表。

评价	A级	B级	C级
认真	上课认真听讲，作业认真，参与讨论态度认真	上课能认真听讲，作业按时完成，有时能参与讨论	上课无心听讲，经常欠交作业，极少参与讨论
积极	积极发言，积极参与讨论与交流	能举手发言，有时参与讨论与交流	很少举手，不参与讨论交流
自信	大胆提出个人意见，尝试表达动作的想法	有时会有不同意见，并做出尝试	不敢提出或没有想法，不表达
创造性思维	具备创造性舞蹈思维，用所学动作元素创编动作，独立思考	能根据教师提示的方法创编动作，有一定的思考能力和创造性	思考能力较差，缺乏创造性，不能独立解决问题

评价实施：通过提问、讨论、交流等，观察学生能否在课堂中跟随教师的进度认真学习，积极思考，表达想法，是否能将创造性舞蹈思维贯穿在课堂过程中。

在本单元活动1~活动4的学习中，在每周课堂上以及课下练习中，教师在记录表中记录每位学生的表现及作业完成情况。根据学生的综合表现以及取得的进步情况，做出综合表现评价。

记录工具：打卡记录、交流讨论记录、评价表等。

2. 使能目标评价

（1）评价任务1

学习目标：知道脊椎是怎样构成的，会从脊椎的运动规律理解身体形态变化。

任务描述：学生先独立完成“脊椎结构”任务单，在任务单中完成“脊椎部位图片与身体部位名称连连看”和“基本功训练名称与训练部位连连看”。

此任务在第1课时完成。

评价量规：演绎法，标准见下表。

评价维度	评价指标	等级描述			
		优秀	良好	一般	须努力
知识归纳	脊椎部位与脊椎名称对应	将脊椎图与五个部位名称快速准确地连线	将脊椎图与五个部位名称连线，完成速度一般	脊椎图与部分部位名称较准确地连线，完成速度较慢	看不懂构造图，不能完成连线
	训练动作名称与身体部位名称对应	将全部基本功训练动作与身体部位名称快速准确地连线	将部分基本功训练动作名称与身体部位名称准确地连线	将部分基本功训练动作名称与训练部位连线，不完全正确	不能将基本功训练动作名称与训练部位名称连线

评价实施：学生5人分为一小组，每位学生先独立完成任务单，在组内相互交换任务单，通过讨论得出小组统一答案。教师公布答案，记录小组成绩。

记录工具：任务单、笔、记录表。

（2）评价任务2

任务名称：动作是怎样发展变化的？

学习目标：能用动作元素发展动作，会使用简单初级的空间、方位、运动路线编排技法。

任务描述：学生在教师的指令下即兴发展动作造型，并进行节奏、空间、力度、方位、轨迹等的变化，发展出3~5种新的不同的动作形态。

此评价任务在第3课时完成。

评价量规：定量的分析性量规，标准见下表。

评价	评价指标	表现特征
优秀	能用五个动作元素发展出五种新的动作形态，并且动作有创意，有美感	会使用空间与层次、时间与节奏、不同力度元素由一个动作创意发展出五种以上动作形态，每个动作有表现力，与众不同
良好	能用部分动作元素发展出几个动作形态，动作较有创意、较有美感	会使用空间与层次、时间与节奏、不同力度中的几种元素，由一个动作创意发展出动作形态，表现力、特点不够突出
合格	能用部分动作元素发展出动作形态，但动作创意不突出，美感一般	能基本做出动作，但元素运用不够标准，动作表现力一般，想象力不够丰富
不合格	不会使用动作元素发展动作	发展不出新的动作

评价实施：教师在“改变空间”“改变节奏”“改变力度”“改变方位”等指令中评价学生对每一种动作元素的理解与运用，评选出动作最具创意和特点的3~5位学生，进行动作展示，并阐述动作的创作意图。教师依据量规，将评价结果记录在表中。

记录工具：学生评价表。

六、课后小结

本单元活动以舞蹈解剖学、拉班人体动律学、创造性舞蹈思维为理论依据，取其动作逻辑思维与创意根基，开展了身体表现开发教育。课程设计思路为：以关键词“脊椎”为切入点，环节设计从概念体验、概念导入、概念探索、概念深化到即兴创作，层层推进，把单一严谨的脊椎解剖学知识编创为身体动作，把理性的动律原理转化为感性的身体与情感表达，把抽象的创造性舞蹈思维呈现为角色驱动的舞蹈创作，最终体现了动作有意、心田无界、原理有据、形式无边的原创性舞蹈课程特点。

草原小骏马

艺术教学部　王　潇

一、课程基本信息

单元名称	草原小骏马	专业类型	艺术类
活动类型	舞蹈	设计教师	王潇
活动课时	2 课时 / 周 ×4 周 （45 分钟 / 课时）	活动对象	9~11 岁学生
活动时间	2021 年 8 月	人数	30 人

二、背景分析

1. 学期目标及分析

（1）通过教师讲解和示范，学会一段蒙古族舞蹈组合《草原小骏马》，并自信地用肢体语言表现出马儿的形态。

这条目标包含了以下预期学习结果：

①通过教师的讲解和示范，学会一段蒙古族舞蹈组合《草原小骏马》。

②通过练习，自信地用肢体语言表现出马儿的形态。

分析：

①通过教师的讲解和示范，学会一段蒙古族舞蹈组合《草原小骏马》。

目标取向：成果性目标。

目标结构：

• 行为表现：学会一段蒙古族舞蹈组合。
• 行为条件：通过教师的讲解和示范。
• 表现程度：初级。

分析方法：技能层级分析。

分解见下图。

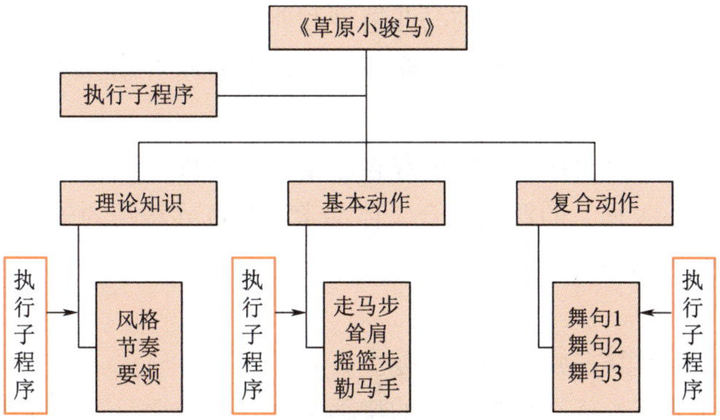

②通过练习，自信地用肢体语言表现出马儿的形态。

目标取向：表现性目标。

目标结构：

- 行为表现：自信地用肢体语言表现出马儿的形态。
- 行为条件：通过舞蹈组合的练习。
- 表现程度：中级。

分析方法：能力分析。

分解为：

- 认知：能自信地用肢体语言（碎步、跳跃、旋转、翻腾等动作）表现出马儿的形态。
- 动作技能：能用肢体语言表现四种马儿的形态动作，如飞奔的马、吃草的马、玩耍的马、跳跃的马等。
- 行为表现：跳一段规定的马舞，至少表现出四种马儿的形态动作。
- 成果：通过情感、情绪的表达，动作的神态和肢体语言的状态，自信、准确地表现出马儿的形态。

（2）通过小组探究的方式，尝试编创出关于马儿的动作或造型，体会学习蒙古族舞蹈的乐趣。

这条目标包含了以下预期学习结果：

①学会编创出关于马儿的动作或造型。

②体会学习蒙古族舞蹈的乐趣。

分析：

①通过小组探究的方式，尝试编创出关于马儿的动作或造型。

目标取向：表现性目标。

目标结构：

- 行为表现：尝试着编创马儿的动作或造型。
- 行为条件：通过小组探究的方式。
- 表现程度：初级。

分析方法：能力分析。

分解为：

- 认知：知道马舞的风格；知道四种马儿的造型和典型的代表动作；创编舞蹈造型和动作的过程、方法等。

- 动作技能：准确地表现四种不同的马儿造型和典型的代表动作。
- 行为表现：创编一段马舞，至少包括四种马儿造型或者动作（飞奔、悠闲、顽皮、快乐等）。
- 成果：用视频或现场向同伴展现并解释自己编创的马舞。

②通过学习《草原小骏马》的舞蹈组合，体会学习蒙古族舞蹈的乐趣。

目标取向：体验性目标。

目标结构：

- 行为表现：体会学习蒙古族舞蹈的乐趣。
- 行为条件：通过学习《草原小骏马》的舞蹈组合，体会学习蒙古族舞蹈的乐趣。
- 表现程度：初级。

分析方法：能力分析。

分解为：

- 认知：知道蒙古族舞蹈的基本常识；知道学习蒙古族舞蹈的好处；知道如何学习蒙古族舞蹈的理论知识和舞蹈技能。
- 动作技能：准确地表现出典型的马儿造型和代表动作。
- 行为表现：经历成功的蒙古族舞蹈学习，描述进步和成功的感受。
- 成果：例举学习蒙古族舞蹈所带来的快乐。

2. 教材分析

基本问题：

①什么是蒙古族舞蹈？它的背景文化知识是什么？

②蒙古族马舞中的典型动作是什么？

③如何能编创出马儿的造型和动作？

驱动性问题：如何能给同伴或者父母展示一段优美的蒙古族舞蹈？

解决这些基本问题，首先需要学生具备对蒙古族的文化背景知识的理解能力，掌握一定的蒙古族舞蹈基本动作语汇，并有3~4年的学习舞蹈基础，可以很好地控制肢体能力，身体具有一定的表现力。还需要学生在生活中观察、模仿马儿的形态，并将观察的马儿的动作转化成舞蹈语汇，用身体表现出来。具有一定的编创力，和小组沟通能力可以结合学习的动作，编创出几组不同的马儿的造型和动作。从基本知识的了解到单个动作的学习、练习，再到动作的组合、队形变化等。动作素材多来源于想象、模仿，表现出了马儿活泼、奔放的感觉。通过观察生活中的赛马，可以发展学生创造性思维、身体的节奏感、柔韧性和协调性，逐步形成优美的身体姿态和精壮的健康气质。

3. 学情分析

本课授课对象的学生年龄在9~11岁之间，都有一定的舞蹈基础，接触过简单的蒙古族舞蹈的训练，对蒙古族基本动作（肩部、腕部、脚下动作）有所了解，但是并没有学习过蒙古族的马舞。学生对于学习模仿马儿的基本动作并不困难，但是怎样能学以致用，结合所学的动作，编创出马儿的造型，是本单元的难点所在。因学生个体之间也有较大的差异，并不是每个学生都可以自信地完成动作，所以在集体教学中，也要关注到学生个体，进行因材施教。

三、单元目标

1. 学习目标

①通过观看教学视频和教师讲解的方式，认知蒙古族的民俗文化和舞蹈知识。

②学习《草原小骏马》舞蹈组合中的典型代表动作，掌握蒙古族舞蹈中马舞的风格与动作要领。

③欣赏蒙古族音乐，通过小组探究的方式，运用所学过的知识，创编出马儿的造型。

2. 使能目标

①认知蒙古族的民俗文化，如民族服饰、饮食、居住环境等知识；认知蒙古族舞蹈的知识，如蒙古族舞蹈的种类、节奏、风格、体态等。

②学会蒙古族马舞的典型代表动作，如走马步、摇篮步、耸肩、勒马手，以及四种马儿的形态（奔跑、吃草、玩耍、跳跃）。

③ 运用所学的知识，编创出四种马儿的造型（悠闲的马、顽皮的马、高兴的马、奔跑的马）。

四、单元内容与实施

活动 1：走进蒙古族（用时 2 课时）

学习内容：认知蒙古族的民俗文化和舞蹈知识。

具体活动：

①通过观看有关蒙古族介绍的视频，认识蒙古族的民族服饰、饮食、居住环境等民俗文化知识。

②通过教师的讲解要点、示范动作等方式，了解蒙古族舞蹈的种类、节奏、风格、体态等知识，了解马舞是蒙古族舞蹈中重要的一部分。

③学生进行探讨与提问，将所学习的理论知识理解消化。

活动 2：感受马舞（用时 3 课时）

学习内容：学习典型代表动作，掌握蒙古族舞蹈中马舞的风格与动作要领。

具体活动：

①通过教师的讲解和示范，感受蒙古族舞蹈，学习马舞的典型代表动作：走马步、摇篮步、耸肩、勒马手等动作。

②将《草原小骏马》组合中马儿的形象进行分析与讲解。在教师的教授与示范中，学会并表现出四种马儿的形态：奔跑、吃草、玩耍、跳跃。

③学生分组进行练习，教师进行指导。

活动 3：勇于创新，大胆展现（用时 3 课时）

学习内容：欣赏蒙古族音乐，通过小组探究的方式，运用所学过的知识，创编出马儿的造型。

具体活动：

①学生通过欣赏蒙古族音乐，自己想象，以小组为单位，创编出四种马儿的造型（悠闲的

马、顽皮的马、高兴的马、奔跑的马）。

②通过教师的引导、分析音乐，使学生结合所学过的动作，将自己编创出的造型进行再创造。

③通过教师引导、示范完成组合，学生分组完成展现，教师进行点评，同学间相互学习。

五、单元评价

1. 单元目标评价

（1）评价任务A：对蒙古族舞蹈文化以及蒙古族舞蹈的学习及掌握

学习目标：

①通过观看教学视频和教师讲解的方式，认知蒙古族的民俗文化和舞蹈知识。

②学习《草原小马》舞蹈组合中的典型代表动作，掌握蒙古族舞蹈中马舞的风格与动作要领。

③欣赏蒙古族音乐，通过小组探究的方式，运用所学过的知识，创编出马儿的造型。

任务描述：通过一段时间的学习，学生需要从背景文化知识到舞蹈动作的学习再到自己编创，这是一个循序渐进的过程。三方面紧密联系，不可缺少。通过练习，学生最后要呈现出一段优美的蒙古族马舞。

评价量规：标准见下表。

评价指标	评价级别		
	A级	B级	C级
理论知识	上课认真听讲，参与讨论，全部理解	上课能认真听讲，有参与讨论，理解一部分	上课无心听讲，极少参与讨论，不能理解
动作掌握	动作规范、标准，肢体表现力强	动作略微有瑕疵，肢体表现力一般	动作不够规范、标准，肢体表现力差
编创展示	能够自信地将编创的动作展示	不够自信地将编创动作展示	没有自信，展示不出来

评价实施：舞蹈文化部分用调查问卷法，来评判学生是否全部掌握。舞蹈部分由6~8人一组，分组展示，学生互评，老师最后点评。

（2）评价任务B：学习《草原小骏马》的典型代表动作

学习目标：学会蒙古族马舞的典型代表动作（走马步、摇篮步、耸肩、勒马手），以及四种马儿的形态（奔跑的马、吃草的马、玩耍的马、跳跃的马）。

任务描述：教师示范动作，学生学习模仿，教师逐一讲解每个动作的规格与要领，启发学生，希望学生将马舞的典型代表动作和四种马儿的形态熟练掌握，熟练掌握后并配合音乐完成。

评价量规：标准见下表。

评价指标	评价级别			
	优秀	良好	合格	不合格
动作	完成动作质量好，动作舒展到位、协调连贯	完成动作质量较好，动作基本到位、协调、舒展	能完成动作，动作基本到位	不能连贯完成全套动作
节奏	准确地核准音乐节拍	核准音乐节拍	时而核准音乐	不能跟准动作节拍
表情	表情自然微笑	表情微笑	表情不够自然	没有微笑

评价实施：分组展示，每6~8人一组，同学之间互评，最后教师进行点评。

（3）评价任务C：舞蹈动作的编创

学习目标：运用所学的知识，编创出四种（悠闲的、顽皮的、高兴的、奔跑的）马儿的造型。

任务描述：通过教师的启发引导，学生运用以前学习的舞蹈知识，自行编创出四种马儿的造型，要求动作要有层次（高、中、低），结合方向的造型，四拍一个造型。

评价量规：标准见下表。

评价指标	评价级别			
	优秀	良好	合格	不合格
动作的创造性	编创有想法，造型有创意	能够完成编创造型	编创造型基本有型	不能进行编创
节奏的准确性	准确地核准音乐节拍	核准音乐节拍	时而核准音乐	不能跟准动作节拍
自信的展现	能够大胆自信地展现造型动作	基本自信地展现造型动作	缺乏自信，但是可以展现造型动作	没有自信，不能展现

评价实施：分组展示，每6~8人一组，同学之间互评，最后教师进行点评。

2. 使能目标评价

评价任务：认知蒙古族的民俗文化和舞蹈知识

学习目标：初步认知蒙古族的民族服饰、饮食、居住环境等民俗文化知识和蒙古族舞蹈的种类、节奏、舞蹈风格、舞蹈体态等知识。

任务描述：学生先通过观看有关蒙古族民俗文化和舞蹈知识的视频，在这个过程中教师进行进一步的讲解和动作示范，并解答学生提出的问题，使学生对蒙古族的民族服饰、饮食、居住环境、舞蹈种类、节奏、舞蹈风格、舞蹈体态都有所了解。

评价量规：标准见下表。

评价指标	评价级别		
	A 级	B 级	C 级
认真	上课认真听讲，参与讨论态度认真	上课能认真听讲，有参与讨论	上课无心听讲，极少参与讨论
积极	积极举手发言，积极参与讨论与交流	能举手发言，有参与讨论与交流	很少举手，极少参与讨论与交流
自信	大胆提出和别人不同的问题，大胆尝试并表达自己的想法	有提出自己的不同看法，并作出尝试	不敢提出和别人不同的问题，不敢尝试和表达自己的想法
归纳总结能力	能够将所学习的知识归纳总结并理解运用	对所学习的知识有一定的归纳总结并理解运用	不能将所学习的知识归纳总结，不能理解运用

评价实施：教师通过在课堂上观察法、提问法以及对学生课后作业的点评法，来判断学生是否达到标准。

记录工具：手写笔记本、多媒体计算机。

六、课后小结

通过本单元课程的学习，学生们基本上都能完成本次的学习内容。通过教学评价环节，学生们对蒙古族舞蹈的民俗文化和舞蹈知识有所了解；舞蹈动作有进一步的提升，掌握了蒙古族舞蹈中马舞的风格与动作要领。在编创环节中，学生们更是发挥了自己的想象力和创造力，运用所学的舞蹈知识大胆地进行编创。

在展示的环节，有些学生性格比较腼腆，没有将自己的舞蹈水平更好地展现出来。这就需要教师在今后教学环节的设计中，多给学生提供展示的机会和平台，加强锻炼学生的胆量和心理素质。

管乐合奏《海洋与水手之歌》

艺术教学部　张　洋

一、课程基本信息

单元名称	管乐合奏《海洋与水手之歌》	专业类型	艺术类
活动类型	管乐团	设计教师	张洋
活动课时	6 课时 / 周 ×3 周 （45 分钟 / 课时）	活动对象	13~18 岁学生
活动时间	2021 年 4 月	人数	80 人

二、背景分析

1. 学期目标及分析

从育人的角度出发进行整个学期或学年的教学设计，首先根据学员的综合能力（乐器演奏水平、音乐素养、合奏能力）以及社会时事特点等因素确定教学实践的主题，继而确定演奏曲目；然后根据演出曲目的选择制定合奏课的教学计划；最后按照合奏课的教学计划设计声部课的教学进度安排。管乐团的教学活动分为：声部课、合奏课、教学实践三部分。声部课是整个教学的基础，是对于合奏课的重要支撑；合奏课是学生在乐团合作中提高音乐素养、合奏能力的主要课程，是教学活动的核心；教学实践是学期或者学年的教学成果展示，可以通过展示提高学生的兴趣、增强集体意识、增加舞台经验、检验教学效果。因此三部分教学活动互相支撑，共同组成了管乐团的课程整体。

此次教学设计作业，张洋、徐家辉、高怡老师需要分别上交作业，因此三位老师分别描述以上三种教学活动：徐家辉老师担任实践部分的设计，张洋老师担任合奏课的设计，高怡老师担任声部课的设计。经过三次研讨，我们确定了音乐会的主题为歌颂祖国、歌颂人民、歌颂每一位奉献者，确定了艺术性与社会性兼具的曲目：《金蛇狂舞》《你安好，我无恙》《坚信爱会赢》《母亲的微笑》《我爱你中国》《北京市少年宫宫歌》《我和我的祖国》《LatinABC》《海洋与水手之歌》。

2. 教材分析

乐曲《海洋与水手之歌》的总谱是教学中的依据，乐曲标注难度3.5级（美国不同州对乐曲标注难度不同，此乐曲的出版社为得克萨斯州的出版社，由于该州整体管乐水平处于美国各州最高水平，因此该州标注乐曲难度容易偏低）。罗伯特·史密斯是美国当代最著名的作曲家之一，为美国的管乐比赛、大学乐团、中学乐团创作了大量深受大家喜爱的乐曲。

作品分为三大部分：①海洋与水手的歌；②鲸鱼之歌；③扬基快船比赛。第一部分描述神秘和充满力量的大海以及水手们高唱的海洋颂歌，开始部分通过打击乐模仿海洋的声音，用小号和圆号的号角描写旭日初升的大海，接着通过木管和打击乐的推动展现了大海的神秘与力量，最后海员们高唱海洋颂歌赞美海洋。第二部分鲸鱼之歌描述了神秘的海洋中鲸鱼的歌声，是一段美丽的歌唱性音乐。第三部分是通过描写快船比赛的场景表现出了水手在大海中生活时克服一切困难的乐观精神和勇于挑战的精神。

3. 学情分析

乐曲难度为4级的作品，A团的人员构成以初中生为主，每个声部有个别高中生。A团曾经演奏过大量类似难度的作品，具备完成的能力。乐曲共计25个不同声部加打击乐声部（打击乐声部不按声部计算，按照需要的乐器种类计算，共23种）。目前缺少低音单簧管，对整体效果的影响微小，对于某些混合音色的使用具有声响效果的影响。作曲家为著名的美国作曲家，创作的作品使用率很高，学生之前演奏过这个作曲家的作品。每次排练前有两个小时的声部课，解决学生个人演奏中出现的问题。

4. 教学资源分析

北京市少年宫管乐团聘请著名管乐教育家、指挥家李美珠老师为乐团艺术总监。声部课教师由来自专业院校、演出团体的音乐家和少年宫自己培养的从事音乐教育职业的老师共同组成，既保证了教学的专业性，又保持了乐团文化的传承。每年乐团都会聘请来自世界各地的优秀管乐教育者、指挥家与乐团合作。作品《海洋与水手之歌》是由世界管乐协会董事会理事亚洲唯一代表张国明老师推荐给乐团，在演出前的集训中会请张国明老师给乐团指导并执棒演出。

三、单元目标

1. 学习目标

①掌握演奏好自身乐器的演奏技能，能够读取谱面上的所有标记（知识），并将两者结合起来演奏乐谱（通过老师示范学生模仿、困难点讲解、实操、掌握等方式，达到最终准确完成谱面内容的目标）。

②完成好合奏课的目标（节奏律动统一、定位自身角色、平衡、层次感）。

③理解三段音乐的风格和特点，能够通过演奏准确表达出来（介绍相似风格的音乐，通过听来感受；通过讲解风格表达在节奏、重音、乐句表达方式上的特点达到能够通过演奏准确表达出来的目标）。

④自行总结音乐的特点：歌唱性、舞蹈性音乐的表达方式特点，音色的对比，力度的对比（音色的对比可以通过分别演奏来让学生听和体会不同；力度的对比可以和声压器结合起来通过真实数据让学生体会不同）。

⑤通过演奏具有相应情感气质的音乐体验平时生活中没有的经历，体会作曲家通过音乐传达的情感和精神。

2. 使能目标

①使学生能掌握自身乐器的演奏技能。
②使学生能准确演奏谱面的所有内容。
③使学生能准确表达音乐的气质。
④使学生能从音乐的演奏中获得情感的体验。
⑤使学生能通过相应工具自我检测力度变化、音准、节奏。

四、单元内容与实施

活动 1：第一次排练，时长 2 小时，目标是完成乐曲第 1~80 小节的排练

尝试完整演奏第1~80小节（预计20分钟），建立音乐段落整体概念，同时检查声部课完成情况，记录问题，通过单元目标评价量规反馈给声部课老师，在第二次排练前的声部课上解决出现的问题。

分段排练：

第一段：第1~14小节（预计15分钟）。第1、2小节海洋鼓的使用方法、对于海洋声音的想象和实现；第3~7小节小号圆号的号角，是如何实现连贯的，如海上初升太阳般温暖的号角；第7小节长笛声部的音色如何融入；第8~12小节新声部加入塑造出的空间感和描述大海的神秘感，长笛与小号圆号的对话；第13、14小节钟声的进入唤醒大海，打击乐器、单簧管组、巴松、大号的渐强引出新的段落。

过渡段落第15~20小节（预计10分钟），展现大海的力量，重点为力度变化对比，强调学生的力度变化能力，可以通过分贝仪检测，给学生数据化的明确概念。

第二段：第21~40小节（预计25分钟），海洋颂歌。第21~24小节低音木管、长号、打击乐塑造出波浪一样的音乐律动，其他乐器通过渐弱将力度降低，引出第25~32小节由单簧管奏出的海洋颂歌主题；第33~40小节高音木管加入新的对位线条，新的打击乐律动乐器加入让颂歌听起来更加悦动和鲜活。

休息（10分钟）。

第三段：第40~56小节（预计15分钟），再次展现大海的神秘与力量。与之前第15~20节不同的是作曲家通过很多现代和声手法和声音的叠加、木管大量的高技巧音阶琶音以及铜管有力的号角来表达，当然力度变化也是重中之重。

第四段：第57~80小节（预计15分钟），是海洋颂歌的再现。第57~68小节，作曲家重新调整了各个线条的音色。第69~80小节，乐队层次开始变得简单却更有力量，同时引入了人类在船上的各种声音（起锚的声音、铁砧的声音、铁索的声音），表达了人类在海洋中征服自然的力量。

完整演奏整段音乐，检查掌握情况（预计10分钟）。

活动 2：第二次排练，时长 2 小时，目标是复习第一次排练的内容，完成乐曲第 81~121 小节的排练

复习第一次排练的内容，检查上次提出的问题是否在声部课上完成了。反馈新的问题给声部课老师，下次声部课上解决。巩固之前的排练成果（预计45分钟）。

休息（10分钟）。

完整演奏第81~121小节（预计15分钟），建立音乐段落整体概念。第二段音乐的排练中萨克斯、小号、圆号、长号、长短笛没有演奏任务，可以安排进行分声部练习或者大声部练习，复习巩固之前的排练和解决遗留问题，也可以提前学习下一阶段排练，要根据实际情况安排。

分段排练：

第一段：第81~95小节（预计20分钟），大量的打击乐模拟出的声音效果与上低音号的独奏组成的音乐，这些乐器之间的声音效果通过乐谱的方式记录下来，由于学生的乐谱只有自己的声部，看不到与其他人的关系，这一段的排练主要是通过听觉来建立这种联系。同时打击乐的各种模拟声音是重点（鲸鱼的叫声、海洋中的各种神秘的声音等）。

第二段：第96~114小节（预计20分钟），这段音乐主要是双簧管的独奏与钢琴、单簧管声部、打击乐的配合。作为歌唱性音乐，音乐的表达、平衡、层次的摆放和个人角色的定位是排练的重点。

第三段：第115~121小节（预计5分钟），鲸鱼的歌声再现的段落。

完整演奏整段音乐，检查掌握情况（预计5分钟）。

活动 3：第三次排练，时长 2 小时，目标是完成乐曲第 122~190 小节的排练

复习前两次的排练段落，巩固之前的排练成果，让上次没有参加第二段排练的同学对第二段音乐建立概念（预计20分钟）。

尝试完整演奏第122~190小节，建立音乐段落整体概念（预计15分钟）。

分段排练：

第一段：第122~131小节（预计5分钟），由圆号齐奏的号角音乐营造快船比赛的激动场面，第130、131小节打击乐的进入引入了整个竞赛的场面。此段音乐圆号是难点，要提前做好充分准备。声部课老师帮助学生解决技术问题。同时充分发挥圆号作为铜管乐器的特点，以及做到乐谱的力度记号。

第二段：第132~142小节（预计20分钟），上低音号加入了圆号号角音乐的演奏，改变了之前单纯的圆号音色，使声音更加丰满，同时，全乐队都在与这两个声部呼应。第139~142小节通过各声部的技术特点展示，预示着快船比赛的开始。

休息（10分钟）。

第三段：第143~190小节（预计30分钟）。第143~146小节，波浪式的律动节奏再次出现，并通过渐弱引出了之前出现过的木管旋律线。第147~154小节，长号和上低音号奏出了象征着与海浪搏斗的主题。第155~162小节通过向上移调二度的方式把这段音乐推上最终的高潮。第163~170小节通过木管的快速技术和铜管的节奏性将音乐引入了结束段落，此处的重点、难点为第166小节的铜管声音叠加效果，预估会呈现的问题有两个，一是快速节奏中每一个声音进入的节奏是否准确，可以通过放慢速度、编号进入等手段解决；二是叠加进入并且在渐强的声音中如何做到平衡，可以通过一个一个声部逐个加入调整平衡和统一渐强感觉的方式解决。第171~190小节是结束段落，此段落连续出现变换拍子和速度、几个动机交替出现的情况，预估的困难是在交替变化速度和拍子的演奏中学生不能够很好地把握没有变的律动音符，解决方案为指挥根据学生的演奏特点选择让他们演奏舒服的打拍子方式。

完整演奏全曲找到还存在的问题记录并反馈给声部课老师，督促学生解决还存在的个人技

术问题，音乐会前再进行有针对性的复习（预计20分钟）。

五、单元评价

1. 单元目标评价

（1）评价任务A：指挥在排练中对于学生演奏情况的评价

学习目标：掌握演奏好自身乐器的演奏技能，能够读取谱面上的所有标记（知识），并将两者结合起来演奏乐谱。

任务描述：分谱演奏的解决主要是在声部课进行，指挥在合奏中检查分谱完成情况，并反馈给声部课老师，在下次声部课中解决问题。

评价量规：按照分谱的实际内容评价。

评价实施：在合奏中发现某个声部存在分谱演奏问题，检查声部演奏情况，确认问题后通过检查个人演奏找到出现具体问题的人和分谱位置，学生记录，反馈给声部课老师。

记录工具：用铅笔记录在学生分谱上。

（2）评价任务B：指挥在排练中对于乐团合奏情况的评价

学习目标：节奏律动统一、定位自身角色、平衡、层次感。

任务描述：合奏课主要解决节奏律动统一，在多层次的交响化音乐中定位每个声部演奏者的角色、获得同一层次组的平衡、安排不同层次组的层次感。

评价量规：按照总谱的实际内容评价。

评价实施：指挥在排练中按照音乐段落依次解决节奏律动统一问题，遇到复杂的多种节奏重叠，需要按照律动节奏的重要性依次对齐律动重音。在多层次的交响化音乐中，根据层次组的音色特点安排层次和演奏方式。

记录工具：用铅笔记录在总谱上。

（3）评价任务C：指挥在排练中对于乐团演奏音乐性的评价

学习目标：理解三段音乐的风格和特点，并能够通过演奏准确表达出来；总结音乐的特点，歌唱性、舞蹈性音乐的表达方式特点，音色的对比，力度的对比；通过演奏具有相应情感气质的音乐，体验平时生活中没有的经历，体会作曲家通过音乐传达的情感和精神。

任务描述：在音乐性的表达中，确保音乐风格和演奏表达的一致，向学生明确音色分组的具体情况，强调力度的标记与乐团整体音量的关系。传达作曲家在乐曲中表达的情感和精神。

评价量规：按照乐曲的音乐性评价。

评价实施：强调歌唱性音乐的线条，以及如何获得线条的演奏；强调舞蹈性音乐的重音与非重音的对比。将不同的音色组合层次组单独演奏，让学生听到实际声音效果，最终引导学生获得音乐情感和精神体验。

记录工具：记录在学生的演奏中形成本能反应。

2. 使能目标评价

（1）评价任务1：通过辅助工具检测自己的演奏，从工具的使用到耳朵的使用

学习目标：能够使用辅助工具来帮助学生在音准、节奏的准确和力度对比上检测自己的演奏。

任务描述：从校音器的使用到动态音高的听觉；从节拍器的使用到内心形成律动；从声压

器到动态的力度变化。

评价量规：校音器和声压器是仪表，有刻度显示。节拍器是稳定的律动声音。

评价实施：在个人调音中使用校音器，在乐谱演奏中某些严重不准的音也可以使用校音器来辅助，最终通过听觉确定自己和别人的音程关系或者和声位置来解决音准问题；自己练习过程中节拍器的使用，继而在内心形成律动，最终学会在乐团演奏中找到律动节奏声部，解决律动统一问题；力度对比通过声压器来找到准确的力度数据，形成演奏本能，最终能够形成动态的力度变化。

记录工具：从视觉记忆到听觉记忆。

（2）评价任务 2：通过音乐的积累来提高音乐素养，进而提高音乐演奏的表达能力

学习目标：通过大量曲目积累，学习不同音乐风格和配器、作曲手法的音乐作品。从提高个人音乐素养到整个乐团素养的提升。

任务描述：将作品音乐性中共性的要求指出，与其他作品做出类比。指出作曲家在本作品中独有的特点，让学生从了解到能够做到，最终形成音乐记忆。

评价量规：指挥的耳朵。

评价实施：做好音乐背景分析和学情分析，预估学习的重点难点，在合奏中有效解决预估情况以及意料之外的问题，分析意料之外问题的原因，更好地培养乐团的音乐素养情况。

记录工具：可以通过录音等手段记录。

六、课后小结

通过三次排练课，乐团达成了制定的教学目标和学生的使能目标，乐曲受到了学生的一致喜爱。乐曲的排练从音乐的角度让学生对于大海有了全新的感知。大海外在的宁静和内部的力量在音乐中戏剧性地对比出现，这是学生在海边旅游所不能感受到的。

针对此乐曲的教学设计，我们保持了管乐团一贯的风格，即在日常排练中快速积累大量曲目，提高学生快速读谱、迅速进入合奏状态的能力，通过大量的不同风格的音乐作品丰富学生的音乐视野。在音乐会前通过精排和外请管乐教育家和指挥家的拔高，提高学生对艺术高标准的追求。

受校内实践活动、加课、考试安排的影响，乐团的出勤率大约在85%左右。这样的出勤比率不算低，但是对于乐团的合作来讲还是会受到影响的。作为校外社团确实受到各种各样的因素影响，因此在今后，我们也考虑把乐团的整体活动方式由现在稳定的每周活动的方式，转变为稳定的每周活动和音乐季结合的方式来应对这一问题。

七、附件

附件：单元目标评价量规，见下表。

评价指标	评价级别			
	优秀	良好	合格	不合格
乐谱完成	能够准确演奏演绎法	能够在准确完成音高和节奏的基础上完成力度标记	能够准确完成音高和节奏	不能完成音高和节奏
合奏目标	能够在多声部的音乐中准确定位自己的角色，并与其他角色配合	能够与声部内以及同角色的声部合作	具有合奏意识，能够声部内配合	无合奏意识

续表

评价指标	评价级别			
	优秀	良好	合格	不合格
音乐风格理解与表达	能够根据音乐风格形成内心听觉，以此来定位每个音符和节奏的演奏方式	能够在认知音乐风格的基础上通过乐谱中的演绎法和节奏重音表达这种音乐风格	能够认知音乐风格	不能够认知音乐风格
总结特点	能够将音乐中的一些写作方式与作曲家的创作特点结合起来	能够将音乐的一些特征与其他相似的音乐风格联系起来	能够主动总结乐曲的特点	被动接受
体验音乐情感	演奏中成为整个音乐情绪的一部分	通过乐谱背景的了解能够准确把握作曲家的音乐情绪，并融入其中	身体律动出现	机械完成乐谱

二胡左手同指换把技巧

艺术教学部　李尚楠

一、课程基本信息

单元名称	二胡左手同指换把技巧	专业类型	艺术类
活动类型	儿童二胡初级教学	设计教师	李尚楠
活动课时	2 课时 / 周 ×6 周 （45 分钟 / 课时）	活动对象	9~10 岁学生
活动时间	2021 年 9 月—10 月	人数	6 人

二、背景分析

1. 学期目标及分析

本学期的教学目标是：

①掌握左手的同指换把演奏方法。

②在换把技巧基本掌握的前提下，学习D、G两个调的二把音阶、练习曲和乐曲。

二胡的常用把位有三个。启蒙学习者，一般都是在一把位（也就是离千斤线最近的把位）开始学习。对于二胡来说，它的音区只局限在一个八度，那么对于乐曲的表现力是有限制的，一旦超过一个八度，就需要左手进行换把，从一把位到二把、三把乃至四把、五把位。换把动作需要考虑的左手问题非常多，从手形的保持，到换把动作的左手的各个部位（包括手指、手心、手掌、虎口、手腕、小臂、肘部、大臂、肩膀），每一个部位都要协调有序地进行向上向下的换把动作，并且所有的动作都要在放松、流畅的要求下进行。同时换把还要求必须保证在二胡没有音位标志的基础上，把音准从一个把位准确地换到另一个把位，还要在这个过程中做好两手配合，尽量弱化换把滑音的痕迹，保持琴杆尽量静止。

2. 教材分析

本课选用的教材是由中央音乐学院教授刘长福编著的人民音乐出版社出版的《二胡进阶教程》（初级）。书中将换把技巧作为单独的练习部分，是教材的第三部分。书中对于换把这一技巧有专门的讲解和练习内容，讲解详细，对于教师是教学上的补充，对于学生也是一个很好的学习资源。其中关于异指换把的搭桥音的讲解和设定，对于学生的换把音准起到了非常关键的作用。但是书中关于换把起步练习曲的编写有些难度，所以教师需要在教学中根据学生情况进行补充。

3. 学情分析

左手换把技巧的学习，是在少年宫6人小集体授课，学琴时间达一年半左右学习的教学内容。这个时候学生已经基本掌握了右手的慢速、中速的运弓技巧、换弦技巧、连弓技巧等；掌握了左手的一把位四个指头的按音和两种手形（基本手形和四指手形），熟练掌握了D、G调一把位音阶的按音位置；同时少年宫二胡班启蒙招生一般从一年级开始，在学生二、三年级开始进行换把的学习，也比较符合孩子们认知、生理的发展阶段。他们的理解力飞速进步，对于学习、练琴的专注力也不断提高，手脑配合越来越顺畅协调，对于自己左右手的各个部位的感知也比较熟悉了。

三、单元目标

1. 学习目标

通过本单元的学习，学生会认识到换把的用途和作用；知道换把的概念和动作要领；了解D调音阶二把位音名音位；需要学生熟练掌握换把动作；一、二、三指的同指换把以及相关的练习曲和D调音阶。

2. 使能目标

①学生认识到换把的用途和作用；知道换把的概念和动作要领；不加按音去练习换把动作，也叫换把准备动作。

②巩固换把动作，学习连弓一指同指换把动作。

③学习分弓一指同指换把动作，学习把位概念，熟知D调二把位音位。

④学习连弓和分弓二指同指换把动作，了解一把、二把的一、二指之间的关系。

⑤学习连弓和分弓三指同指换把动作，了解一把、二把的一、二、三指之间的关系。

⑥学习D调二把位换把音阶。

四、单元内容与实施

活动 1：换把知识、方法的讲解

（1）内容、目标

①学生认识到换把的用途和作用。

②知道换把的概念和动作要领。

③不加按音练习换把动作，也叫换把准备动作。

（2）实施

①教师将演奏多段换把片段，学生们思考以下四个问题：

• 换把有什么作用？对于二胡表演艺术有什么意义？（拓宽二胡的艺术表现力）

• 换把的动作像我们生活中做的哪些动作？（刷墙、太极拳、右手运弓）

• 换把动作的特点是什么？什么样的动作称为换把？（虎口移动称为换把）

• 观察教师的动作，说出什么是同指换把？

②教师对换把动作进行示范和讲解。

③换把准备动作的练习和检查，学生逐个进行课上展示，教师与学生们一起点评、探讨每

位学生换把动作的掌握情况。

（3）评测

课程中通过学生换把动作的及时展示，对学生进行提问，在强调知识点的同时，了解学生换把动作的掌握情况。

（4）作业与检测

①学生将课上讲述的换把知识和动作要领以自己的话记录在笔记本上，回家为父母讲解，下周再到课上讲解。

②每天都要拿出练琴的部分时间，增强松弛换把的动作记忆。

（5）教材——教师自编的换把准备练习

节拍器调至50的速度，左手持琴做换把动作。向下换把两拍，向上换把两拍。整个换把过程要求左手、手腕、手指、虎口、小臂、肘部、大臂、左肩要协调一致的进行换把。手形保持放松、掌心朝下的基本手形不变。体会丝滑、流畅的换把动作。

（6）教学组织形式

教学组织形式有讲授、思考、讨论、每位学生的课上展示。

活动 2：一指同指连弓换把技巧学习

（1）内容、目标

巩固换把动作，学习一指同指连弓换把动作。

（2）实施

①就换把准备动作的练习内容，学生逐个进行单独展示，选择完成最好的学生在课上讲解换把动作的知识及要点，分享练习方法。

②一指换把动作的讲解，因为已经讲过换把动作的要领（包括手、手腕、小臂、手肘、大臂的动作），本次课着重讲解手指在琴弦上换把时力度和关节弯曲的变化。

③集体练习和逐个展示。逐个展示时与同学一起点评、探讨换把动作的问题。

（3）评测

学生逐个展示时，观察一指向上向下换把时，一关节的弯曲变化和指尖按弦位置的变化。

（4）作业与检测

了解一指换把动作的要领，熟练练习教师编写的一指换把准备练习（连弓奏法）。

活动 3：D 调二把位音位练习以及分弓一指同指换把的动作要领

（1）内容、目标

复习巩固连弓一指同指换把动作，学习分弓一指同指换把的动作（相对于连弓换把，分弓换把难度更大，要求学生左手换把和右手换弓的时间点配合得当，尽量减少换把所产生的滑音），熟知D调二把位音位。

（2）实施

①就一指同指换把准备练习的作业，学生逐个进行单独展示，指定学生课上讲解换把动作的知识及要点，分享练习方法。

②一指换把的分弓一指同指换把要领，要求学生两音换把需要换弓，并且换把时不能有滑音。

③讲解二胡的D调二把位。通过找音的方式，逐个找出二把位四个指头的相应音位及音名，并根据音程关系，确定指距关系。

④对一指换把进行连弓和分弓的集体练习和逐个展示，并探讨分弓及连弓换把的区别和技术难点。

（3）作业与检测

①D调二把位内、外弦音位练习。

②教师自编的换把练习曲和教材刘长福编著的《二胡进阶练习——初级》中的换把练习曲一首，要求运用连弓、分弓两种奏法练习。

活动 4：二指同指换把技巧学习（连弓、分弓）

（1）内容、目标

①复习巩固一指同指换把动作、二把位音位练习。

②学习二指同指换把动作，了解把位不同所带来的一、二指之间指距的变化。

（2）实施

①就一指同指换把准备练习的作业，学生逐个进行单独展示，指定学生课上讲解换把动作的知识及要点，分享练习方法。

②二指同指换把的方法，重点在于二指在换把过程中按指面积、指关节和指距的变化。学生视奏一首二指换把准备练习（教师自编）。

③对二指换把进行连弓和分弓的集体练习和逐个展示，在实际练习中体会指关节、指距、按指面积的变化。

（3）作业与检测

①D调二把位内、外弦音位练习。

②了解二指换把动作的要领，熟练练习教师编写的二指换把准备练习和教材中的同指换把练习的第二小条。

活动 5：三指同指换把技巧学习（连弓、分弓）

（1）内容、目标

①复习巩固一、二指同指换把动作、二把位指距关系。

②学习三指同指换把动作，了解一把、二把一、二、三指之间的关系。

（2）实施

①就二指同指换把准备练习的作业，学生逐个进行单独展示，指定学生课上讲解换把动作的知识及要点，分享练习方法。

②二把位音位练习。集体练习及2或3人的小组展示（合奏更能凸显音准问题）。

③三指同指换把的方法。重点在于三指在换把过程中按指面积、指关节和指距的变化。学生视奏一首三指换把准备练习（教师自编）。

④对三指换把进行连弓和分弓的集体练习和逐个展示，在实际练习中体会指关节、指距、按指面积的变化。

⑤因练习曲中有二把三指“$\dot{3}$”换把至三把“$\dot{5}$”的难点，教师需要在课上进行练习提示。

（3）作业与检测

①D调二把位内、外弦音位练习。

②了解三指换把动作的要领，熟练练习教师编写的三指换把准备练习和教材中的同指换把练习的第三小条。

活动 6：D 调二把位换把音阶

（1）内容、目标

①复习巩固一指、二、三同指换把动作。

②学习D调二把位换把音阶。

③超纲内容：因为D调二把位换把音阶的一把至二把的换把动作是异指换把，也为下一个单元内容“左手异指换把练习”提前进行预习。

（2）实施

①就三指同指换把准备练习的作业，学生逐个进行单独展示，指定学生课上讲解换把动作的知识及要点，分享练习方法。

②二把位音位集体练习及2、3人的小组展示（合奏更能凸显音准问题）。

③D调二把位换把音阶的示范和讲解，重难点在于一把位二指“7”换把至二把位一指“1”的异指换把动作，既要换准又要保证换把无痕迹，要与右手运弓准确地配合在一起。

④D调二把位换把音阶集体练习和逐个展示。

（3）作业与检测

①将教材中三条同指换把练习练熟、背熟，练习中时刻观察自己的换把动作是否正确。

②练熟、练准D调二把位换把音阶，需重点练习换把的难点位置。

五、单元评价

1. 单元目标评价

（1）评价任务 A

学习目标：学生必须清楚地掌握换把动作的每一个环节和要注意的问题，认识到换把的用途和作用，知道换把的概念和动作要领，了解D调音阶二把位音名音位。

任务描述：学生通过本单元学习，将对二胡左手换把的相关知识和方法有深刻的认识和了解。

评价量规：每节课通过一位学生到讲台讲解换把动作的要领，作为评价学生学习成果的检验。

评价实施：将课上讲述的换把知识和动作要领以自己的话记在笔记本上，回家给父母进行讲解，下周再到课上讲解；体会换把基本动作。

记录工具：学生清晰地讲解换把动作的要领，学生记录换把学习的知识和体会，教师记录学生的学习情况，教师制作评测表。

（2）评价任务 B

学习目标：熟练掌握一、二、三指的同指换把动作，对于左手换把手部的各个位置的运用能够熟练掌握和实践。

任务描述：学生通过本课程的学习，能够熟练掌握一、二、三指的同指换把动作，熟练演奏D调二把位换把音阶，并为下一单元——异指换把动作做好动作和理论的准备。

评价量规：每节课通过一位学生到讲台讲解换把动作要领，到讲台现场示范换把动作，学生们一起去点评，作为评价学生学习成果的检验。

2. 使能目标评价

（1）评价任务1：换把知识以及动作要领的讲解

学习目标：学生认识到换把的用途和作用，知道换把的概念和动作要领，认识到几种不同换把的区别和用处。

任务描述：教师演奏多段换把片段，让学生们思考换把有什么作用？对于二胡表演艺术有什么意义？换把的动作像我们生活中做的哪些动作？换把动作的特点是什么？什么样的动作称为换把？异指换把、同指换把、空弦换把有什么不同？

评价量规：学生上课回答问题的反馈。

评价实施：课程中通过不停练习换把动作，对学生及时提问，以便了解学生学习情况。

（2）评价任务2：一指换把动作的熟练掌握

学习目标：巩固换把动作，学习一指同指连弓换把动作。

任务描述：通过上周的反复讲解和示范，学生基本可以了解左手换把动作的每一个关节部位所要做的动作和使用的力感，并可以暂不用指在弦上换把。这周开始将加入一指同指换把。手指的加入在实际演奏中，会对换把制造一定的阻力，学生要去习惯手指在琴弦上滑动的感觉，并要有意识地了解一把到二把换把位置和音准的准确。

评价量规：学生是否掌握一指连弓换把的知识点、换把要领，讨论时有没有学生出现概念错误。

评价实施：课程中通过不停练习换把动作，对学生及时提问，以便了解学生学习情况，课堂中设计每位学生上前演奏和示范的环节，让所有学生参加评论，加深知识点的印象。

（3）评价任务3：D调二把位音位练习以及分弓无痕换把的动作要领

学习目标：复习巩固一指同指换把动作，学习把位概念，熟知D调二把位音位。

任务描述：复习巩固一指同指换把动作，学习分弓无痕换把的动作（相对于连弓换把，分弓换把难度更大，要求学生左手换把和右手换弓的时间点配合得当，尽量减少换把所产生的滑音），熟知D调二把位音位。

评价量规：学生是否掌握一指分弓换把和D调二把位音位的知识点、换把要领？讨论时有没有学生出现概念错误？学生们的换把动作是否准确？了解一指换把动作的要领，熟练练习教师编写的一指换把准备练习和教材中的同指换把练习第一小条；课上时间安排及课后思考。

评价实施：学生积极分享，大胆进行讨论，每位学生都要上前进行作业回课；教师现场示范，引导学生思考，提示学生要观察的要点，语言简短、清晰的讲解学生换把动作的问题。

（4）评价任务4：二指同指换把练习

学习目标：复习巩固一指同指换把动作、二把位指距关系；学习二指同指换把动作，了解一把、二把一、二指之间的关系。

任务描述：将一把位一指和二指的指距和二把位一指和二指的指距之间区别讲解。对于把位的变化、指距变化的概念，让学生了解，并成为换把动作中一个重要的关注点。

评价量规：学生是否掌握二指换把的知识点、换把要领？讨论时有没有学生出现概念错误？学生们的换把动作是否准确？

评价实施：学生积极分享，大胆进行讨论，每位学生都要上前进行作业回课；教师现场示范，引导学生思考，提示学生要观察的要点，语言简短、清晰地讲解学生换把动作的问题。

（5）评价任务5：三指同指换把

学习目标：复习巩固一、二指同指换把动作、二把位指距关系；学习三指同指换把动作，了解一把、二把一、二、三指之间的关系。

任务描述：通过复习一指、二指的换把动作，对换把动作的要领更加熟记于心，学习三指的换把动作，并强调三指换把动作中一把位至二把位三个指头的指距变化。同时说明三指换把指头按指位置的变化和不同。

评价量规：学生是否掌握三指换把的知识点、换把要领，讨论时有没有学生出现概念错误；学生们的换把动作是否准确？

评价实施：学生积极分享，大胆进行讨论，每位学生都要上前进行作业回课；教师现场示范，引导学生思考，提示学生要观察的要点，语言简短、清晰地讲解学生换把动作的问题。

（6）评价任务6：学习D调二把位换把音阶

学习目标：复习巩固一、二、三指的同指换把动作，二把位指距关系，学习D调二把位换把音阶。

任务描述：前五周的一、二、三指的换把学习和练习，学生们已经非常熟练地知道换把动作的要领及手臂手腕手指的力度、松弛感觉；D调二把位换把音阶在前四周的二把位音位练习中已经做了技巧知识点的铺垫，学生只需关注一把位换把至二把位这一个换把难点即可。

评价量规：学生是否掌握D调二把位换把音阶的音位、音准概念、换把难点。

评价实施：学生积极分享，大胆进行讨论，每位学生都要上前进行作业回课；教师现场示范，引导学生思考，提示学生要观察的要点，语言简短、清晰地讲解学生换把动作的问题。评价标准见下表。

评价指标	评价级别		
	A 级	B 级	C 级
学习态度	上课认真听讲，演奏认真，参与讨论态度认真	上课能认真听讲，演奏，有参与讨论	上课无心听讲，无法演奏，极少参与讨论
积极性	积极发言，积极参与讨论与交流	能发言，有参与讨论与交流	很少发言，极少参与讨论与交流
思维的条理性	对于一把位换把至二把位的换把节点非常清楚	对于一把位换把至二把位的换把节点基本清楚	经常弄不清楚换把的位置
对课程的理解和掌握	能够准确演奏 D 调二把位换把音阶	基本能演奏 D 调二把位换把音阶	无法准确演奏 D 调二把位换把音阶

六、课后小结

换把是二胡左手技巧中使用频率非常高的练习内容。换把技巧的使用极大拓展了二胡艺术的表现力，尤其是滑音换把对于二胡歌唱性表现的助力。但也因为换把技术比较难学，使其成为二胡演奏中失误率比较高的技巧之一。比如换把不准确，把位中音位指位不清晰，换把痕迹过大，换把滑音使用不当等。通过六次课（一次课2课时），学生和教师不断地对换把动作进行重复讲解，学生已经熟练掌握了换把方法，虽不能保证换把位置和音准的准确率，但是动作准确熟练，是音准准确率的必要保证。六次课通过换把准备动作、一指、二指、三指同指换把、分弓无痕、连弓滑音的换把和D调二把位换把音阶等内容，教师对知识点讲解细致全面、循序渐进、环环相扣、各个击破，学生掌握起来没有技术和认知负担，非常顺利地完成了本单元的同指换把专项练习。

课堂中充分发挥学生主体作用，教师以引导为主，学生用琴和表述来相互交流，总结分享中使知识点更加清晰，锻炼了学生的表达能力。不足之处在于单元的前两次课，这时学生的分享环节，孩子们还有点放不开，加之知识点掌握还不够熟练、清晰，因此表达时自信心不足，未达到教师预想效果。原因还是教师预想不够充分，以后再有相关学生分享课，需提前对学生进行一些指导。

学习八分音符

艺术教学部　陈建诗

一、课程基本信息

单元名称	学习八分音符	专业类型	艺术类
活动类型	钢琴	设计教师	陈建诗
活动课时	2 课时 （45 分钟 / 课时）	活动对象	5~6 岁学生
活动时间	2021 年 4 月	人数	13 人

二、背景分析

1. 学期目标及分析

本学期学员将围绕能够正确读谱、提高背谱能力、学会认真倾听、养成良好的练琴习惯等学期目标展开学习。通过选用《轻松弹》《儿童钢琴初步教程》《汤普森简易钢琴教程》等学习资料，合理搭配使用，培养和训练学员在阅读、听觉动作协调性与技巧、综合分析和艺术审美各个方面的能力。

2. 教材分析

目前，我国多数钢琴启蒙教学选用车尔尼、拜厄、汤普森等音乐教育家编写的教材。对于4~6岁的儿童来说，汤普森编写的《简易钢琴教程》教材中每首曲子都有标题、图画，内容丰富，音乐性也有很大的提高，虽然技术进阶不如前两本教材快，但很适合作为低年龄段儿童学习钢琴的启蒙教材。另外，本单元还增加了《轻松弹》和《儿童钢琴初步教程》两套教材共同使用。这两套教材有中国各地民歌和耳熟能详的儿童歌曲，丰富了孩子们的视野，让孩子们在学习西洋乐器的同时，能通过音乐了解中华文明的悠久历史，感受民族音乐的美好，从小建立文化自信，培养孩子们热爱祖国的真挚情感。这三本教材的组合使用，能很好地激发儿童学习钢琴的兴趣。本单元主要通过讲授、游戏、欣赏等活动，使孩子们对钢琴这个乐器有一些初步的认识，并能通过实践正确掌握弹琴的姿势等，知道正确的手形，明白乐谱的基本组成。

3. 学情分析

这个班的学员年龄为5~7岁，年龄跨度从幼儿园到小学二年级。这一年龄段的孩子注意力集中时间短，但是求知欲强，思维活跃，每一个孩子都是“十万个为什么”，以具体形象性思维为主，也是从游戏阶段向学习阶段转折的一个时期。对于枯燥乏味的乐理知识，孩子通常不能很好地理解，针对这一时期的孩子的特点，通过在教学中融入一些游戏，不着痕迹地让孩子们自然领会，给孩子们留出自由发挥的想象空间，学起来既不费力，又乐在其中，让孩子们在提高钢琴演奏能力的同时有效激发学习音乐的兴趣。在这节课之前，孩子们已经学习了全音符、二分音符、四分音符，能够理解这三种音符之间的时值关系，并能准确地弹奏乐曲，这都为本课的学习奠定了基础。

4. 教学资源分析

①钢琴。

②教材《轻松弹》《儿童钢琴初步教程》《简易钢琴教程》（汤普森），都是良好的教学资料，更好地让孩子打下识谱的基础。

③教学PPT，利于孩子集中了解本课程的知识点。

④教学知识卡片等，利于提高孩子的学习兴趣。

三、单元目标

1. 学习目标

①倾听讲解，能准确地掌握八分音符的演奏。通过小组探究，能够清楚地知道全音符、二分音符、四分音符、八分音符的关系。

②通过教师的指导、学员的观察，了解八分音符的记谱方法，并在学习的过程中培养学员认真仔细的学习习惯。

2. 使能目标

①本单元主要通过讲授、游戏等活动掌握八分音符的演唱和弹奏。

②能够掌握乐曲中的八分音符的弹奏。

四、单元内容与实施

本单元的重点是认识八分音符，难点是全音符、二分音符、四分音符、八分音符之间的时值关系。

活动 1：回课（用时 40 分钟）

①唱《音阶歌》并进行音阶接龙游戏，作为组织教学的准备，熟练并掌握C大调音阶的演唱，常规练习。（2分钟）

②手指操练习，放一首巴赫的《小步舞曲》，随着音乐的节奏做手指操，激活手的肌肉，进行弹奏前的热身。（2分钟）

③常规的五指练习，让孩子们养成良好的练琴习惯，五指练习时重点关注手形、手腕、放松状态。（2分钟）

④回课，将上节课学习的乐曲和回家练习的作业（共6首小乐曲）进行作业检查。检查方法有齐奏、轮奏、独奏，对有问题的部分进行指出和修正。（每首5分钟，共30分钟）

⑤总结回课情况，对作业完成度高的学员进行表扬，并且告诉大家他哪些地方弹得好、完成得好。请一位完成度高的学员到前面给大家演奏他最喜欢的小乐曲。（4分钟）

活动 2：学习八分音符（用时 40 分钟）

（1）认识八分音符（12 分钟）

①趣味导入，通过拍手游戏，用孩子们耳熟能详的《小老鼠上灯台》这首童谣导入，让孩子们拍手跟着老师念：“小老鼠，上灯台……”，感受八分音符的节奏韵律，在听觉上建立对八分音符节奏的初步认识。

②接下来让孩子们听老师的四分音符节奏组成，再读一遍“小老鼠，上灯台……”，引导孩子们从听觉上区分出八分音符和四分音符节奏的区别。提问：和刚才读的有什么不一样？这是从“声”上认识八分音符。

③小朋友自由组合，分成四组，老师给出一些包含八分音符的小卡片，让孩子们根据学习过的音符，找出八分音符，从“形”上再认识八分音符。给予找出八分音符的小朋友肯定。从外形上对八分音符进行讲解，八分音符由黑色符头、符干、符尾组成。符干可朝上也可朝下，但要注意符头在五线谱上的位置。从单个的八分音符延伸到两个八分音符的记谱，将八分音符在乐谱上的表现方式都进行展示。

④用titi ta titi ta来代替童谣小老鼠上灯台，再次感受八分音符的韵律，加深记忆。

⑤对比全音符、二分音符、四分音符、八分音符之间的时值关系（难点），掌握时值的换算，会拍节奏，会唱节奏。

（2）弹奏乐曲《排排坐》（15 分钟）

①数一数《排排坐》共有多少个小节，有几小节里有八分音符，分别把八分音符标注出来。

②教师示范弹奏《排排坐》，并让孩子们感受乐曲中加入了八分音符后有没有新的感觉。

③教师对前四小节进行详细讲解，孩子自主练习后四小节，并请每个孩子单独弹奏一遍，可选择全曲也可以是四小节，根据自己的学习情况进行展示。教师了解孩子们的掌握情况并给予评价。

（3）总结这个单元的重点知识点（6 分钟）

①八分音符的记谱。

②全音符、二分音符、四分音符、八分音符的关系。

③八分音符的弹奏。

（4）单元学习内容答疑时间，让学员们找到自己不懂的地方，培养提出问题的能力（3 分钟）

（5）留作业（3 分钟）

①回家给爸爸妈妈讲讲八分音符，八分音符和其他音符的时值关系，怎么打拍子。家长听完后把孩子的学习情况微信反馈给老师，看看孩子们讲得是否正确，及时修正。

②弹奏《排排坐》《春游》《春天到》等小乐曲，体会八分音符节奏。

③每天练琴30分钟，其中五指练习4分钟。

（6）唱《音阶歌》下课（1 分钟）

整理钢琴、琴凳。

（7）课后填写单元活动评价表（见“七附件”）

五、单元评价

1. 单元目标评价

（1）评价任务 A：正确演唱八分音符

学习目标：

①倾听教师讲解，能准确掌握八分音符的节奏。通过小组探究，能够清楚地知道全音符、二分音符、四分音符、八分音符的关系。

②通过教师的指导、学员的观察，了解八分音符的记谱方法，并在学习的过程中培养学员认真仔细的学习习惯。

任务描述：教师在黑板上写出包含全音符、二分音符、四分音符、八分音符的节奏，让学生打拍子。

评价量规：打节拍正确的学生得一个小星星。

评价实施：提出问题，回答问题。

（2）评价任务B：掌握八分音符的弹奏

学习目标：

①掌握八分音符的弹奏。

②通过教师的示范、学员的观察、倾听、识谱、模仿，教师指导学员学会八分音符的弹奏，并在学习的过程中，培养学员倾听和视奏的能力，让学员养成认真仔细的学习习惯。

任务描述：

学习弹奏《排排坐》。

评价量规：

①能够慢速地视谱弹奏，全曲弹奏没有错音和错节奏，能很好地掌握八分音符的弹奏得五颗星。

②能够慢速视奏，可以完整弹出四小节没有错音和错节奏，能基本掌握八分音符的弹奏得四颗星星。

③能够慢速弹奏1小节中的八分音符得三颗星。

评价实施：弹奏。

2. 使能目标评价

评价量规：能够较好地完成新学习的八分音符的演唱和弹奏。

评价实施：弹奏展示。

六、课后小结

通过本次课，了解学员在家练习后对上周学习成果的巩固情况，既是对上周学习效果的检测，同时也是孩子们互相学习的过程。发现问题，及时指导和修正，做到学会知识，实践运用，提升孩子们的自信心。和孩子们一同探讨这节课有什么收获，回顾知识，提升能力。组员互相提问、解答，培养孩子们勤于反思、乐学善学的能力。新课的学习主要通过游戏情境引导学员自主探究，小组合作交流突破重点，化解难点。注重“问题链”的设置，以及练习设置的梯度性，让组员可以循序渐进，取得较好的教学效果。在自主练习过程中发现，由于组员的个体差异，个别组员不能完全掌握本次课的内容，在以后的教学设计中要启发有度，留有余地，提升学习效果。

七、附件

单元活动评价表

姓名：________ 性别：________ 年龄：________ 日期：________

评价主体		评价内容	评价结果（以描述性评价为主）
学员	自评	1. 在活动中，你能否与小朋友形成良好的互动？	
		2. 你是否喜欢今天的乐曲？	
		3. 你是否明白今天的活动内容？	
		4. 你认为你在活动中遇到的最大困难是什么？	
	小组互评	1. 你们的小组成员间合作是否愉快？	
		2. 你们是否在活动中能互相帮助、互相进步？	
指导者		1. 学员是否能积极地参加活动？	
		2. 活动结束是否实现预定的活动目标？	
		3. 小组成员能否进行有效的合作与分工？	

朗诵《皇帝的新装》

艺术教学部　李　昱

一、课程基本信息

单元名称	朗诵《皇帝的新装》	专业类型	艺术类
活动类型	朗诵团排练课	设计教师	李昱
活动课时	3 课时 / 周 ×3 周 （45 分钟 / 课时）	活动对象	11~14 岁学生
活动时间	2021 年 4 月	人数	40 人

二、背景分析

1. 学期目标及分析

整个学期或学年的教学设计从育人的角度出发，首先根据学员的综合能力（表演能力、配合表演能力、台词基本功等）以及社会时事特点等因素确定教学实践的主题，继而确定排练剧目；然后根据演出剧目的选择制定排练课的教学计划；最后按整体排练课的教学计划设计分角色的教学进度安排。教学实践是学期或者学年的教学成果展示，可以通过展示提高学生的学习兴趣、增强集体意识、增加舞台经验、检验教学效果；整体排练课是学生在朗诵团合作中提高表演素养、表演能力的主要课程，是教学的核心；分角色课是整个教学的基础，是整体课的重要支撑。

2. 教学内容分析

本单元使用材料为剧目《皇帝的新装》剧本。该剧目为汉斯·克利斯坦·安徒生代表作之一。安徒生是19世纪丹麦文学巨匠，世界著名的童话作家。他出身于贫困的家庭，14岁到丹麦首都哥本哈根去谋生，在那里得到帮助，获得学习的机会；17岁开始发表作品。早期写有诗歌、剧本和长篇小说《即兴诗人》等。《皇帝的新装》是一部通过一个愚蠢的皇帝被两个骗子愚弄，穿上了一件看不见的——实际上根本不存在的新装，赤裸裸地举行游行大典的丑剧，深刻地揭露了皇帝昏庸及大小官吏虚伪、奸诈、愚蠢的丑恶本质，褒扬了无私无畏、敢于揭假的天真烂漫的童心。

《皇帝的新装》运用夸张的手法讲述了情节生动、诙谐有趣、内涵丰富的经典故事。除掌握文学常识与文学写作手法外，这一剧目有助于培养学生的理解能力、口头表达能力、创作力等，并能激发表演的欲望，增强学生的兴趣。

3. 学情分析

参加活动的是朗诵团B团的学生。人员构成以小学高年级和初中生为主，每个组别都有初中生。B团曾经表演过大量类似难度的剧本作品，具备完成的能力。《皇帝的新装》剧本共十二个主要角色。学生对角色人物的前期分析较为彻底详细，进行分组讨论。学生基本具备表演剧本人物的能力。

三、单元目标

具体检测标准量化明细详见第七项附件。

1. 学习目标

①掌握好基本角色人物表演技能技巧，能够读懂台词的潜在含义，对作品前期进行分析,针对作品重点朗诵部分进行朗诵技巧的书面标注。将书面上的所有标记（知识）要求与朗诵技巧两者结合起来（通过老师示范、学生模仿、困难点讲解、实操、掌握等方式达到准确完成作品内容的目标）。

②完成好排练课的目标（表情丰富、舞台定位准确、自身角色清晰等）。

③理解作品的表演风格和特点，并能够通过角色人物对话准确表达出来（介绍相似表演剧目，通过观摩、讲解人物性格表达方式上的特点达到能够通过表演、准确表达出来的目标）。

④自行总结人物的特点。

2. 使能目标

①使学生能掌握角色人物表演技能。

②使学生能准确刻画人物性格。

③使学生能角色表演互动准确。

④使学生能从剧本人物中获得情感的体验。

⑤使学生能通过相应点评，自我检测在表演中对人物特点把控的准确性。

四、单元内容与实施

1. 教学重点、难点

（1）教学重点

①理解剧本内容，对本篇童话故事进行复述，理解这篇童话的讽喻意义。

②通过语言和心理描写等来分析人物性格特点。

（2）教学难点

领会角色人物个性特征以及童话的想象和夸张的艺术表演特点、技巧。

2. 单元内容与实施

（1）第一次排练：时长 3 课时，目标是完成剧目第一章节的排练

尝试完整表演（预计20分钟），建立角色整体概念，同时检查个别人物台词完成情况，记录问题反馈给组长、老师，在第二次排练前的小组课上解决出现的问题。

分段排练：

第一段：三个人物对话（预计15分钟）。第一章节路人甲、乙的对话，对于讽刺性人物的展示，细节在于眼神和表情；第一幕大臣的言语，如何实现拍马屁、阿谀奉承的嘴脸；皇帝的角色进入；第二幕皇帝的主角表演和裁缝的搞笑出场。第三幕皇帝与裁缝和大臣的对话。明确学生的角色区分感。

第二段：第四幕主角裁缝的人物表演，夸张的肢体语言和犀利的语言表达，以及面部表情的刻画。（预计20分钟）

休息：10分钟。

第三段：第五幕裁缝和大臣的对话，相互间默契感，充满幽默的配合展示。（预计35分钟）

第四段：第六幕试衣服的表演，三个角色的配合重点在于语言的衔接、语气的运用。（预计35分钟）

完整表演片段检查掌握情况（10分钟）。

（2）第二次排练：时长 3 课时，目标是复习第一次排练的内容，完成后半截的排练

复习第一次排练内容，检查上次提出的问题是否在排练课上完成了。反馈新的问题给小组长和老师，下次排练课上解决。巩固之前的排练成果（预计50分钟）。

休息：10分钟。

完整演奏后半幕（预计15分钟），人物扮演重点在于相互配合、裁缝的主线、皇帝的愚昧展示和大臣的丑恶嘴脸。可以安排进行分组部练习或者片段练习，复习巩固之前的排练，解决遗留问题，也可以提前学习下一阶段排练要根据实际情况安排。

分段排练：

第一段：剧目结尾部分（预计20分钟），大量的台词对话，舞台上实际为角色形形色色的表演，刻画出不同任务的性格，且特征明显。

第二段：大臣与皇帝的对话（预计5分钟），宫廷其余仆人的对话表演。检查掌握情况（预计5分钟）。

（3）第三次排练：时长 3 课时，目标是结尾部分剧目

复习前两次的排练片段，巩固之前的排练成果，让上次没有参加第二段排练的学生对第二段剧目建立概念（预计20分钟）。

尝试完整表演之前的三段剧目，建立剧目整体概念（预计15分钟）。

分段排练：

第一段：结尾的路人对话（预计5分钟），任务可以多分配几人，重点要求每人的表演特点要突出、清晰、准确。

第二段：小孩与妈妈的对话，以及皇帝的表演（预计20分钟）。此段落的配合尤为重要，皇帝的愚昧无知和孩子的天真无邪可爱，形成鲜明的对比，通过表演揭示了路人的世俗状态。

休息：10分钟。

第三段：最后的表演部分可分成小组进行训练，对人物进行深度观摩和讨论，结合台词进行训练，达到提升学生综合表演水平的目的。（预计40分钟）

完整表演，在整体拍摄和上台表演前再有针对性的复习。（预计20分钟）

五、单元评价

1. 单元目标的评价

（1）评价任务 A：教师在排练中对于学生表演情况的评价

学习目标：掌握表演好自身人物特点技能以及能准确表现出情节（知识）。

任务描述：学生表演人物间的互动时要注意台词的准确性、肢体语言的运用恰当。

评价量规：至少准确刻画一个人物角色和五句对话台词。

评价实施：教师积极进行评价，针对台词进行辅导，对学生表演声音、表情、站位等进行综合评定。

（2）评价任务 B：剧目表演中人物角色对话和配合的评价

学习目标：节奏律动统一、定位自身角色、平衡、层次感。

任务描述：整体排练解决学生表演配合相关问题，在多层次的人物关系中获得更深层次的角色表演体验。

评价量规：按照剧本和人物关系的实际内容评价。

评价实施：教师实行单独角色评价。

记录工具：记录在剧本上。

（3）评价任务 C：教师在学生角色表演中对人物生动性的评价

学习目标：分析、理解人物角色风格和特点，并能够通过表演准确表达出来；总结人物的特点，戏剧性、艺术性人物的表演方式特点、性格的对比、表情语言的对比。

任务描述：在戏剧性的表达中，确保人物风格和表演语言表达的一致，向学生明确角色分组的具体情况，强调个别人物和整体剧目的关系，传达作家在剧目中表达的情感和精神。

评价量规：按剧目的艺术性评价。

评价实施：强调人物表演的个性，以及如何获得准确表达。

记录工具：在学生的演奏中形成本能反应。

2. 使能目标的评价

（1）评价任务 1：使学生能够通过辅助道具、工具检测自己的表演，从工具的使用到眼睛和语言的使用

学习目标：能够使用辅助道具、工具来帮助学生在表现力、人物刻画细节准确性和语言准确性对比上检测自己的表演。

任务描述：从道具的运用观察是否和情节吻合；从语言的表述上挖掘潜台词使用和理解的功底。

评价量规：声音、表情、动作、站位、互动各占五分之一的评价分值。

评价实施：分组进行和整体表演相结合，对重点人物进行轮换表演、深度分析。

记录工具：从视频录像分析中获得认知。

（2）评价任务 2：通过表演和朗诵培养学生舞台表演的基本功，打好基本功的同时深入挖掘表演的技巧性，对人物的揣摩和展示

任务描述：将作品中特殊、重点人物的性格和表演难点要求指出，与其他作品进行类比，指出作家在本作品中独有的特点，让学生从了解到能够做到，最终形成表演理解。

评价量规：视频观摩。

评价实施：做好剧目背景分析和学情分析，预估学生重点难点，在合作排练中有效解决预估情况以及意料之外的问题，分析意料之外的问题原因，更好地把握朗诵团的表演素养情况。

记录工具：可以通过录音、录像等手段记录。

六、课后小结

1. 活动亮点

本次教学活动亮点：第一，教学组织严谨，学生学习效率较高；第二，教学形式多样，学生学习兴趣较高；第三，教学方法得当，学生有明显的专业感悟和提升；第四，教学辅助工具得当，运用充分，学生的学习方法灵活效果凸显；第五，教师教学目的清晰，兼顾全体学生，教学形式多样，学生通过分组和集体参与得到全面的锻炼和有针对性的提升。

2. 活动反思

活动过程中存在几点问题有待提升：

第一，个别辅导不够。在过程中对学生个性化辅导不够，导致学生呼吸深度不够等专业问题没能得到及时更正。今后要更加关注个性化辅导，及时解决学生存在的专业问题。

第二，教学实践不够。教师讲述时间过多，学生实践时间稍短。今后要合理调整，以学生为主体，更加重视学生实践。

第三，教学内容仍需进一步精细化，教学手段仍需更加灵活多变，以进一步提升教学内容针对性，提升学生学习兴趣与学习效率。

七、单元目标评价量规

单元目标评价量规

评价指标	优秀	良好	合格	不合格
剧目完成	合理运用剧目上标注的朗诵技巧，准确完成主要角色表演，并能通过表演展现角色潜台词	合理运用剧目上标注的朗诵技巧，准确完成主要角色表演	能够准确完成主要角色表演	不能完成单一角色
合作表演目标	能够在众多角色中准确定位自己的角色，并与其他角色配合	能够在众多角色中较好地进行自己的角色表演，有一定的角色表演配合意识	具有合作表演意识，能够在角色间配合	无配合表演意识
剧目风格理解与表达	能够根据自己独特的方式进行表演，不拘泥于教师的示范	能够认知剧目，基本把握角色特点，表现得较为准确，台词朗诵准确	能够认知剧目风格	不能够认知剧目风格
总结特点	能够将重要的角色和作者的创作意图以及扮演者的理解特点结合起来	能够将人物的一些特征与其他相似的剧目风格联系起来	能够主动总结人物性格的特点	被动接受
体验情感	扮演中成为整个剧情情绪的一部分	通过剧目背景的了解能够准确地把握作家的剧目情绪，并融入其中	出现身体原发式肢体语言表达	机械完成表演

在键盘上成长

艺术教学部　欧阳忆玫

一、课程基本信息

单元名称	在键盘上成长	专业类型	艺术类
活动类型	数码钢琴	设计教师	欧阳忆玫
活动课时	2 课时 / 周 ×4 周 （45 分钟 / 课时）	活动对象	10~12 岁学生
活动时间	2021 年 9 月	人数	30 人

二、背景分析

1. 学期目标及分析

①激发学生学习莫扎特音乐作品的兴趣，学生认识、评价莫扎特的学习活动。

②引导学生搜集有关莫扎特的各种资料。

③学生在感受、体验、理解、评价的过程中逐步提高音乐审美判断能力。

2. 教材分析

本课程使用中央音乐学院钢琴考级8级曲目——莫扎特《C大调奏鸣曲》第一乐章K.330（简称《奏鸣曲》）。奏鸣曲是西方音乐史重要的体裁，经过几个世纪，发展到18世纪末的古典音乐时期并逐步完善，音乐风格轻松。莫扎特《C大调奏鸣曲》右手旋律欢快、流畅，左手伴奏注意力度控制，右手触键注意音阶、断音和装饰音。

3. 学情分析

①学生能分辨古典奏鸣曲曲式结构。

②学生能独立并完整演奏莫扎特《奏鸣曲》，掌握古典奏鸣曲演奏风格。

4. 教学资源分析

数码钢琴、计算机、PPT、音响、视频。

三、单元目标

1. 学习目标

①学生能够以点带面地大致了解西方古典音乐。

②演奏合作能力提升。

③启发学生艺术创作潜能。

2. 使能目标

①通过观看视频、分析曲式，结合即兴视奏和小组合作与创作互评，加深对古典奏鸣曲的理解，同时促进团队的协作能力、即兴创编能力、表达能力和审美判断能力。

②通过对莫扎特古典《奏鸣曲》的弹奏，对音乐作品赏析，加强即兴创作的储备，并在此基础上开始投入现场的即兴创作部分。

③通过本单元学习参与，大部分学生能够完成《奏鸣曲》前半部分的整体呈现。

④可测标准：

- 节奏较准确。
- 音乐演奏技巧与古典奏鸣曲风格基本吻合。
- 第一主题与第二主题转调衔接自然。
- 互评时大部分的学生能够积极参与并能提出建设性的修改意见。

四、单元内容与实施

活动 1：第一单元

（一）准备活动

①播放莫扎特《奏鸣曲》片段，询问学生此曲的作曲家生平，点出奏鸣曲的时代背景。

②播放莫扎特《奏鸣曲》片段，询问学生此曲的演奏形式，点出奏鸣曲的乐派。

③教学评价：纸笔测验，包含听到的音乐作答，初步了解奏鸣曲。

（二）发展活动

1. 漫游音乐史

①乐谱乐曲曲式结构形成。

②以音乐会视频呈现，以交响乐形式呈现。

③莫扎特是古典乐派代表人物，他一生创作了32首钢琴奏鸣曲。

2. 古典奏鸣曲

①呈式、发展、再现。

②第一主题、第二主题。

③以主题展开构成全曲的中心。

3. 教学评价

培养各类音乐作品的形态感知及鉴赏能力。

（三）音乐欣赏

1. 感知古典奏鸣曲

2. 音乐家档案

（1）生平

莫扎特一生创作了50首交响曲，30首钢琴协奏曲，12首小提琴协奏曲，其他乐器协奏曲15首，弦乐五重奏7首，弦乐四重奏25首，其他四重奏2首，钢琴三重奏8首，小提琴奏鸣曲32首，钢琴奏鸣曲19首。

（2）创作时期

①前期——旅游演奏时代。

②中期——创作黄金期。

③后期——维也纳定居时代。

3. 欣赏音乐

第一乐章，中庸的快板，奏鸣曲式。

第二乐章，复三部曲式，如歌的行板。

第三乐章，小快板，奏鸣曲式。

4. 奏鸣曲曲式

（1）结构：呈示部—发展部—再现部

①呈示部：展现两个主题的动机。

②发展部：将主题与动机自由发展。

③再现部：再度把主题呈现一次。

（2）分析曲式

①呈示部：

第一主题：a a b c（1~8小节），过门（9~16小节），（17~18小节）。

第二主题：a b a c d d（19~30小节），过门（31~42小节），Coda 结束乐句（43~54小节），结束乐句（55~58小节）。

②发展部：

中间乐段：a d a（59~87小节）。

③再现部：

第一主题：a a b c（88~95小节），过门（96~102小节），插句（103~105小节）。

第二主题：a b a c d d（106~117小节），过门（118~129小节），Coda（130~135小节），（136~140小节）（141~150小节）。

5. 莫扎特奏鸣曲触键

①连奏。

②断奏。

③装饰音。

6. 排练（注意莫扎特触键）

①唱谱。

②分声部排练。

③呈示部排练。

④展开部排练。

⑤再现部排练。

⑥固定节奏型排练。

7. 教学评价

引导学生辨别再现部与呈示部的区别，调性有什么关系。

活动 2：第二单元

（一）准备活动

①播放莫扎特《奏鸣曲》片段，给出古典音乐与浪漫音乐的区别。

②播放浪漫派乐曲，给出古典音乐与浪漫音乐的区别。

（二）展开活动

①音乐知识：古典、浪漫、奏鸣套曲。

③调性讲解：C-G-C。

（三）排练

1. 第一主题

A. 第1~8小节C。

B. 第1小节mf的性质，左手legato性质，主题明快秀丽，右手前半拍两个相同g音均为跳音。

C. 第5小节双手均为p，右手十六分音符使音乐积极。

D. 第8小节分句做到位，保持旋律风格连贯性。

E. 第9~18小节，过门，插句。

F. 第9小节p的性质，右手要弹得明亮，触键灵敏。

G. 第12小节f的性质，右手1指必须独立。

H. 第13~17小节，力度记号变化。

I. 第18小节，左手第二拍三个十六分音符是f的性质。

2. 第二主题

A. 第19~30小节G，a b a c d d 。

B. 第19小节第二主题进入。

C. 第20小节右手第一拍两个相同的e是跳音。

D. 第21~30小节乐句，力度，触键。

E. 过门第30~42小节。

F. 第32小节左手p的性质。

G. 第38小节右手第一拍是弧线。

H. 第42小节右手灵活流畅。

I. Coda结束句第42~54小节。

J. 第42~43小节触键上灵活，抓住琴键，弹得柔润透彻。

K. 结束句54~58小节。

3. 教学评价

触键、连奏、断奏、装饰音是排练重点，引导学生参与古典与浪漫乐谱演奏，音乐的区别，培养学生音乐鉴赏能力的认知。

活动 3：第三单元

（一）准备活动

学生跟着老师演奏的钢琴唱谱，老师带着学生看谱，着重内容如下：

①标题记号。知道标题记号给予的速度。

②音符的触键。

③力度记号。特别是力度记号的强度和层次。

④速度术语。看懂速度术语，并体会速度感。

（二）展开活动

①将学生分声部排练。

②分主题排练。

（三）综合活动

完整演奏莫扎特《奏鸣曲》第一乐章。

（四）教学评价

第一乐章呈示部、发展部、再现部；第一、第二主题，每一个主题的转调、触键，演奏技巧，完整演奏莫扎特奏鸣曲。

五、单元评价

1. 单元目标评价

（1）评价任务 A：从不同乐派学习古典奏鸣曲

学习目标：学生能够以点带面地大致了解西方古典音乐。

任务描述：对作品背景、曲式结构、古典音乐独特的旋律有一个初步的认知理解。

评价量规：参与了解、认识、评价古典乐派的学习活动。

评价实施：感受并演奏莫扎特古典奏鸣曲，从而加深对古典音乐的感知。

（2）评价任务 B：积极参与教学活动

学习目标：演奏合作能力提升。

任务描述：观看相关视频音乐，分析音乐作品，教师示范，学生即兴演奏，然后组内合作并交流。

评价量规：结合即兴创作和小组讨论与两个主题对比创作互评。

评价实施：在感受、体验、理解、评价的过程中逐步提高其音乐审美判断能力。

2. 使能目标评价

（1）评价任务 A：技能领域

学习目标：启发学生艺术创作潜能。

任务描述： 播放莫扎特《奏鸣曲》片段，了解作曲家创作时代背景，了解古典奏鸣曲，询问学生是否能写出《奏鸣曲》第一主题旋律和第二主题旋律，师生互动探讨对音乐元素进行剖析和解读，各音乐元素节奏、技巧、声部和视奏进行尝试，分小组进行练习，分小组练习动作互评，每个小组评出优秀、良好、合格。

评价量规： 用WPS Office图表制作软件，对《奏鸣曲》各音乐元素节奏、技巧、声部和视奏进行练习与评价，如下图所示，扫码查看彩色图片，橘色表示优秀，蓝色表示良好，灰色表示合格。

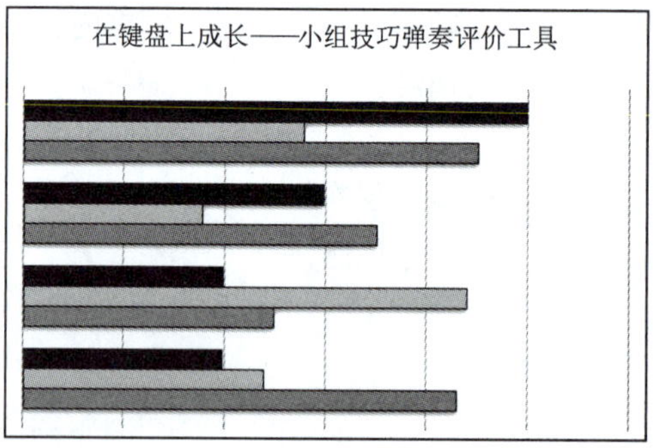

查看图片彩色版

评价实施： 五线谱本纸笔测验，听到的旋律作答，观看、讨论、小组即兴视奏、成果互评。

（2）评价任务B：认知领域

学习目标： 初识奏鸣曲曲式结构形态。

任务描述：

分析古典奏鸣曲曲式：呈示部—发展部—再现部，钢琴分成四个组分别演奏。

设计简单方案： 简单演奏出奏鸣曲第一主旋律、第二主旋律，第二组主旋律完成优秀，第一组、三组、四组基本完成主旋律演奏。

设计合作方案： 四组钢琴合作演奏出呈示部—发展部—再现部。第一组、三组、四组钢琴呈式部完成优秀，第二组钢琴发展部完成优秀；第三组再现部完成优秀。

评价量规： 用WPS Office图表制作软件，对演奏呈示部—发展部—再现部进行评价，如下图所示，可用微信扫一扫扫码查看彩色图片，橘色表示呈式部完成优秀，蓝色表示发展部完成优秀，灰色表示再现部完成优秀。

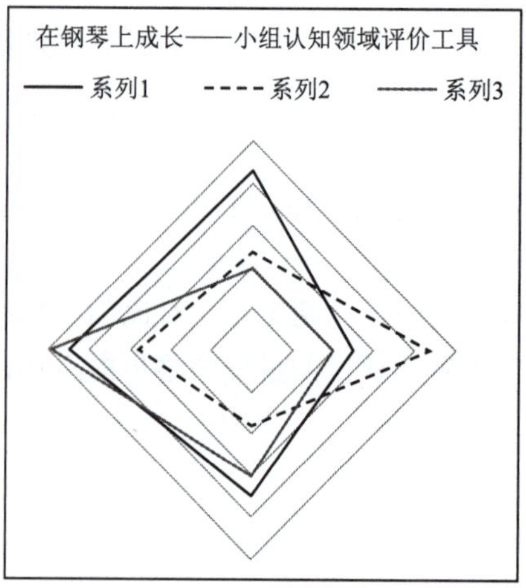

查看图片彩色版

评价实施：分组排练、讨论、多方位理解曲式结构（演奏、分组、分旋律），进一步认识古典奏鸣曲旋律。

六、课后小结

莫扎特K.330第一乐章这部作品，在乐谱一开始能清楚看到旋律与伴奏的关系。弹奏区分声音层次是个难点，教学中引导学生学会聆听声音。K.330第一乐章有很多装饰音。弹奏装饰音要根据乐曲实际情况进行分析。莫扎特的作品必须从上方开始弹奏装饰音，教学中带着学生先对莫扎特音乐作品进行曲式分析，了解作曲家生平，帮助学生正确弹奏装饰音。K.330第一乐章有很多音乐动机相同乐句，弹奏中相同乐句要有所变化。

学生能分辨古典奏鸣曲曲式结构，能独立完整演奏莫扎特《奏鸣曲》，掌握古典奏鸣曲演奏风格，学生在感受、体验、理解、评价的过程中逐步提高其音乐审美判断能力。

孔雀飞来——傣族舞蹈启蒙

艺术教学部 牛 雪

一、课程基本信息

单元名称	孔雀飞来——傣族舞蹈启蒙	专业类型	艺术类
活动类型	舞蹈	设计教师	牛雪
活动课时	2 课时 / 周 ×4 周（45 分钟 / 课时）	活动对象	7~9 岁学生
活动时间	2021 年 3 月	人数	30 人

二、背景分析

1. 学期目标及分析

①通过傣族舞蹈的学习，初步了解傣族舞蹈的艺术特色与相关文化背景知识。

②通过本单元的学习，掌握傣族舞蹈的基本动作要领与风格特点。

2. 教材分析

以中国舞蹈家协会考级第四版教材四级的难易程度为参考，针对北京市少年宫本班学生的年龄段、舞蹈训练程度和需求而创编。

3. 学情分析

①在北京市少年宫学习舞蹈两年以上的学生，基本功软开度和身体能力已经满足条件，舞蹈方面已经有了一定的节奏感和审美水平。

②7~9岁年龄段的学生，已经对中国少数民族有了初步的概念与了解，并具备一定的自主学习能力。

三、单元目标

1. 学习目标

①通过傣族舞蹈的学习，初步了解傣族舞蹈的艺术特色与文化背景。

②通过本单元的学习，掌握傣族舞蹈的基本动作与风格特点。

2. 使能目标

①认知：通过PPT讲解，初步了解傣族人民的生活环境、服饰特点、图腾文化和舞蹈特点。

②技能：通过舞蹈组合，学习傣族舞蹈中的代表动作，初步掌握傣族舞蹈的风格与动作要领。

③情感态度：通过本单元的学习，了解并喜爱傣族舞蹈，进而在将来能够喜欢更多元的民族文化与艺术。

四、单元内容与实施

活动 1：傣族舞蹈知识介绍（用时 1 课时）

①教师提问"中国有多少个民族？""大致分布在中国的哪里？""你们都去过这些地方吗？"。

②学生看PPT中"竹楼、孔雀、傣族裙、泼水节"四张图，教师提问"看完这四张图联想到的是哪个民族？"。

③通过PPT中的图片与视频让学生初步了解傣族人的生活环境、服饰特点、崇拜的图腾孔雀的形态与神态、泼水节的来历和寓意。

④教师现场展示傣族舞蹈服装。

- 讲解服装的材质、图案、样式与其他民族服装的区别。
- 讲解服装与舞蹈动作的关系。
- 请一个学生试穿，让所有学生感受傣族服装的特色，并想象傣族舞蹈的动作特点。

⑤PPT播放两段杨丽萍老师的孔雀舞视频和一段傣族群舞视频，让学生观察傣族舞蹈动作的特点以及孔雀舞中都模仿了孔雀的哪些动作。

活动 2：傣族舞蹈的学习——手形与手位练习（用时 1 课时）

①教师讲解傣族舞蹈"掌形手"的特点与要求。

②学生在七位手上练习。

③教师讲解傣族舞蹈"爪形手"的特点与要求。

④学生在二位手上练习。

⑤教师讲解傣族舞蹈"嘴形手"的特点与要求。

⑥学生右手嘴形手三位提腕，左手七位掌形提腕，做模仿孔雀的练习。

活动 3：傣族舞蹈的学习——步伐练习（用时 1 课时）

①教师讲解傣族舞蹈"后踢步"的要求与节奏，强调小腿"快踢轻落"的控制。

②学生在正步位上练习。

③教师讲解傣族舞蹈"前旁点步"的要求与节奏。

④学生练习。

⑤教师讲解傣族舞蹈"踮步"的要求与节奏。

⑥学生原地练习、行进练习。

⑦三种步伐连在一起数拍子练习。

活动 4：舞蹈组合学习（用时 4 课时）
①将所学的手形、手位与步伐融入舞蹈组合中，数拍子练习。
②合音乐练习。

活动 5：舞蹈组合汇报（用时 1 课时）
①学生分组汇报，相互观摩。
②教师点评。
③学生互评。

五、单元评价

1. 单元目标评价

（1）评价任务 A：了解傣族舞蹈特点

学习目标：通过本单元的学习，初步了解傣族舞蹈的艺术特色与相关的文化背景知识。

任务描述：通过PPT的演示，初步了解傣族人民的生活环境、服饰特点、图腾文化和舞蹈特点。

评价量规：

A级——上课认真听讲，积极参与互动，回答问题准确、完整。
B级——上课基本认真听讲，偶尔参与互动，回答问题基本准确。
C级——上课听讲不认真，上课没有互动，回答问题不准确。

评价实施：教师边通过PPT的演示，边对学生提出问题，通过现场互动、教师提问做出实时评价。

（2）评价任务 B：掌握傣族舞蹈动作

学习目标：通过本课程的学习，掌握傣族舞蹈的基本动作与风格特点。

任务描述：学习傣族舞蹈组合中的典型代表动作，熟练掌握傣族舞蹈中的风格与动作要领。

评价量规：

舞蹈体态——40分。
动作节奏——30分。
面部表情——30分。

评价实施：本单元最后一节课，分组（10人一组）进行展示。通过现场展示、教师打分做出实时评价。

记录工具：纸、笔、计算机。

2. 使能目标评价

评价任务A：对傣族舞蹈的认知。
评价任务B：掌握傣族舞蹈风格与动作要领。
评价任务C：了解与喜爱傣族舞蹈。

评价量规：
A级——上课认真听讲，积极参与互动，作业完成得很好，动作要领掌握得很好。
B级——上课基本认真听讲，偶尔参与互动，完成作业，动作要领掌握得一般。
C级——上课听讲不认真，上课没有互动，作业没有完成，动作要领掌握得不好。
评价实施：本单元最后一节课，教师打分做出实时评价。
记录工具：纸、笔、计算机。

六、课后小结

本次活动以提升学生综合、全方面发展的育人理念为出发点，通过直观视听、肢体舞动、互动体验全方位打造活动内容，创造活动氛围。除了学习到傣族的舞蹈动作外，还拓展了傣族文化与艺术相关的知识。此次活动步骤清晰，主题明确，参与度高，达到了活动育人的预期目标。

1. 活动亮点

①知识架构丰富，突出活动育人。整个活动在教授舞蹈动作的规范与要求的同时，更注重用生动的教学方式让学生了解舞蹈相关的文化背景与艺术知识，丰富学生的知识面，使学生从小开始由浅入深地接触民族艺术，喜爱民族艺术，并通过肢体的展现将情感注入舞蹈作品中，最终传承与发展民族艺术。

②打破传统课堂模式，互动性强，参与度高，激发学生学习动力。教师作为活动的组织者、参与者，所有环节的设计都基于问题的提出，打破了以往教学中灌输式的、死板的教学方式，通过多维度、多层次的课堂设计，采取“真思考、真实践、真学习”的活动理念，扩展学生知识面的同时引导学生主动思考、分析、判断、探究，提高学生学习兴趣的同时激发学生的学习动力。

③身临其境，感受直观，激发学生对民族艺术的认识与热爱。教师把学生收集的资料通过归纳整理，制作成生动的PPT，让学生直观地看到生活环境的不同、住所的不同。从舞蹈视频中，学生们看到了如何用肢体模仿孔雀，感受到傣族舞蹈柔美、细腻的特点。班里一名同学带来了傣族服装，学生们可以近距离地观察服装的材质及样式，配着PPT中葫芦丝的音乐，仿佛置身于竹林中。学生们收获了体验的愉悦与分享的快乐。

2. 不足之处

①由于学生年龄小，又是初次接触傣族舞蹈，学习能力和表演能力有局限性，所以在展示环节整齐度和规范度很难通过一次活动达到完美呈现。在后期的课程中还会对此活动的内容和形式继续开展与完善。

②此次活动还可以设计成多学科相融合的更多元化的活动，还可以加以拓展，比如到民族博物馆去参观，让学生了解更浓郁的民族文化。

3. 今后的发展方向

在今后的教学中，我们在培养专业人才的同时更要利用校外教师得天独厚的活动优势，注重学生的核心素养。我们会利用艺术教育的普及化，进一步打开思路，以少年宫舞蹈小组组员为依托，整合利用各种社会资源，探索尝试，在舞蹈方面设计出更新颖的、更开阔学生思维与眼界的普及性和提高性的专业实践活动以及社会实践活动。

《纸飞机》排练综合课程第一单元

艺术教学部　孙晓哲

一、课程基本信息

单元名称	《纸飞机》排练综合课程第一单元	**专业类型**	艺术类
活动类型	舞蹈	**设计教师**	孙晓哲
活动课时	2 课时 / 周 ×3 周（45 分钟 / 课时）	**活动对象**	7~11 岁学生
活动时间	2021 年 4 月	**人数**	30 人

二、背景分析

1. 学期目标及分析

①本单元作为学期的重要组成部分，是儿童舞蹈作品剧目排练学习的开篇。通过这部分内容的学习加深学生对舞蹈作品排练的整体认识。

②通过作品排练，以点带面引发学生对中国近代史的兴趣，加深学生对时代背景下人物形象、心理活动的理解。

③学生通过对动作元素、舞词舞句、叙事性舞段的学习，以及基于人物情感基础上的个性化即兴创作训练，多层面、多维度地体验和认识作品，并通过目标性训练提升他们的肢体运用能力和情感表达能力，灵活运用所学知识进行创造性开发，并通过与他人的协同配合，共同完成创作及展示。

2. 教材分析

教材主要来源于两个方面：

①少年宫原有的经典剧目《纸飞机》。此剧目是一部具有内容深度的叙事性作品，对学生通过作品来认识历史及和平的意义有重要价值。作品的表现需要学生具备良好的情感表达能力，这对学生的表现力提出了较高的要求，对学生学会全身心地投入表演具有训练价值。

②与作品相关的可视性课件，例如相关历史资料、同期音乐作品、影片、人物故事等。想要更准确地呈现《纸飞机》这个作品，力求出神入化的表演，需要以学生深刻理解作品背景及人物心理为基础，通过完成课下布置作业的方式和作品背景材料的收集来加深孩子对作品的理

解。通过课程中作品欣赏、人物及动作语汇分析来构建人物情感与动作语言的结合点，帮助学生实现情感语言到动作语言的转换。

3. 学情分析

舞蹈团学员均为女孩子，学员年龄为7~11岁，有三年以上的舞蹈基础，大部分是未参加过类似难度作品排练的新入团学员，如想让她们较好地掌握作品并能够积极参与到即兴创作中来，不仅需要帮助她们做好能力上的储备，更需要老师在教学启发及教法上细化到人，做出相应的调整，可采取分组训练、作业布置、角色分配、目标练习等方式帮助孩子建立自信心、提升表现力，共同协作攻克作品学习难关。

4. 教学资源分析

本单元学习除了需要配备如史实类纪录片、图片、文献等软件资源外，还需要配置计算机、音乐播放器、投影设备的200~300 m^2舞蹈活动场地。北京市少年宫舞蹈二室是较为适合的。

三、单元目标

1. 学习目标

①通过作品的学习，学生能够以点带面地了解历史，加深对《纸飞机》这个作品创作的历史背景、人物、情感的理解。

②感受人物的悲苦命运，从而加深对和平的认知。

2. 使能目标

①通过观看、解析、临摹此作品，和对作品中元素动作的学习与练习，建立学生与所要表现角色的内在联系，帮助学生融入作品。

②通过观看其他近似题材的作品，体验多角度的人物塑造方式，为即兴创作做好储备。

③通过启发性的个人即兴创作、组合式即兴创作和小组创作互评，加深孩子们对作品的内在意义、对人物内心世界的理解，促进团队的协作能力、创编能力、肢体运用及表达能力和审美判断能力的提升。

四、单元内容与实施

活动 1：第一次课 初识与体验（用时 2 课时）

通过观看学习剧目的录像来感受作品，通过教师对作品背景知识的讲授，使学生了解历史，加深对作品创作背景、人物、情感的理解；感受人物的悲苦命运，加深对和平的认知；通过师生互动，对动作元素进行剖析和解读，形成对作品的初步认识。

①教师为学生播放《纸飞机》剧目的录像，让学生通过观看初识作品。

②教师通过提问，请学生们表达最初对这个作品的感受，并以此引入作品创作背景知识，阐述历史，与学生们共同分析历史的成因，并引用真实的人物故事，对大时代中的个体人物情感、心理特点等进行较为深入的分析。

③再放作品，共同分析各动作元素与人物形象、内心情感的联系，就情节、段落结构进行剖析，对作品有更好的理解。

④各动作元素的尝试，分小组进行练习。

⑤分小组练习动作互评，再提升，再互评。

活动 2：第二次课 再识与深入（用时 2 课时）

教师组织学生们对已学的动作进行巩固复习，同时对新动作元素进行学习，通过分段练习、动作对比、动作与人物情感的吻合度对比进行探讨，来加深学生对动作色彩、角色塑造等要素的认识；通过音乐结合动作元素的练习，舞句组合与舞段衔接等练习，来学习个体与群体间、动作与音乐间、空间与调度间如何更好的配合与连接。

这个阶段的主要任务是使学生能深入作品情景，化身人物角色，有准备、有步骤地夯实基础，为第三阶段的基于作品时代背景下个体人物的准确形象塑造及情感表达的即兴舞段创作做好铺垫。

①复习第一次课所学习的元素动作，并对元素动作进行人物情感表达上的再提升。

②新动作元素的学习与练习。

③元素动作与元素动作的连接练习。

④音乐背景下舞句组合配合的练习。

⑤舞句衔接成舞段的连接练习。

活动 3：第三次课 创作与表达（用时 2 课时）

首先，老师准备相似题材的经典剧目（如《中国妈妈》《哭泣的鸽子》等），组织学生对这些作品进行分析与讨论，多角度加强对自己塑造的人物形象的情感特点、心理特点的琢磨，引发思考与想象，加深对形象的认识，赋予形象以性格、个性及时代特点；接下来，教师对这些作品中的一些肢体动作、表情、节奏处理、音乐表达等所蕴含的情感意象提醒关注、进行提问、加入讨论，学生能够较积极地与老师互动，同时学生能够分辨出动作的语言与情感色彩。

之后，师生共同进入舞句的分组即兴创作，学生在老师的启发下分小组积极地参与即兴创作，开动思维，相互协作，老师会若即若离地游走在各个创作小组中，不干预创作的同时还能按学生需求给予适时点拨。

接下来进入分组即兴创作成果互评，孩子们坦诚提出自己的意见和建议，通过再次修改与提升，能够达到较准确的动作表达，最后进入舞段的即兴创作、集体配合部分。

①相似题材经典剧目欣赏，同时结合知识点问答和作品形象设立、动作语言、调度、结构、音乐处理等意象表达的分析与讨论。

②在作品音乐中进行人物角色体验。

③在规定节拍时长内进行个人即兴创作练习。

④分组进行双人、三人、多人配合的即兴创作。

⑤小组创作互评与动作深加工。

⑥集体舞段的节奏分配及即兴创作配合，教师录制，在本次课课尾总结时与学生一起回看，并进行分析点评。

五、单元评价

1. 单元目标评价

（1）评价任务 A

学习目标：本单元通过学习舞蹈作品《纸飞机》，能够以点带面地使学生了解历史，感受当时孩子们的悲苦命运，从而加深对和平的认知，懂得和平的珍贵，珍惜和平的来之不易。

任务描述：首先请学生们观看作品《纸飞机》，形成对作品及作品人物的最初体验，再引导学生观看老师准备的历史PPT，讲述经历过战争的人的鲜活事例。在这个过程中，教师以设问方式引导孩子加深对历史的了解，引发孩子对战争的深入思考。

评价量规：学生的学习状态、回答问题与讨论的参与度与主动性、知识储备等，设定1~10分量规表。

评价实施：通过围绕着作品引申出的各知识点的讲解、提问、讨论、答疑等师生充分互动的方式予以实施。

（2）评价任务 B

学习目标：通过作品动作元素的学习增进对作品、对人物角色的理解，同时再识作品，剖析作品的处理方式及创作出发点、用意，包括角色情感表达的分析，旋律、节奏与动作融合的处理的分析，段落、结构与叙事性表达关系的分析，舞台调度与队形、造型变化与作品意象表达的关系的分析等，帮助学生构建多维度的对作品及角色的认知。

任务描述：

①学习动作元素，包括舞字、舞词、舞句，在较为熟练的状态下组结成舞段。

②在学生拥有了一定的角色感受后，再请学生观看《纸飞机》作品录像，教师从作品创作用意和表现手法上设定问题，进行提问，引导学生对作品、对人物更加细致的观察。

③老师就作品进行更加细致的剖析和解读，从角色情感表达的分析，旋律、节奏与动作融合的处理的分析，段落与结构与叙事性表达关系的分析，舞台调度与队形、造型变化、作品意象表达等方面设定问题进行提问，提升学生认知。

（3）评价任务 C

学习目标：通过欣赏相似题材的经典剧目，深刻感受人物形象，赋予人物以性格、个性及时代特点；引发对角色的想象，能够分辨出动作的语言与情感色彩。学生在老师的启发下通过分组即兴创作，形成作品中即兴编舞部分的创作成果，完成《纸飞机》这个作品中不同学生基于自己对作品角色理解、形象塑造与个性表达的创作任务。

任务描述：

①组织学生对相似题材的经典剧目进行赏析，并对这些作品进行分析与讨论。

②教师对这些作品中的一些肢体动作、表情、节奏处理、音乐表达等所蕴含的情感意象进行关注提醒、提问。

③组织学生进行分组即兴创作。

④分组表演展示，大家对即兴创作成果互评。

⑤进行动作的精修并将集体完成的即兴创作成果嵌入作品。

评价量规：根据学生的学习状态、参与度设定1~10分量规表；小组即兴创作互评设定1~10分量规表。

评价实施：通过观看过程中回答老师设定的问题、参与讨论、分小组进行即兴编创、成果展示及互评进行评价实施。

2. 使能目标评价

（1）评价任务1：作品背景知识的学习

学习目标：（使能目标）通过观看作品《纸飞机》和近似题材的舞蹈作品、歌曲、人物故事，以点带面地让学生增加对历史的认知，引发他们对历史的思考。

任务描述：

①观看相关作品，进行作品剖析。

②讲述历史知识，例举历史人物与事件。

③观看历史纪录片与历史图片。

④就知识点设定问题，提问并组织讨论。

评价量规：知识点问答及参与度评价量规表。

评价实施：通过作品观看、纪录片及课件观看、知识讲解、知识点提问、讨论来进行评价实施。

（2）评价任务2：元素动作及舞段的学习

学习目标：通过对元素动作的学习与练习，增进对作品和人物角色的理解，做好即兴创作的储备。

任务描述：

①元素动作学习与练习。

②元素动作的组合与练习。

③舞词与舞句的结合与练习。

④舞段的练习与调度的配合。

评价量规：1~10分量规表，内容包括动作准确、动作与情感吻合、舞台调度位置准确、动作与音乐相吻合。

评价实施：通过动作教授、模仿学习、动作分析、重复练习、动作探讨等步骤来实施评价。

（3）评价任务3：即兴创作

学习目标：学生在老师的引导与启发下，通过分组即兴创作的方式，将自己对作品、对角色的理解转化为肢体语言进行表达，并能做到动作与角色、动作与音乐较完美的吻合。

任务描述：

①相近舞蹈作品的赏析帮助学生多角度地体验人物角色和时代背景。

②作品音乐下的单人独立动作元素及小节的即兴创作。

③分小组地与他人配合的舞段创作。

④小组舞段展示与互评、提升。

⑤集体融合舞段的练习。

评价量规：1~10分量规表，内容包括即兴动作与角色相吻合度；动作色彩与情感吻合度；动作与音乐吻合度；双人、三人、多人配合默契度，动作及造型有张力；动作节奏处理舒服，有创新；创作参与积极，能相互配合。

评价实施：观看作品、解析作品，结合单人、多人即兴创作和小组讨论与动作创作互评，模仿学习、动作分析、重复练习来进行评价实施。

六、课后小结

儿童舞蹈作品《纸飞机》是我本人在2015年时“以史为鉴，珍爱和平”及“和平是需要教育的”的理念下创作的一部儿童舞蹈叙事性作品。在2019年建国七十周年时，我们复排了这个作品，希望通过这个作品的学习，能够以点带面地引导孩子们了解历史，知道革命先烈为追求民族独立，建设和平、幸福的新中国所付出艰苦卓绝的努力，知道今天富足生活的来之不易，对学生通过作品来认识历史、理解和平的意义具有重要价值。

用大单元、三次课（每次课2课时）来学习这部作品是一次宝贵的尝试。因为《纸飞机》这个剧目是一部具有内容深度的叙事性作品。作品要求表演者要情感表达饱满，能对角色人物准确刻画，对学生的表现力有着较高的要求，这对于7~11岁的孩子是不小的挑战。但正因此，学习《纸飞机》这个作品对提升学生的艺术感受力、肢体表达力，启发学生学会全身心的投入表演具有较高的训练价值。

为了达到既定目标，我不仅仔细地做了学情分析，掌握和熟知每位学生的特点、擅长的角色，还认真地设定了每个单元的教学目标和教学步骤，细化了评价量规，来推进教学目标的达成。

本次大单元的三次课分别设立了不同的教学目标与内容，层层推进，衔接有序。第一次课是初识与体验，让孩子们了解历史背景，引发历史反思，从而进行和平的自我教育。第二次课是再识与深入，通过动作元素学习，使学生能深入作品情景，化身人物角色，为第三阶段的基于作品时代背景下，个体人物的准确形象塑造及情感表达的即兴舞段创作做好铺垫。第三次课是创作与表达，学生在老师的引导与启发下进行即兴创作，将自己对作品、对角色的理解转化为准确的肢体语言，做到动作与角色、动作与音乐的较完美的融合。

本次单元课程的推进流畅、顺利，归纳起来有三个收获：

①历史的回顾引发了孩子的兴趣及思考：孩子们通过本次课程简单了解历史。在看图片的时候孩子们特别仔细，不时地提各种问题，为活动后更广泛、深入、自发地了解历史、了解祖国今天来之不易的和平打下了基础。

②多维度的情感体验丰富了孩子的身体表达：我们通过初识、再识、创作与表达三个步骤的启发，构建了这群生活在今天的、从没有感受过战争的孩子们对战争儿童的感悟，激发了许多独特的动作语言，使这些孩子不仅能表现欢乐、轻松的心情，也能表现悲伤、凄苦等更深层、更复杂的情感内涵，从而丰富了孩子的身体表现力。

③以舞载育。孩子对和平的认知在舞蹈中得到提升。通过作品的学习，创作的尝试，同学间的相互评价，单元课程的总结，以及家长反馈，说明本次以舞蹈为载体的教育活动是成功的。家长在微信上说：“老师，感谢您把历史与和平的教育通过舞蹈的方式传递给孩子，孩子回来和我们讨论关于和平的话题，让我们很受触动，谢谢您让我们的孩子铭记历史，珍爱来之不易的和平生活！”

艺术作品应该是一个时代精神的活化石。透过作品，人们会看到那个时代的精神风貌、价值取向，作为艺术作品重要组成部分的舞蹈作品的排练，尤其是儿童舞蹈作品的排练一定不应是“我编动作你来学”那么简单，它作为一个教育的载体，更要注重作品对孩子所给予的文化、背景、情感、价值观，甚至是性情的培养，我们的孩子们在作品的学习中真切地感受到了、感动到了，她才会产生情感迁移，她的思想、她的情感才会借助他的肢体语言表达出来，她的动作才会有质感，变得有灵魂。

琵琶左手按音学习

艺术教学部　刘　磊

一、课程基本信息

单元名称	琵琶左手按音学习	专业类型	艺术类
活动类型	小集体课	设计教师	刘磊
活动课时	2课时/周 ×4周 （45分钟/课时）	活动对象	琵琶入门班学生（7~8岁）
活动时间	2021年4月	人数	6人

二、背景分析

1. 课程目标：指向的课程目标及其分析

通过琵琶课程学习，让学生从初识琵琶到会弹琵琶、从会弹琵琶到爱弹琵琶；通过双手各项指法的学习，使其提高观察力、判断力和控制能力；通过集体课的学习方式及重奏练习，加强其自信，锻炼团队协作能力；通过乐曲的学习及鉴赏过程，使其加深对中国传统文化的认识，提高文化修养。

2. 教材或活动

基于既定课程目标的教材或活动分析、单元基本问题或任务的分析。

3. 学情分析

琵琶入门班的学生年龄较小，通常具备以下几个特点：

（1）模仿能力强，好奇心强

在初学乐器课中易兴奋，又易抑制，精神不易集中；对于说教过多、技术要求的教学因其理性思维还不完善而不易接受，也不感兴趣；相反，对于直观的、易于模仿的感性思维的课比较喜欢，学习兴趣较高。

（2）学习能力不同

需因材施教，在注重整体进展时注意每个孩子的接受程度及反馈，运用学生能够接受且感兴趣的方式进行授课，帮助学生理解并掌握要点。

（3）性格差异致使学生的课堂表现不同

学习琵琶课程的女孩儿居多，有的女孩儿活泼开朗，有的女孩儿害羞腼腆。应发挥不同性格学生的特点，使其更好地融入集体课教学，并能够从集体课教学中锻炼自信和与他人交流的能力。

（4）好胜心强

学生比较愿意参加集体课学习，和同学结伴学习、评比、展示，比较在意老师、同学、家长的评价，希望自己得到认可，此为集体课优势所在。

（5）依赖性强、自我约束能力差

在日常练习中，学生易出现三分钟热度的现象，面对每日基本功练习会出现懈怠、畏难情绪，还未养成良好的练琴习惯，需要家长进行监督指导、鼓励，运用日常练习记录及课堂评价机制进行监督激励。

（6）已学技巧掌握情况

学生已基本掌握琵琶演奏基本姿势，右手基本手形、弹挑方法，并能演奏基本节奏型（二八、前十六后八节奏型等）；但左手基本手形、按音方法、音阶位置及左右手配合等还未涉及。学生刚接触琵琶，经历了较为困难的持琴、右手基本演奏形态的学习过程，处于对琵琶虽有兴趣，但易被较难上手的各项技巧所困惑，还不能较好地掌握发力方法的阶段。

三、单元目标

①在教师的指导下，通过本单元系统地学习琵琶左手技巧及听觉意识的强化，较好地掌握琵琶左手基本手形、左手按音用力方法，提升左右手配合，提升琵琶演奏能力。（成果性目标取向、普遍性目标、能力目标）

②在教师的指导下，通过乐理知识相关学习及互动游戏（给音符找家等），分析、归纳全音及半音按音规律，积极主动探究一个八度内各个音的对应品位，养成主动学习、举一反三的良好学习习惯。（成果性目标、普遍性目标、能力目标）

③在教师的指导下，通过乐谱标记的学习以及音阶位置的巩固，根据自己的喜好，选择一首喜欢的乐曲进行视奏，通过小组展示及评比活动，进一步加强本单元所学知识点的运用及巩固，提升学习积极性。（表现性目标、普遍性目标、能力目标）

④在教师的指导下，通过课堂鉴赏聆听琵琶左手技法片段乐曲，分辨空弦、按音、泛音不同演奏方法下的声音，积极主动描述自己对这些声音的感受，不断强化听觉意识，提升审美能力，进而进一步加深对琵琶的喜爱，陶冶情操，提高审美情趣和自身气质。（生成性目标、普遍性目标、能力目标）

以上都是单元目标层次，主体为学生，基本采用“三维整合”陈述模式。

四、单元内容与实施

1. 单元内容

①单元内容又称学习进程，站在单元层面整体考虑课时之间、课前、课中、课后的教学活动（包括学与教的活动、评价、作业与检测、学后反思等）。

②基于目标、学情、条件处理教材或活动。

③有逻辑地选择与组织相关的知识或活动（学习进阶，形成一个结构图、流程图）。

④教法与目标匹配。

⑤教学评合一（融评于教）。

⑥课时安排合理（可能有长短课的安排）、教学的全过程引导学生反思、按学习时间先后顺序呈现每个学习活动（包括学生做什么、教师做什么、用什么材料、以什么组织形式、花多少时间等）。

2. 单元教学活动设计的整体思路说明

本单元为琵琶左手学习整体课程设计，以能够准确掌握左手按音技法、在实践中活学活用达到视奏为训练目标，以着重训练听觉审美、用“听”指导“弹”为训练理念，按学习进程及难点、重点分为五个小模块。各环节力求以学生接受能力为出发点，按学生的认知进程构建学习进阶，将课程中同一概念（左手技法的审美）在不同阶段的进阶为设计途径，并以此进行整体目标的强化，以期促进学生在教师引导进行自主学习、探究，建立整体概念，进行有效认知及自主实践，逐渐达到单元学习总目标。

各模块分别为：

（1）左手手形掌握（用时 2 课时）

理由：按照学生认知进阶设计，重点从听觉、视觉感受左手技法的美感，建立整体审美，并掌握左手各技法基础——手形。

重点：发现、感受左手技法的美感。

（2）左手按音音准问题纠正（用时 1 课时）

理由：按照学生认知进阶设计，左手整体手形建立下进行学习诊断，为下一步学习打下基础。

重点：用听觉判断左手按音是否准确，是否与一节课构建的左手技法审美一致。

（3）音阶学习（用时 2 课时）

理由：按照学生认知进阶设计，是达到整体目标之前的必学内容。

重点：用听觉判断左手按音全音、半音是否准确，举一反三。

（4）左右手配合（用时 1 课时）

理由：按照学生认知进阶设计，音阶掌握后学习左右手配合诊断，为下一步学习打下基础。

重点：用听觉判断左右手配合下声音是否准确，是否与一节课构建的左手技法审美一致。

（5）视奏（用时 3 课时）

理由：按照学生认知进阶设计，是本单元总体目标的实践性检验。

重点：以唱谱带动视奏，听自己的演奏是否准确达标，是否与一节课构建的左手技法审美一致。鼓励学生在课后找喜欢且简单的歌曲，试着用琵琶演奏，激发学习积极性的同时巩固本单元要点的掌握，并予以课堂反馈评价，让学生感受到弹琵琶的乐趣，体会演奏美感，增强自信，激发兴趣，逐步达到本单元培养目标。

五、单元评价

本单元的学习强调音乐美感的训练。

著名琵琶演奏家刘德海先生在长期的教学实践中分析琵琶教学中的舍与得，遵循音乐创造规律，指出从启蒙的第一个空弦起，即启发学生对音响美感的培养。美感培养作为一条主线，把握着技术的进程。养成带着听觉追求美感的技术习惯，正是有可能成为演奏家的良好开端。作为教师，不能只注重琵琶基本技法这种技术性的肌肉训练，不重视对音乐审美，长期如此，会使学生形成不喜欢且不会研究音乐的习惯，在音乐情感上理解匮乏，在学琴过程中演变成单单追求技术而脱离音乐本身的倾向。因此，本单元重点训练学生听觉判断，鼓励学生通过“听”来判断“弹”，挖掘学生发现美、感受美的能力。

六、课后小结

琵琶是一门初学时不易掌握的乐器，因此学生课堂的准确理解及课后的规范练习，非常关键。教师在讲课方面应用通俗幽默、简单易懂的语言，帮助孩子理解，同时多运用形象类比法将琵琶知识与生活实物相联系，引导学生通过观察、模仿、联想、感受较好地掌握技法要点，使教学进度和学生身心发展相契合，并且通过游戏、评比等方式激发学习热情。

初学班学生年龄尚小，学习能力以及毅力有限，应根据实际情况与家长沟通，做好陪同练琴的准备。对于一节课的内容，首先让学生自己记录所学内容及重点，老师再做出清晰明确且有条理的总结，让学生对比检查，也使家长明确所讲内容及学生学习理解情况，便于更好地督促练习。

体育篇

北京市少年宫单元设计优秀案例汇编

武术腾空飞脚动作单元课

体育教学部　张力慧

一、课程基本信息

单元名称	武术腾空飞脚动作单元课	专业类型	体育类
活动类型	武术	设计教师	张力慧
活动课时	2 课时 / 周 ×6 周 （45 分钟 / 课时）	活动对象	8~10 岁学生
活动时间	2021 年 5 月	人数	20 人

二、背景分析

1. 学期目标及分析

①思考分析腾空飞脚、腾空旋风脚、腾空摆莲脚的技术动作，理解技术要领，反复练习掌握腾空系列技术动作。

这条目标有两个学习结果：

（a）通过老师的讲解、示范，学生思考分析腾空飞脚、腾空旋风脚、腾空摆莲脚的技术动作，理解技术要领。

这是成果性目标（认知）。

采用“学科理论分析”，包含以下结果：完整示范，分解讲解每一个动作的技术，使学生经过思考分析后，理解动作由简逐步到难的学习过程。

（b）学生反复练习掌握腾空飞脚、腾空旋风脚、腾空摆莲脚技术动作。

这是成果性目标（动作技能）。

采用“技能层级分析”，包含以下具体结果：目标分解。学生掌握了原地纵跳、提膝扣脚、拍脚击响这几个关键技术动作后，才能掌握腾空飞脚动作。学生掌握了抡臂提膝跳、向左转体360度跳、里合脚击响动作这几个关键技术动作后，才能掌握腾空旋风脚动作。学生掌握了提膝转身跳、向右转体90度跳、外摆脚击响动作这几个关键技术动作后，才能掌握腾空摆莲脚动作。

②分解、完整、集体、分组练习，提高腾空系列技术动作的规范性、连贯性。

这条目标有一个学习结果：通过多种练习方法来完成腾空飞脚、腾空旋风脚、腾空摆莲脚动作的学习，提高动作规范性、连贯性。

这是成果性目标。

分析方法：采用能力分析法。

③高难度腾空动作的学习能够激发学习兴趣，提升学习武术的热情度。小组合作展示、比赛，锻炼互相帮助、团结协作的能力。

这条目标有两个学习结果：

（a）高难度动作的学习激发学习兴趣，提高学习武术的热情度。

这是普遍性目标。

分析方法：列举法。

（b）小组合作练习、比赛，锻炼互相帮助、团结协作的能力。

这是体验性目标。

分析方法：采用能力分析法。

2. 教材分析

（1）教学内容

①复习、练习的内容：专项准备活动、基本功直摆性腿法、长拳套路。

②新授内容：单元目标是学习掌握击步腾空飞脚动作。

地位：腾空飞脚是武术基本功腾空动作的一种，是学生学习高难度动作的启蒙动作，可以接很多难度动作，如接旋风脚摔叉、接空翻等，有着重要的承上启下的作用，是必须要掌握好的动作。

环节：腾空飞脚有四个重要的环节。预备动作：上步—击步—蹬地起跳—空中击响拍脚动作。

影响因素：蹬地力度、弹跳高度、空中左脚提膝扣脚是否到位、击响是否连贯、右脚击响是否准确。

（2）教学材料

①视频资源：原地腾空飞脚、击步腾空飞脚、腾空飞脚组合。

②武术比赛中拳术以及器械中的腾空飞脚动作及组合。

（3）基本问题

①知识：理解动作的技术结构和动作要领。

②技能：掌握腾空飞脚的基本技术和关键技术。

③方法：分解动作学习练习，组合动作练习。

④过程：集体学习练习，分组练习，分组展示，个人展示，比赛。

体能：腿部力量、弹跳高度、较好的身体协调性。

情感态度价值观：克服练习中遇到的困难，如动作不规范、动作不连贯、弹跳高度不够，反复练习，多听取老师和同学的建议。

3. 学情分析

这个单元课的授课对象是武术初级女生班，共20人，年龄为7~9岁。女生班上课注意力集中，学习能力较强，学习积极性高，学习进度较快，普遍有较好的柔韧性、协调性，但在力量方面有些薄弱。我们在课上对上、下肢力量还有弹跳力都有针对性的练习，有助于学习掌握腾空飞脚动作，需要在动作的规范性和连贯性方面加强练习，来保证动作的完成质量，为腾空飞脚组合动作和拳术套路夯实基础。

4. 教学资源分析

（1）场地

武术教室具备8 m × 14 m的正规场地，能够容纳20名学生上课。腾空飞脚有击步助跑动作，可以集体学习，分组练习。

（2）电教设备

用电视放视频资料，了解腾空飞脚动作，对动作有初步的印象，对动作规范、路线、力度有正确的理解，对后期练习有很大的帮助，有助于正确的动作定型。

（3）辅助性器材

利用摞起来的小垫子，学生练习提膝跳的腾空高度，保证空中动作的完成质量。

三、单元目标

1. 学习目标

①理解腾空飞脚的技术动作要领，反复练习掌握击步腾空飞脚动作基本技术，在此基础上进行腾空飞脚动作组合创编。

②分解、完整、集体、分组练习，提高击步腾空飞脚动作的规范、力度和连贯性。

③高难度动作的学习能够激发学生学习兴趣，提升学习武术的热情度。小组合作展示，锻炼学生互相帮助、团结协作的能力。

2. 使能目标

①分析理解技术要领，能够说出腾空飞脚的动作结构。

②掌握腾空飞脚的基本技术：击步、单拍脚、纵跳、提膝挑。

③能用肢体动作展示腾空飞脚的关键技术：蹬地起跳—左腿提膝扣脚—右腿弹踢—手部击响拍脚。

四、单元内容与实施

1. 武术腾空飞脚动作单元第一课

课程名称	原地腾空飞脚动作	任课教师	张力慧	1 课次	2 课时
单元名称	武术腾空飞脚动作	班级	初级女生班	人数	20 人
背景分析	腾空飞脚动作在武术基本功中是很重要的腾空动作，它可以与多个动作组合，教学和练习都有一定的难度，需要较好的协调性、力量性才能完成好这个动作。因为动作有难度所以进行单位教学，安排 3 课次（6 课时）完成。第一次课在本单元教学中有很重要的作用。原地腾空飞脚动作掌握的好坏直接影响击步腾空飞脚完成的动作质量。我们在第一节课的教学中把原地腾空飞脚动作分解教学，有助于学生由简到难地学习掌握难度动作。 重点：原地腾空飞脚动作的规范性。 难点：掌握原地腾空飞脚动作的规范性。 学情分析：这个班是初级班，都是女孩，柔韧性较好，力量性较差，前几个学期加强了力量性练习，有所提高。学习了长拳一路、二路，基本功掌握了直摆性腿法，这学期开始学习腾空系列动作，首先从腾空飞脚开始				

续表

<table>
<tr><td rowspan="2">课时目标</td><td colspan="3">学习目标</td><td colspan="2">指向的单元目标</td></tr>
<tr><td colspan="3">①理解原地腾空飞脚动作的技术和要求，运用正确的练习方法掌握原地腾空飞脚动作。
②运用语言法、分解教学法、完整教学法、练习法使学生提高原地腾空飞脚动作的规范性。
③高难度动作的学习有利于激发学生学习兴趣，在学习的过程中锻炼学生互相帮助、团结协作、积极向上的学习热情</td><td colspan="2">学习并掌握原地腾空飞脚，为击步腾空飞脚动作及动作组合创编打好基础</td></tr>
<tr><td rowspan="2">评价设计</td><td colspan="3">评价方式</td><td colspan="2">检测的课时目标</td></tr>
<tr><td colspan="3">①教师评价。②学生互评。③评价表</td><td colspan="2">①腾空飞脚的规范性。
②学生学习动作的兴趣、热情</td></tr>
<tr><td rowspan="10">教学过程</td><td>教学环节 / 时间（90 分钟）</td><td>学生活动</td><td>教师活动</td><td>教学资源</td><td>学生活动阶段目的及要求</td></tr>
<tr><td>准备部分：10 分钟</td><td>集合整队，师生问好。
一、准备活动
（一）一般准备活动（接力赛形式）
1. 跳绳（1 分钟）：正跳、反跳、编花。
2. 跑。
3. 高抬腿。
4. 跑去爬回。
5. 跑去倒着爬回。
6. 跑去前滚翻回</td><td>指导、纠正不规范动作。强调安全第一</td><td>武术场地
音响设备</td><td>练习学生的上、下肢力量，身体的协调性、灵敏性，活动开身体各部位，避免受伤，培养学生的团队协作精神和竞争意识</td></tr>
<tr><td>开始部分：10 分钟</td><td>（二）专项准备活动
1. 竖叉。
2. 横叉。
3. 下腰。
4. 乌抡盘打（比赛）</td><td>给学生做示范、压叉</td><td>武术场地
音响设备</td><td>练习身体各部位的柔韧性，培养学生坚强的意志品质，为练习基本功动作做好准备</td></tr>
<tr><td rowspan="6">基本部分：20 分钟</td><td>二、基本功练习
五种直摆性腿法。
集体练习</td><td>教师做完整示范动作，找完成动作规范的学生做示范，教师纠正错误动作，对完成动作质量好的学生提出表扬，并展示动作</td><td rowspan="6">武术场地
音响设备</td><td>练习直摆性各种腿法，提高腿部速度、力量</td></tr>
<tr><td>1. 正踢腿</td><td rowspan="5">教师随时纠正动作并细心指导。
教师强调摆腿的幅度和速度</td><td>上体直立，两臂撑直，踢腿用力</td></tr>
<tr><td>2. 侧踢腿</td><td>上下肢动作协调，踢腿用力，到位</td></tr>
<tr><td>3. 外摆腿</td><td>摆腿幅度大，速度快，击响声音洪亮</td></tr>
<tr><td>4. 里合腿</td><td>动作连贯，击响脚绷脚面。击响速度快</td></tr>
<tr><td>5. 行进间单拍脚（单拍脚重点练习）</td><td>动作协调，击响连贯</td></tr>
<tr><td>基本部分：40 分钟</td><td>三、原地腾空飞脚动作的学习
（一）学习原地腾空飞脚动作
包括蹬地 - 跳 - 提膝 - 击响拍脚 - 落地。
重点：着重强调原地腾空飞脚动作的规范性</td><td>教师讲解动作，腾空飞脚要用到拍脚动作</td><td>武术场地
音响设备</td><td>挑战腾空高难度动作，提高学习的积极性</td></tr>
</table>

续表

	教学环节／时间（90 分钟）	学生活动	教师活动	教学资源	学生活动阶段目的及要求
教学过程	基本部分：40 分钟	1. 集体练习。 2. 分组练习。 难点：通过辅助动作练习，分组反复练习，突破难点，使学生掌握腾空飞脚动作的规范、力度和熟练性	教师做完整示范，用分解教学法把动作分解成起跳、提膝、拍脚、落地几个部分，分解教学，动作由简到难地教授学生，使学生逐步掌握动作要领	武术场地 音响设备	体会练习动作的过程中由简单动作逐步向难度动作过渡，由单个动作向多个动作练习，体会组合腾空动作的节奏性、连贯性、快慢结合，掌握动作练习的规律
		（二）辅助性练习 1. 练习原地提膝跳动作。 2. 练习原地提膝拍脚动作。 3. 分组练习原地腾空飞脚动作	教师每个环节纠正动作，保证动作的规范性		通过辅助性练习，反复熟练关键技术动作，加深学生对关键技术动作的印象，有助于对动作的规范掌握，提高动作的连贯性和熟练性
		四、复习配乐长拳动作的练习 1. 配乐练习长拳 1 路。 2. 配乐练习长拳表演套路	强调动作与音乐的配合		音乐节奏感强，动作熟练、规范、整齐
		五、素质练习 1. 俯卧撑 15 个 2 组。 2. 两头起 20 个 2 组。 3. 放松身体	教师强调动作的规范性		练习上、下肢动作配合，体会动作的连贯性，提高上肢、腹肌力量
	结束部分：10 分钟	六、评价（附表） 学生自评	教师点评：鼓励表扬为主，不足的地方多练习	武术场地	能够掌握腾空飞脚技术
课后小结	教师总结：学生学习和掌握原地腾空飞脚动作的完成情况总体良好，基本上达成了本次课设计的目标。学生学习腾空飞脚的积极性和热情度比较高，由于动作较难，个别同学还需多练习，规范动作，提高动作连贯性。 作业：课后每天练习 5~10 次腾空飞脚动作。 学生总结：由于动作较难，出现了不熟练、不连贯的问题，需要反复练习。另外，动作完成不规范的同学课后与练习好的同学组成小组，利用课间或课后时间再练习，下节课上课检查，每个小组在上课前提前练习检查				

附表：教学中采用的教学/评量工具。

评价实施：评价学生腾空飞脚关键技术的掌握。评价标准见下表。

级别项目	蹬地起跳	击响拍脚	左腿提膝扣腿	右腿弹踢
优秀	用力、高	准确	到位	到位
良好	比较用力、较高	比较准确	比较到位	比较到位
合格	基本用力、较高	基本准确	基本到位	基本到位

2. 武术腾空飞脚动作单元第二课

课程名称	击步腾空飞脚动作	任课教师	张力慧	1 课次	2 课时
单元名称	武术腾空飞脚动作	班级	初级女生班	人数	20 人
背景分析	通过第一节课学习原地腾空飞脚动作，学生们已经基本掌握了动作的技术要领，只是在动作规范和熟练性上还有所欠缺，需在本次课上加强练习。本节课学习击步动作，然后连接腾空飞脚，学习完成击步腾空飞脚完整动作。 重点：击步动作 难点：击步与腾空飞脚动作的连贯性。 学情分析：这个班是初级班，都是女孩，柔韧性较好，力量性较差，前几个学期加强了力量性练习，有所提高。学习了长拳一路、二路，基本功掌握了直摆性腿法，这学期开始学习腾空系列动作，首先从腾空飞脚开始				

续表

	学习目标	指向的单元目标
课时目标	①掌握原地腾空飞脚，学习并掌握击步腾空飞脚动作。 ②运用语言法、分解教学法、完整教学法、练习法使学生提高击步腾空飞脚动作的规范、力度和连贯性。 ③高难度动作的学习有利于激发学生学习兴趣，在学习的过程中锻炼学生互相帮助、团结协作、积极向上的学习热情	通过学习掌握原地腾空飞脚，继续学习掌握击步腾空飞脚完整动作
评价设计	评价方式	检测的课时目标
	①集体展示。②个人展示。③教师评价。④学生互评。⑤评价表	击步腾空飞脚的规范性、连贯性

教学过程	教学环节 / 时间（90 分钟）	学生活动	教师活动	教学资源	学生活动阶段目的及要求
	准备部分：10 分钟	集合整队，师生问好。 一、准备活动 （一）一般准备活动：（接力赛形式） 1. 跳绳（1 分钟）：正跳、反跳、编花。 2. 跑。 3. 高抬腿。 4. 跑去爬回。 5. 跑去倒着爬回。 6. 跑去前滚翻回	指导、纠正不规范动作，强调安全	武术场地 音响设备	练习学生的上、下肢力量，身体的协调性、灵敏性，活动开身体各部位，避免受伤，培养学生的团队协作精神和竞争意识
	开始部分：（10 分钟）	（二）专项准备活动 配乐武术操	强调手形、步型的规范，动作与音乐的配合		练习武术基本手形、步型，为练习基本功动作做好准备
	基本部分：15 分钟	二、基本功练习 （一）直摆性腿法	教师纠正错误动作，对完成动作质量好的学生提出表扬	武术场地 音响设备	练习直摆性各种腿法，提高腿部速度、力量、柔韧性
		1. 正踢腿	教师随时纠正动作并细心指导。 强调直摆性腿法的规范性，要求有高度、有速度		上体直立，两臂撑直，踢腿用力
		2. 侧踢腿			上下肢动作协调，踢腿用力，到位
		3. 外摆腿			摆腿幅度大，速度快，击响声音洪亮
		4. 里合腿			动作连贯，击响脚绷脚面
		5. 行进间单拍脚			体会动作的规范性，体会动作的连贯性
	基本部分：45 分钟	（二）原地腾空飞脚练习 集体练习 分组练习	及时解决出现的问题	武术场地 音响设备	—
		（1）击步腾空飞脚作的学习： 分解成4步学习击步动作。 第 1 步：抱拳预备动作。 第 2 步：双推掌甩头。 第 3 步：上肢保持不动，左右左上步。 第 4 步：击步挑起右脚脚心击打左脚脚跟，上臂同时分手	教师完整示范，分解 4 步教授击步动作		学生听老师讲，理解击步动作，学生分解练习熟练后，进行完整击步动作练习。 掌握分解击步动作练习完整动作，体会动作的连贯性

续表

	教学环节/时间（90分钟）	学生活动	教师活动	教学资源	学生活动阶段目的及要求
教学过程	基本部分：45分钟	重点：击步动作 集体学习 分组练习 个人练习	动作逐一讲解，纠正学生错误动作	武术场地 音响设备	反复练习熟练掌握动作，动作连贯。 得到了老师同学的帮助能够进步得更快
		集体展示 小组展示（互评） 个人展示（自评）	及时纠正动作，做得好的同学表扬做示范动作		展示阶段性练习效果，及时表扬、鼓励学生，提升学生的自信心，提高学习武术的兴趣
	结束部分：10分钟	五、素质练习 1. 俯卧撑15个2组。 2. 原地提膝跳30个2组。 3. 放松身体	要求动作标准到位，保证动作质量	武术场地 音响设备	练习上、下肢力量，提高身体素质
		六、评价（见附表） 教师点评	教师点评：指出学生练习时出现的问题，学生能够及时改正。好的表扬		—
课后小结	教师总结：能够完成教学目标，突出重点，突破难点，学生能够掌握击步腾空飞脚动作，并突出武术动作规范、力度和连贯性的特点。 学生总结：继续保持互助小组学习、练习，动作进步快，避免错误动作的形成，同学间还增强了竞争意识，分析理解后更容易掌握动作				

附表：教学中采用的教学/评量工具。

根据学生完成腾空飞脚的规范、力度、连贯三个方面来评价学生的动作。评价标准见下表。

标准	项目		
	规范	力度	连贯
优秀	上下肢动作到位、准确、舒展，空中击响动作标准	弹跳高，弹腿快，击响准确，声音洪亮	击步动作连贯，上下肢配合协调
良好	动作比较规范、到位、舒展，空中击响动作比较标准	弹跳比较高，击响较准确，击响声音较洪亮	击步动作较连贯，上下肢配合较协调
合格	动作基本完成，个别动作会出现小错误，动作有待标准规范	整体动作不太能够体现力度，击响声音小或没有声音	击步动作不太熟练、不太连贯，上下肢不太协调

3. 武术腾空飞脚动作单元第三课

课程名称	创编腾空飞脚动作组合	任课教师	张力慧	1课次	2课时
单元名称	武术腾空飞脚动作	班级	初级女生班	人数	20人
背景分析	前两次课，学生已经完整掌握了击步腾空飞脚动作，在此基础上，第三次课我们做了课程的延伸，希望学生不仅能够学会掌握动作，更希望他们能够通过自己的思考创编出适合自己练习的击步腾空飞脚组合，在提高动作质量的同时，能够发挥学生创造性思维，始终保持学习武术的兴趣和热情。 重点：腾空飞脚动作组合的创编。 难点：适合腾空飞脚的组合动作。 学情分析：这个班是初级班，都是女孩，学习能力强，柔韧性较好，力量性较差，前几个学期加强了力量性练习，有所提高。学习了长拳一路、二路，基本功掌握了直摆性腿法，这学期开始学习腾空系列动作，首先从腾空飞脚开始				
课时目标	学习目标			指向的单元目标	
	①在完整掌握了击步腾空飞脚动作的基础上，思考分析动作组合的创编。 ②分小组合作创编击步腾空飞脚组合动作。 ③提升动作质量的同时，创新思维，提高学习武术难度动作的兴趣和热情			掌握击步腾空飞脚动作，思考、创编适合自己的腾空飞脚动作组合	

续表

评价设计	评价方式	检测的课时目标
	①小组展示。②个人展示。③比赛。④教师评价。⑤学生互评	提高击步腾空飞脚组合动作的质量

教学过程	教学环节 / 时间（90 分钟）	学生活动	教师活动	教学资源	学生活动阶段目的及要求
	准备部分：10 分钟	集合整队，师生问好。 一、准备活动 武术操配乐练习两遍	指导、纠正不规范动作，注意动作与音乐的节奏	武术场地 音响设备	练习武术基本手形、步型，为练习基本功动作做好准备
	基本部分：30 分钟	二、基本功练习 （一）直摆性腿法	教师纠正错误动作，对完成动作质量好的学生提出表扬	武术场地 音响设备	体会直摆性腿法动作，踢得高，速度快
		分组练习： 1. 正踢腿	教师随时纠正动作并细心指导	武术场地 音响设备	上体直立，两臂撑直，踢腿用力
		2. 侧踢腿	教师随时纠正动作并细心指导	武术场地 音响设备	上下肢动作协调，踢腿用力，到位
		3. 外摆腿	强调直摆性腿法的规范性，要求有高度、有速度	武术场地 音响设备	摆腿幅度大，速度快，击响声音洪亮
		4. 里合腿	强调合腿速度	武术场地 音响设备	
		5. 行进间单拍脚	教师讲解动作的规范性	武术场地 音响设备	动作连贯，击响脚，绷脚面
		三、腾空飞脚动作的练习 （一）原地腾空飞脚练习 分组练习 （二）击步腾空飞脚练习 分组练习	强调动作的规范性	武术场地 音响设备	体会动作的规范性、连贯性
	基本部分：40 分钟	四、击步腾空飞脚动作组合的创编 观看武术比赛中腾空飞脚组合的视频。 重点：动作组合的创编。 难点：适合腾空飞脚组合动作	教师提问： 什么动作适合？ 一个或多个动作都可以	武术场地 音响设备	让学生积极思考自己适合什么动作最有把握，不失误。考虑组合动作的合理性。 锻炼学生思考分析能力
		（一）学生分小组思考、讨论 讨论结果(八个动作)： 1. 提膝亮掌 2. 侧手翻 3. 大越步 - 弓步冲拳 4. 仆步亮掌 5. 旋风脚马步（难） 6. 并步推掌 7. 歇步冲拳 8. 摔叉	教师提示学生动作质量完成好。 教师帮助学生规范动作	武术场地 音响设备	腾空飞脚与组合动作连贯性。 考虑完成组合组动作的成功率

续表

	教学环节 / 时间（90 分钟）	学生活动	教师活动	教学资源	学生活动阶段目的及要求
教学过程	基本部分：40 分钟	（二）选出三组动作练习 1. 摔叉（10 个学生） 2. 侧手翻（6 个学生） 3. 并步推掌（4 个学生） （三）分小组练习三种动作	强调腾空飞脚与组合动作要连贯。 纠正学生动作	武术场地 音响设备	这三组动作，全班同学可以根据自身优势选择，保证每个同学都可以参与其中一组练习，体会组合动作，提高了学生参与的积极性，活跃了课堂气氛
		（四）比赛 每组派三名学生参加比赛	鼓励学生积极参赛	武术场地 音响设备	积极参赛，发挥水平，提高竞争意识 学生之间互相帮助，反复练习，提高动作质量
	结束部分：10 分钟	五、评价（附表） 1. 教师点评 2. 学生互评 3. 学生自评	教师点评（比赛成绩，鼓励表扬为主，今后努力方向）。 学生上课积极性高，参与性强，教学效果良好	武术场地 音响设备	培养竞争意识，增强自信心。 学生自评（赛后感想） 学生互评（优缺点）
课后小结	教师总结：学生掌握了击步腾空飞脚动作后进行和组合动作的创编，开发了学生的创新思维，通过分析思考找到了适合自己的动作，不仅课堂气氛活跃，还提高了课堂效率。 学生总结：课上能够认真思考问题了，能够发挥自己的专长，提高了动作质量，展示和比赛增强了自信心				

附表：教学中采用的教学/评量工具。

评价结果记录表：腾空飞脚动作组合创编比赛，见下表。

评分项	组 3（并步推掌）	组 2（侧手翻）	组 1（摔叉）
优秀			
良好			
合格			

五、单元评价

1. 单元目标评价

（1）评价任务 A：理解、练习、掌握腾空飞脚的技术动作要领

学习目标：

①理解腾空飞脚的技术动作要领，反复练习掌握击步腾空飞脚动作基本技术，在此基础上进行腾空飞脚动作组合创编。

②分解、完整、集体、分组练习，提高动作的规范、力度和连贯性。

任务描述：

①进行完整腾空飞脚的动作展示（哪些同学动作完成得不错，哪些同学的动作还需要改进）。

②分小组展示、比赛（小组成员对动作掌握的程度和连贯性）。

③个人展示（对动作掌握比较好的学生，进一步提高要求，动作的规范性）。

④腾空飞脚动作组合的创编。（给学生创设比赛情境，让学生了解在武术拳术套路中，腾空飞脚能够连接什么动作，如：大跃步仆步冲拳、旋风脚、空翻等动作组合）。

评价量规：整体性量规。

评价实施：

①集体展示，老师点评。

②小组展示，互评（评价组每个学生说出自己看到的问题）。

③小组比赛（选出好的进行个人展示）。

④个人展示（优秀）。

记录工具：录像机。

评价结果记录表（腾空飞脚动作创编比赛）：

评分项	组 3	组 2	组 1
优秀			
良好			
合格			

（2）评价任务 B：激发学习兴趣、提高学习热情，锻炼团结协作能力

学习目标：

高难度动作的学习能够激发学习兴趣，提升学习武术的热情度。小组合作展示，锻炼了学生互相帮助、团结协作的能力。

任务描述：

①小组练习腾空飞脚动作（同学间互相提出问题，互教互学，改进动作）。

②建成一对一互帮小组（练得好的同学当老师，指导帮助有问题的学生，对错误动作有针对性的练习，有助于对腾空动作的掌握）。

③动作掌握好的同学展示（提高自信，激发学习兴趣)。

④被帮助的同学展示（建立自信，提高动作完成质量）。

评价量规：对学生学习武术的兴趣和热情度。

评价内容	可以	基本可以	不可以
课上仔细听讲，认真练习动作			
学习腾空飞脚动作的兴趣			
掌握腾空飞脚技术动作			
学习腾空系列动作的兴趣			
创编高难度腾空动作组合的信心			

评价实施：

①集体展示，老师点评。

②小组练习展示，互评（评价组每个学生说出自己看到的问题)。

③小组比赛，互评（选出好的进行个人展示）。

④个人展示（自评）。

2. 使能目标评价

评价任务：描述出腾空飞脚的动作结构，用肢体动作展示腾空飞脚的基本技术和关键技术。

使能目标（知识技能目标）：

①理解技术要领，能够描述出腾空飞脚的动作结构。

②能用肢体动作展示腾空飞脚的基本技术，击步、单拍脚、纵跳、提膝挑。

③能用肢体动作展示腾空飞脚的关键技术。蹬地起跳—击响拍脚—左腿提膝扣脚—右腿弹踢。

任务描述：

①观看腾空飞脚动作。

②描述出腾空飞脚的动作结构。

③模仿腾空飞脚动作。

④练习腾空飞脚动作的基本技术。

⑤讨论腾空飞脚动作的关键技术。

⑥集体、分组、个人展示腾空飞脚的基本技术。

⑦集体、分组、个人展示腾空飞脚的关键技术。

评价量规：

（1）描述出腾空飞脚的动作结构、动作顺序

标准	项目	
	动作结构	动作顺序
优秀	准确描述出动作结构，没有错误	动作顺序正确
良好	描述出动作结构基本准确	描述出动作结构基本准确
合格	描述出动作结构不太准确	描述出动作结构不太准确

（2）展示击步腾空飞脚的基本技术

标准	项目			
	击步	单拍脚	纵跳	提膝跳
优秀	动作准确连贯	动作准确连贯	高	高，提膝到位
良好	动作不太准确	动作不太准确	较高	较高，提膝到位
合格	动作不太准确也不太连贯	动作不太准确也不太连贯	不太高	不太高，提膝不太到位

（3）展示腾空飞脚关键技术

标准	项目			
	蹬地起跳	击响拍脚	左腿提膝扣腿	右腿弹踢
优秀	用力、高	准确	到位	到位
良好	比较用力、较高	比较准确	比较到位	比较到位
合格	基本用力、较高	基本准确	基本到位	基本到位

评价实施：

①集体展示，老师点评。

②小组展示，互评（评价组每个学生说出自己看到的问题)。

③小组比赛（选出好的进行个人展示）。

④个人展示（优秀）。

⑤比赛（一等奖、二等奖、三等奖）。

记录工具：录像机。

评价结果记录表（腾空飞脚动作）如下：

评分项	组 3	组 2	组 1
动作结构			
动作技术			
动作规范			
动作连贯性			

六、课后小结

教师单元小结：总结本单元前2次课学生通过学习和练习已经掌握了原地和击步腾空飞脚动作的基本技术和关键技术，并且在第3次课运用所掌握的动作进行腾空飞脚组合的小组合作创编，达到了良好的教学效果，单元教学循序渐进由简到难符合教学规律，能够突出重点突破难点，完成了单元教学的知识能力目标和过程方法目标。为了学生易于掌握动作，教学中采用了多种教学方法和练习手段，使学生能够完全理解掌握腾空飞脚技术，多种评价方法的检验也使教学效果达到良好。学生也反馈看起来很难的动作经过观察、思考、分析、理解、练习、掌握这一系列过程，也变得易于掌握了，以后再也不发怵高难度动作的学习了。通过分组互助、互练、互评，使学生间的关系更加亲密，学习的热情更加高涨，同时也完成了情感态度价值观的单元目标。在今后的教学中应多采用单元课教学设计，教师在各个教学环节中再精细化，使学生在掌握动作的同时喜欢上武术课。

体能之篮球基本功技术

体育教学部　郝兴杰

一、课程基本信息

单元名称	体能之篮球基本功技术	专业类型	体育类
活动类型	体育运动课	设计教师	郝兴杰
活动课时	2 课时 / 周 （45 分钟 / 课时）	活动对象	身体能力训练课学生 （8~10 岁）
活动时间	2021 年 9 月	人数	20 人

二、背景分析

1. 学期目标及分析

本项目根据学生身心健康和身体素质发展的敏感期，采用趣味游戏、各个项目基本技能学习，针对性地发展学生的速度、力量、耐力、灵敏、柔韧五大身体素质能力，依据《国家学生体质健康标准》和《义务教育体育与健康课程标准（2022年版）》的测试评定内容和指标，对学员进行体质健康测评，目的是提高学生的身体运动能力，并将校内外体育课程相结合，补充提高学生的体能能力和基本运动技能，最终提高学生的体质健康运动能力。

2. 教材分析

基于既定课程目标的教材或活动分析、单元基本问题或任务的分析，以《体育与健康》篮球教材为内容。篮球是中学生喜爱的运动项目之一。本课程教授基本运球动作，学生学习从右手运球到左手运球，从单手运球到双手运球，再到行间距运球，强调技术动作的准确性、连贯性，熟悉手、脚、躯体动作形态，做出完整动作，能够课后自觉学练。

3. 学情分析

本课程的学生在8~10岁，身体尚在发育期，不能接受大负荷训练，需要合理安排负荷。学员心理上对体育运动的认识还不全面，需要进行理论学习。训练时应从基本功开始，不可跳跃式安排训练内容。训练时注意学员实际情况，一切从实际出发，具体问题具体分析。做好安全预案工作，创造安全的环境，参与身体锻炼。

4. 教学资源分析

教学器材：包括篮球、标志筒、录音机，为教学与训练做好准备。

分析：提前规划好场地安排，摆放好器材，练习的项目内容、学生队形及器材位置要考虑好安全因素，做好准备活动，练习及竞赛时记录成绩，教师做好保护帮助动作。训练时根据内容合理安排每组练习人数，按队形有序训练。

三、单元目标

1. 学习目标

学生了解身体能力发展的重要性和生长发育的敏感期；通过示范法讲解篮球运球、传球技术动作，学生模仿动作；通过游戏法和竞赛法相结合方式，让学生积极融入团队学习和合作练习，组成团队参与竞赛活动；情感态度价值观目标：培养学生的团队合作精神，敢于挑战自我、表现自我，锻炼积极进取的意志品质。

2. 使能目标

学生能够做出正确的运球和传球手形、脚步、躯干正确动作；学生能够熟悉单手运球和双手传球技术动作要领，做出完整动作；部分学生逐步熟练做出规范正确动作。

四、单元内容与实施

活动 1：准备部分（用时 10 分钟）

队员按年龄分成两组：8~9岁为一组、10岁为二组，按队形分别进行场地跑步12圈，做原地拉伸徒手操练习；点名、宣布本节课内容，检查服装；做一下准备活动，拉伸练习，跑步准备活动。

评价：运动场地、目测评价。

学生要求：遵守纪律、注意力集中、精神饱满。

活动 2：基本部分（用时 15 分钟）

队员按年级分成二组，按队形分别进行场地跑步两圈，做原地拉伸徒手操练习，根据老师动作学习与练习。

（1）全身直立拉伸练习

练习目的：拉伸全身韧带。

练习方法：身体站直，两脚自然开立，双手掌心向上，十指交叉上举，手臂伸直，脚后跟微抬，身体上引，可向左右侧拉、腹背拉伸。

要求：保持背部挺直，静拉。

（2）肱三头肌侧拉伸练习

练习目的：拉伸肱三头肌。

练习方法：两脚开立，与肩同宽，保持身体正直，左臂伸直横过身体慢向右拉，右侧手臂托住左侧手臂的肘关节向右侧拉伸。这时头向左转向左看，肩部要正，躯干不要转动，坚持20 s，双臂交换。

（3）五指关节伸展练习

练习目的：活动五指关节。

练习方法：两手五指相对，并同时压向身体的矢状面，持续20 s。保持手指伸直、张开。

（4）前臂拉伸练习

练习方法：右臂伸直，掌心向前，五指向下，左手牵拉右臂向身体内侧拉伸，保持15 s，双臂交换。拉伸的过程中被拉伸手臂伸直，静止拉伸。

（5）箭步压腿

练习方法：双手叉腰，双脚前后开立，成跨步状下压，或双手侧平举跨步后引。

（6）交叉腿拉伸

练习方法：双腿交叉，右腿在前，膝关节不要弯曲，身体向前俯身下压直到双手接触地面，坚持20 s，交换换腿，重复两次。

（7）开立下压练习

练习方法：两腿开立，慢慢体前屈，双手掌根尽可能触底，直到感到大腿后侧肌肉群被拉伸，坚持15 s，换双手各摸左右脚尖。

场地需求：运动场

学生要求：学生遵守纪律、注意力集中、精神饱满，认真记忆动作，注重与老师交流完成技术动作。

活动 3：篮球基本技术部分（用时 35 分钟）

队员按年级分成两组，按队形做原地拉伸徒手操练习，根据老师动作学习与练习。要求：积极跟着老师模仿练习，有未完成者及不遵守纪律要求者罚做五个俯卧撑。

（1）原地单手臂直臂旋球练习

练习方法：队员原地呈两列横队，每人一球，单手将球托起，用手指及指跟部位接触球，五指分开，手指、手腕旋转球。左右手交替进行练习，手心不能碰球，手指手腕控制好球。

（2）绕颈转球

练习方法：将球单手托起，两手依次由左向右绕颈部转球，不要碰到颈部，连续完成多次不掉球。

（3）绕腰转球

练习方法：将球单手托起，两手依次由左向右绕腰部转球，不要碰到颈部，连续完成多次不掉球。

（4）手指拨球练习

练习方法：两手五指分开，手指根部位接触球，两手拨球，由上到下进行。

（5）头上左右拨球练习

练习方法：两臂侧平举，右手托球。练习开始时队员统一将球从右手经头上拨到左手，再从左手经头上拨到右手，反复练习。

（6）体侧“8”字绕球练习

练习方法：两脚开立与肩同宽，右手持球由腰部侧面做“8”字绕球。左右手交替练习。

（7）胯下“8”字绕球练习

练习方法：两腿分开与肩同宽，练习时右手持球从两腿间经前向后交到左手，左手持球绕外侧经两腿中间，再将球交给右腿后的右手，完成“8”字绕球。要屈膝，上体随球移动，幅度要大。

（8）两腿间“8”字拨球练习

练习方法：右手将球从两腿间的地面经前向后拨推球交到左手。左手接球后围绕左腿外侧拨球到两腿间，并将球交给右腿后的右手。

（9）胯下双手交叉接球练习

练习方法：两腿分开略比肩宽，左手在前，右手在后，双手持球于两腿之间，练习时左右手交叉在胯下接球。

（10）体前换手运球

练习方法：两腿分开略比肩宽，左右手运球在两腿前，落地点在两腿之间，两手拍球的左右两侧。

（11）行进间慢跑拨球练习

练习方法：身体直立双手拨球向前慢跑，手臂伸直于头顶，用手腕带动手指连续拨球，使球在两手之间快速移动，可由头上到体前反复拨球，手指拨球速度一定要快。

（12）行进间慢跑击掌抛接球练习

练习方法：行进间双手接球于胸间，向前跑将球向前上方抛起，当球在空中时双手击掌，球下落时，双手接住球。

（13）行进间双手前后抛接球练习

练习方法：行进间慢跑，双手于背后持球，双手将球从背后经头上顶上方，向前抛起，并在体前将球接住，然后双手将球由体前经头后顶上方抛向背后，在背后接球。

（14）行进间体后换手抛接球练习

练习方法：行进间左手持球放置背后，经右肩向上抛球，右手接球。右手接球后放置背后经左肩至体前抛球，左手接球。

（15）行进间左右手体侧抛球练习

练习方法：双手侧平举，左手托球并拨球，右手接到经头上方过来的球后以同样的方式拨给左手。

（16）行进间胯下“8”字交接球练习

练习方法：动作与原地胯下练习动作一致，但要求行进间练习时，动作节奏快，一步一换手，避免掉球。

（17）运控球

练习方法：每人一个篮球，按教练员要求分别做左右手原地高运球、左右手原地低运球、体前换手运球、胯下运球等控球动作；2分钟后，做踝腕关节放松、正压腿、侧压腿、体前屈；1分钟后再进行练习，反复练习4次。

要求：速度不要太快，动作要协调自然，注意运球手法及运球节奏。压腿时动作幅度要大，伸直腿保持静止牵拉状态。

运动场地、目标及动作评价、次数及数量标准测试。

学生遵守纪律、注意力集中、精神饱满，认真记忆动作，注重与老师交流完成技术动作。

活动 4：体能训练部分（用时 20 分钟）

将队形分成四排，根据练习要求积极参与竞赛活动，按照要求完成比赛任务。

（1）"8"字放松跑练习

练习方法：体会曲线跑时重心的移动。队员在底线站在一排，绕左右半场地中间线绕标志物跑，最后冲刺底线。跑步不要握拳，半紧张状态。

（2）"之"字变向跑练习

练习方法：体会变向时脚的用力蹬转动作。由底线开始依次启动加速至标志筒处做变向跑，变向跑时外侧脚蹬转，内侧脚向其前方跨步。组织练习时，一路队形沿底线站一纵队间隙练习。

（3）后退跑练习

练习方法：掌握后退跑的技巧，队员由底线出发，启动加速跑至中线然后做后退跑练习。注意后腿跑时前脚掌用力，重心在两腿之间，不能靠后。

（4）曲线侧身变速跑练习

练习方法：由底线出发，绕篮球场做三环变向跑动。

（5）15 m 折返跑练习

练习要求：听音乐根据节奏跑步，每次铃声响时能够触碰底线位置，不允许乱道跑步、抢跑，注意跑步节奏、跑步动作，不按要求达到位置两次视为犯规下场。

练习方法：分两组跑步，每组要求跑到第65个口令，跑完记录脉搏。

评价：动作质量测试、运动成绩测试。

学生要求：学生遵守纪律、注意力集中、精神饱满，认真记忆动作，积极和团队学生沟通，勇敢拼搏完成团队任务。

五、单元评价

1. 单元目标评价

（1）运球评价

学习目标：篮球运球练习。

任务描述：独立完成双手运球，仔细观看双手运球视频，老师做连贯做示范动作，讲解动作要点，学生分三组练习，老师指导、纠正动作、进行集体练习，通过反复练习、展示掌握好动作技术。进行完整动作技能训练和展示。

评价量规：整体性量规、动作技术主观判断。

评价实施：集体展示，老师点评；小组展示，互评；个人展示，考核。

（2）传球评价

学习目标：篮球传球练习。

任务描述：独立完成传球，仔细观看双手传球视频，老师做完整示范动作，讲解动作要点，学生分三组练习，老师指导、纠正动作、进行集体练习，通过反复练习、展示，掌握好动作技术。进行完整动作技能训练和展示。

评价量规：整体性量规、动作技术主观判断。

评价实施：集体展示，老师点评；小组展示，互评；个人展示，考核。

2. 使能目标评价

（1）双手运球技术

学习目标： 做出正确的运球手形、脚步、躯干正确动作，熟悉动作要领。

任务描述： 独立完成双手运球60次，仔细观看双手运球视频，老师做完整示范动作，讲解动作要点，学生分三组练习，老师指导、纠正动作、进行集体练习，通过反复练习、展示，掌握好动作技术。进行完整动作技能训练和展示。

评价量规： 整体性量规、动作技术主观判断。

评价实施： 集体展示，老师点评；小组展示，互评；个人展示，考核。

（2）双手传球技术

学习目标： 做出正确的双手传球手形、脚步、躯干正确动作，熟悉动作要领。

任务描述： 独立完成传球60次，仔细观看双手传球视频，老师做完整示范动作，讲解动作要点，学生分三组练习，老师指导、纠正动作、进行集体练习，通过反复练习、展示，掌握好动作技术。进行完整动作技能训练和展示。

评价量规： 整体性量规、动作技术主观判断。

评价实施： 集体展示，老师点评；小组展示，互评；个人展示，考核。

六、课后小结

老师点评优秀学员及进步快的学生，并及时提醒出现的一些问题。布置作业，每天练习20次俯卧撑及20次跳跃练习，两次400 m耐力跑步。

科技篇

北京市少年宫单元设计优秀案例汇编

简单电路图的设计与制作

科技教学部　刘星汉

一、课程基本信息

单元名称	简单电路图的设计与制作	专业类型	科技类
活动类型	电子技术	设计教师	刘星汉
活动课时	2 课时 / 周 ×4 周 （45 分钟 / 课时）	活动对象	9~11 岁学生
活动时间	2021 年 4 月	人数	12 人

二、背景分析

1. 学期目标及分析

（1）掌握串并联的知识

类属分析（类属分析、认知水平分析是成果性目标的分析方法之一）：

电路的基本连接方式有串联、并联、混合连接。

（2）认识发光二极管、电阻、小灯泡、电池盒等常见元器件

认知水平分析：

能识别元器件。

能理解这些元器件的使用方法。

能应用元器件知识，查找电路的错误。

能分析总结自己出错的原因，并避免下次制作出现同样的问题。

（3）学会制作简单的电路图

认知水平分析：

能复述制作过程。

能理解制作过程中用到的并联电路，以及元器件知识。

能应用知识，独立完成制作。

能分析制作过程中的错误，查找原因。

（4）初步学会排查电路错误的方法

认知水平分析：

能复述错误的现象。

能理解出现电路错误的原因。

能应用知识，根据现象查找错误原因。

能分析总结自己出错的原因，并避免下次制作出现同样的问题。

（5）根据生活中的实际使用情况，初步掌握科技作品的创新方法

能力的分解：

知：知道作品在什么地方可以进行创新，为什么创新。

会：如何进行制作，实现创新。

想：愿意进行创新。

做：大胆尝试，进行创新的设计。

好：作品的创新性是否解决了生活中的实际问题。

（6）初步掌握从工艺角度评价科技作品的方法，体会科技与艺术融合之美

体验性目标的分解：

认知：知道如何去进行评价及评价的标准。

行为表现：经历评价过程。

成果：例举同学作品的美观之处。

2. 教材分析

（1）基本问题

①什么是并联的电路连接方式？

②发光二极管如何区分正负极？

③电池盒如何区分正负极？

④如何搭接并联电路？

（2）驱动性问题

如何使用发光二极管、3 V电池盒、制作节日彩灯串？

3. 学情分析

本班级学员为学习电子技术课程的初级班学员。在学习这个单元课程之前，已经掌握了电子技术中电压、电流、电阻、电路的组成等入门知识，学会了认识串联与并联电路，并会根据电路图进行简单的搭接。在小组合作方面，通过合作制作楼梯灯，已经尝试过两人一组进行合作。本次制作的难点在于探究电路问题产生的原因，初学电路的同学们遇到电路问题总是过度依赖老师检查，有些比较明显的问题，也需要老师的提醒才能改正，这个问题是前几次课需要加强的地方，也是这个单元的难点。这种错误的分析，主要运用电路搭接、元器件识别、万用表测量的知识与技能，需要对问题的产生与错误现象之间建立联系。本单元课程学生通过简单描述问题的现象，教师和同学一起分析问题可能产生的原因，帮助学生建立联系，尝试利用知识分析和解决实际问题。这个过程需要多人进行讨论，是一次新的尝试，教师要对学生分工，有一个明确的讲解引导。学生学习电路时间不长，对于自己电路的问题可能会有思想上和行动上的急躁情绪，或过度依赖老师。针对这个问题，老师应对出现问题的学生及时给予响应、安抚，并以专题课的形式引导学生对典型问题进行分析解决。校外课程，学生依据兴趣报名，学生的学习兴趣很浓，主观上也希望尝试在电路中加入自己的想法，但是受限于所具备的能力，无法在电路原理上进行创新。教师应该尊重学生的创新精神，引导他们在力所能及的地方进行创新设计。

4. 教学资源分析

本次课程在北京市少年宫的电子技术专业教室进行。教室内配有现代化的教学设备。

①投影仪及实物投影用于展示教师、学生的操作。

②万用表用于让学生测量电路。

③剪刀等其他工具用于制作。

④学生的评价量表用于综合评价学生。

⑤柔性电路视频及图片资源用于让学生直观感受电路图选用导电胶带的制作目的。

⑥导电胶带，用于本次课程制作电路时代替传统PCB及导线的导电材料。该胶带本身具备一定的黏性，且具备导电性，可以在柔性的材料上随材料一起弯折并且导电。

⑦LED电路图制作时使用的发光材料。

三、单元目标

1. 学习目标

①倾听教师讲解，结合所学到的电子技术知识，独立完成由6~10个LED组成的电路图。

②在教师的指导下，小组探究、归纳、总结在电路图制作过程中出现的问题，尝试利用万用表或其他工具解决问题。

③结合实际使用，从使用者的角度对电路图作品进行一定的功能性或结构性的创新设计。

④通过小组探究讨论，制定电路图评定的标准，并正确评价同学们的电路图作品，感受电路图中的科技与艺术之美。

2. 使能目标

（1）完成由 6~10 个 LED 组成的电路图

①掌握并联电路的知识。

②了解柔性导电材料。

③掌握简单电路图的电路原理。

④掌握电路图的制作步骤。

⑤明白断路和短路与电阻阻值大小之间的关系。

⑥用万用表检测电路图制作中的虚接和断路。

（2）探究、归纳、总结在电路图制作过程中出现的问题，尝试利用万用表或其他工具解决问题

①列举出现问题的电路现象。

②分析出现错误的原因。

③掌握万用表检测电路图制作中的虚接和断路。

④尝试用工具检测电路中的虚接和断路，查找问题点。

⑤尝试解决问题。

（3）结合实际使用，对电路图作品进行一定的功能性或结构性的创新设计

①明确电路的使用中存在的问题。

②结合自己的能力，思考解决方法。

③尝试运用自己的能力去解决问题。

④分析问题的解决程度。

（4）通过小组探究、讨论，制定电路图评定的标准，并正确评价同学们的电路图作品

①根据制作，明确评分的标准条目。

②讨论各评价标准的分值权重。

③评价样品，了解评分尺度。

④评价作品，写出评语。

四、单元内容与实施

活动 1：简单电路图制作的原理及步骤（总时长 90 分钟）

教学环节 / 时间	学生活动	教师活动	教学资源	备注
新课导入： 可穿戴设备及柔性电路的视频 （用时 15 分钟）	讨论列举生活中的可穿戴设备。 小组代表回答问题	播放可穿戴设备及柔性电路的视频。 提问。 总结	多媒体视频	通过观看视频，了解可穿戴设备及柔性电路，体会电子艺术
探究电路图的电路原理 （用时 10 分钟）	观察、讨论。 小组代表回答问题	展示制作好的电路图。 提问	导电胶布，制作好的电路图	通过探究、讨论，了解电路图的制作原理及步骤
探究电路图的制作步骤 （用时 15 分钟）	观察、讨论、探究	分解步骤。 引导学生对电路图的制作步骤进行讨论。 强调注意事项及要点	PPT	
万用表蜂鸣档的使用 （用时 15 分钟）	观察。 学生代表上台实际操作	讲解万用表蜂鸣档的使用	万用表，实物投影，制作好的电路图	了解蜂鸣档的使用，测试电路图的布线电路的通断情况
电路图实际制作 （用时 30 分钟）	实际动手制作。 随时提问	教师巡视，观察，对学生问题进行回答。 分类梳理学生问题	制作材料，工具，万用表	利用所具备的电子技术知识，在给定的作品上完成由 6 个 LED 组成的电路图的电路布局及 LED 安装
总结 （用时 5 分钟）	学生提问	教师对问题进行总结	PPT	

活动 2：电路图作品问题的排查与设计完善（总时长 90 分钟）

教学环节 / 时间	学生活动	教师活动	教学资源	备注
导入： 小组讨论上次制作的电路图存在什么问题 （用时 10 分钟）	学生讨论，并记录小组发言，上台展示说明	引导学生对问题进行讨论，帮助学生说明问题现象	实物投影，电路图成品	通过小组讨论，观察发现电路图的问题，探究电路图产生问题的原因
小组讨论电路图中问题产生的原因，并对原因进行简单分类 （用时 10 分钟）	学生讨论，并记录小组发言，上台展示说明	引导学生对问题进行讨论，帮助学生分析	实物投影，电路图成品	
复习万用表测量电路通断的方法，学生利用万用表找到电路的问题点 （用时 10 分钟）	学生观察、思考、上台操作	教师引导学生复习万用表的使用方法。 对刚才的典型问题，举实例帮助上台的学生使用万用表分析	实物投影，电路图成品，万用表	复习万用表测量通断的方法，利用万用表找到电路的问题点

续表

教学环节 / 时间	学生活动	教师活动	教学资源	备注
以小组为单位找到电路图问题，尝试解决电路图作品出现的电路问题，思考什么问题用万用表解决比直接观察要好 （用时 10 分钟）	学生观察、思考、讨论、实际操作	教师巡视，帮助学生及时解决问题，发现共性问题	与制作相关的材料工具	小组讨论，尝试解决电路图作品出现的电路问题
对问题解决方法进行梳理总结 （用时 10 分钟）	学生上台发言，介绍哪些问题解决了，如何解决的，哪些问题没有解决	教师对小组同学无法解决的问题加以分析	实物投影，与制作相关的材料工具	
继续调试电路 （用时 10 分钟）	学生观察、思考、讨论、实际操作	教师巡视帮助学生及时解决问题	与制作相关的材料工具	
展示框架及支架结构 （用时 5 分钟）	学生观察	教师展示	PPT	根据老师的资料，设计电路图的外观结构
学生制作框架 （用时 20 分钟）	学生制作	教师巡视	与制作相关的材料工具	
总结 （用时 5 分钟） 布置任务：思考哪些问题好解决，哪些问题不好解决，为什么？目前的电路图在实际使用中还有什么问题	学生提问、思考	教师总结	PPT	

活动 3：电路图的制作与创新（总时长 90 分钟）

教学环节 / 时间	学生活动	教师活动	教学资源	备注
导入： 回忆制作电路图制作步骤 （用时 5 分钟）	回答问题	教师引导	PPT	回忆所学知识
围绕问题进行讨论：上次的制作出现了什么问题，哪些是不好修改的问题 （用时 10 分钟）	小组讨论，发言	教师引导，总结	学生的制作，或能说明问题的绘制图片及实物等	引出电路布局的问题，引起同学们的重视
围绕问题进行讨论：上次的电路图在使用中有什么不足？如何改进 （用时 10 分钟）	小组讨论，发言	教师引导，总结	学生的制作，或能说明问题的绘制图片及实物等	帮助学生发现可以创新的点
制作电路图 （用时 60 分钟）	制作	教师巡视，解决同学的问题	与制作相关的材料工具	独立设计并完成由 6~10 个 LED 组成的电路图
总结 （用时 5 分钟） 布置问题：如何评比我们的电路图	学生提问、思考	教师总结	PPT	

活动 4：电路图制作的评价（总时长 90 分钟）

教学环节 / 时间	学生活动	教师活动	教学资源	备注
导入： 说明今天的评分任务（用时 10 分钟）	听课，思考	教师讲解裁判的评比准则	描述教学媒材、场地设施、组织形式、教学 / 评量工具等	作为裁判，有些注意事项：公平公正；不评比自己的；点评作品的闪光点，学会欣赏
根据制作经验，说明评分的标准（用时 10 分钟）	讨论，回答问题	教师记录，点评，去除重复项，归纳	PPT	通过讨论，结合制作要点的理解，提出并掌握评价的标准
小组讨论评分点的评分权重的总原则（用时 5 分钟）	讨论，每个小组代表发言	教师记录，点评，统一意见	PPT	通过小组讨论，制定评价标准的权重的原则
小组讨论评分点的具体评分权重（用时 10 分钟）	讨论，每个小组代表发言	教师记录，点评，统一意见	PPT	通过小组讨论，制定评价标准的权重
选出一件作品，进行试打分，说明原因，统一标准（用时 10 分钟）	讨论，观察打分，同学发言	教师点评	实物作品	
对剩余作品进行打分。对作品写评语（每个作品有一名同学点评）（用时 35 分钟）	观察打分，撰写评语	教师录入成绩	实物作品，评分表	通过评价过程，了解优秀作品的闪光点，体会艺术与科技的结合。 注意评语要言之有物，不能只说好。推荐格式：我觉得某个作品的某些地方好，为什么
同学点评发言，教师宣布分数，单元总结（用时 10 分钟）	点评发言	宣布分数。 点评活动。 单元总结	PPT	

五、单元评价

1. 单元目标评价

（1）评价任务 A

学习目标：倾听教师讲解，结合所学到的电子技术知识，与同学们讨论制作步骤与方法，独立完成由6~10个LED组成的电路图。

任务描述：根据老师讲解的方法，设计并制作电路图。

评价量规：标准见下表。

评价维度	等级描述			
	优秀	良好	一般	须努力
制作完成	完成电路制作，LED 功能稳定正常，制作步骤记录详细而清晰，问题和困难描述准确，解决方法正确有成效	完成电路制作，LED 功能基本正常，制作步骤记录详细完整，问题和困难描述准确，有解决方法	完成电路制作，功能部分正常，电路原理正确，制作步骤基本完整，有问题和困难描述	未能完成电路制作，电路原理部分正确，制作步骤不完全，有问题和困难描述不清
合作	积极和同学讨论交流，对同学的问题积极帮助，并提供一定的解决方法	积极和同学讨论交流，对同学的问题进行帮助	在其他同学的引导下，能够发言交流	基本不与同学交流合作

评价实施：每名同学按照老师讲解的方法，用老师准备好的材料自主设计制作电路图作

品，完成制作作品的任务表格（见下表）。

制作步骤	遇到困难的地方	如何解决

（2）评价任务 B

学习目标：探究、归纳、总结在电路图制作过程中出现的问题，尝试利用万用表或其他工具解决问题。

任务描述：利用万用表，查找分析电路图的问题，修改有问题的电路图。

评价量规：标准见下表。

评价维度	等级描述			
	优秀	良好	一般	须努力
问题点的查找及问题的判断	能够清晰表明查找的位置，问题查找全面，判定可能出现问题的原因比较准确	能够表明查找的位置，问题查找基本全面，对可能出现问题的原因有判定	能够表明查找的位置，查找出大部分问题	只能找出少部分问题
观察法与万用表检测法的判断	能准确写出各种方法的优缺点，并说明原因	能准确写出各种方法的优缺点	能写出部分优缺点，得出的结论相对片面	只能写出很少的特点
电路图制作的最终效果	电路图功能正常，轻微弯折电路仍能稳定工作	电路图功能正常，水平放置能稳定工作	电路图功能大部分正常，原理正确	电路图功能及原理存在问题
合作	积极和同学讨论交流，对同学的问题积极帮助，并提供一定的解决方法	积极和同学讨论交流，对同学的问题进行帮助	在其他同学的引导下能够发言交流	基本不与同学交流合作

评价实施：利用万用表，查找分析电路图的问题，修改有问题的电路图。每个小组均有有问题的电路图，我们先采用观察法，查找问题，进一步使用万用表来查找。对比查找结果，思考这些问题如何解决，尝试解决问题，填写下表。

1. 观察法发现的问题		
问题位置	可能原因	
2. 利用万用表发现的问题		
问题位置	万用表现象	原因
3. 对比结果（你认为哪种方法好？为什么？）		

续表

4. 产生的问题	解决方法

（3）评价任务 C

学习目标：结合实际使用，对电路图作品进行一定的功能性或结构性的创新设计。

任务描述：制作新的电路图，并对原本电路图的问题进行创新。

评价量规：标准见下表。

评价维度	等级描述			
	优秀	良好	一般	须努力
电路图制作的最终效果	电路图功能正常，轻微弯折电路仍能稳定工作，是否具备较多的创新功能	电路图功能正常，水平放置能稳定工作，是否具备一定的创新功能	电路图功能大部分正常，原理正确，是否具备一个以上的创新功能	电路图功能及原理存在问题
合作	积极和同学讨论交流，对同学的问题积极帮助，并提供一定的解决方法	积极和同学讨论交流，对同学的问题进行帮助	在其他同学的引导下能够发言交流	基本不与同学交流合作

评价实施：第一、二节制作的电路图，使用上并不十分完美，需要小组同学们分析其问题，提出如何完善的解决方案。在这次制作的电路图中解决之前的问题，完善设计，填写下表。

问题	解决难度	解决方法

（4）评价任务 D

学习目标：通过小组探究讨论，制定电路图评定的标准，并正确评价同学们的电路图作品。

任务描述：通过小组探究讨论，制定电路图评定的标准，评价同学们的电路图作品。

评价量规：标准见下表。

评价维度	等级描述			
	优秀	良好	一般	须努力
评分	评分符合标准，准确合理，小组同学之间打分偏差不是很大	评分符合标准，基本准确，小组同学之间打分偏差正常	评分符合标准，部分准确合理，小组同学之间打分偏差稍大	评分不太符合标准，小组同学之间打分偏差较大
评语书写	书写认真，描述清晰，具备科学性	书写比较认真，描述比较清晰，具备科学性	书写比较认真，描述有些笼统，具备科学性	描述笼统，科学性有一定问题

评价实施：通过小组探究、讨论，制定电路图评定的标准，并正确评价同学们的电路图作品，每位同学对展示的电路图依据标准进行打分，并写评语。最终去掉一个最高分，一个最低分，取平均成绩。

2. 使能目标评价

评价量规： 标准见下表。

评价维度	等级描述			
	优秀	良好	一般	须努力
制作完成	完成电路制作，功能稳定正常，制作步骤记录详细而清晰，问题和困难描述准确，解决方法正确有成效	完成电路制作，功能正常，制作步骤记录详细完整，问题和困难描述准确，有解决方法	完成电路制作，功能部分正常，电路原理正确，制作步骤基本完整，有问题和困难描述	未能完成电路制作，电路原理部分正确，制作步骤不完全，有问题和困难描述不清
合作	积极和同学讨论交流，对同学的问题积极帮助，并提供一定的解决方法	积极和同学讨论交流，对同学的问题进行帮助	在其他同学的引导下，能够发言交流	基本不与同学交流合作

评价实施每组4名同学，讨论交流电路图的电路原理及制作步骤，思考步骤，边制作边记录步骤、制作方法及难点（见下表），完成两个LED的并联纸电路制作。

姓名：		
制作步骤	如何实施	有什么困难
1		
2		
3		
4		

想一想电路原理是什么？

记录工具： 笔、纸。

六、课后小结

通过本单元课程的学习，学生们复习巩固了电路的入门基础知识，利用所学知识制作了简单电路图，认识了柔性电路材料。通过教师的引导，学生们能够初步尝试自主探究电路问题产生的原因，并尝试排查解决问题，初步了解了电路创新的方法。虽然学生们的创新点受限于其学习时间较短、所具备的专业知识能力不足，但创新的过程激发了学生们继续学习的动力，为之后更加深入的学习做好了铺垫。

国旗升降台模型制作

科技教学部　霍颖欣

一、课程基本信息

单元名称	国旗升降台模型制作	专业类型	科技类
活动类型	科技动手制作	设计教师	霍颖欣
活动课时	2 课时 / 周 ×3 周 （45 分钟 / 课时）	活动对象	8~10 岁学生
活动时间	2021 年 4 月	人数	12 人

二、背景分析

1. 学期目标及分析

熟悉制作材料的基本性质，知道制作步骤，熟练直尺、小锯、锉刀、电钻的使用，正确使用白乳胶。

学生有机会亲历制作过程，在观察、提问、设想、制作、交流的探究活动中体验科学探究的过程，了解探究实验的基本方法。有团队合作意识，在制作中遇到问题可以及时有效地解决问题，克服困难，有创新意识。

2. 教材分析

自编教材：“国旗升降台模型制作”——散页学习单。

国旗升降台模型制作是通过解决具体的问题进行制作学习。在这种学习方式中，利用各种工具及相关材料制作模型，学习相关知识。在制作国旗升降台模型过程中，学生充分发挥其想象力，自主、积极地参与到科学实验活动中，有机会亲历制作过程，在观察、提问、设想、制作、表达、交流的探究活动中体验科学探究的过程，建构基础性的科学知识，促进自身的全面发展。

国旗升降台模型制作分六次制作活动：介绍国旗升降台模型、国旗杆制作、国旗升降台模型底座制作、国旗升降台模型围栏设计与制作、国旗升降台模型台阶设计与制作、国旗升降台模型的探究。每次制作活动之间的连接性很强。学生在每次活动中都会学到国旗升降台模型制作的相关知识，掌握相关工具的使用。

3. 学情分析

学生年龄一般是9岁左右。这个年龄段是孩子习惯、性格开始形成的关键期，是培养孩子好习惯、避免孩子坏习惯形成的关键期，是孩子自我意识的重要萌发期，学生一般会有些依赖心理，在教学中，教师要激发学生的自主学习，促使学生形成一个健康的学习心态，从而调动学生主动参与的内驱力。

这个阶段的学生有一定的创新欲望、创新意识。这个阶段是学生智力开发的关键期。但是，低年级学生的无意识状态占主体地位，其注意力很难长时间地集中到一起。所以，在教学中，直观的教学手段和高质量的提问，可以紧紧抓住学生的好奇心理，吸引学生的注意力，激发学生的学习兴趣，学习效果也很好。

学生熟练直尺的使用，知道用钻床钻孔，熟练小锯和锉刀的使用。

4. 教学资源分析

投影、PPT、国旗升降台模型。

工具：小锯、锉刀、铅笔、直尺、剪刀、台钳、钻床等。

材料：方木、圆木、扁木、乳胶、轮子、冰糕棒、彩纸、定滑轮、垫圈等。

三、单元目标

1. 学习目标

①了解国旗的含义。

②利用相关材料及工具完成国旗升降台模型的制作。

③小组合作制定围栏和台阶设计方案并实施制作，知道设计的一般步骤。

④在国旗升降台模型制作过程中养成良好制作习惯，培养做事耐心、克服困难、专心做事的态度和科学探究的兴趣。

2. 使能目标

①知道定滑轮的定义、功能、特点及作用。

②学会剪刻方法，学会材料之间的分步黏接方法。

③掌握尺寸测量方法和小锯、钻床等工具的使用。

四、单元内容与实施

活动 1：介绍国旗升降台模型（用时 0.5 课时）

（1）导入（教师讲解）

①展示国旗升降台模型。

②介绍本系列制作活动的分次制作活动的主要内容。

（2）思考问题（学生思考，分组讨论）

①描述五星红旗的样子。

②国旗有什么含义？

（3）介绍国旗（学生回答问题，教师讲解）

①介绍国旗的形状、颜色，五星的位置。

②介绍国旗的含义。

活动 2：国旗杆制作（用时 1.5 课时）

（1）问题导入（学生讨论）

如何将国旗从国旗杆的底部升到国旗杆的顶端？

（2）定滑轮的作用（学生讨论，教师讲解）

①定滑轮应用实例，如有些晾衣架上有定滑轮，搬家的时候用定滑轮把家具吊到高处等。

②定滑轮的定义、特点及作用。定滑轮的中心轴固定不动，定滑轮的功能是改变力的方向。

（3）学生制作国旗杆（教师个别辅导）

①所有配件材料进行分类整理。将国旗贴纸、圆木、木轮、黑色皮垫、小锯、台钳、锉刀等各种不同材质的材料一一分类，摆放整齐（达到两个效果：一是熟悉各种材料，二是养成良好习惯）。

②锯两个规格为40 mm × 8 mm × 8 mm的方木块，表面不平的需要锉刀打磨。使用小锯、锉刀等工具。

③将这两个方木块在不同方向钻直径为5 mm的孔，作为国旗杆上下的链接块（主要用钻床钻孔）。

④锯一个长为200 mm、直径为5 mm的圆木，作为国旗杆。将两个链接块和定滑轮用两个边长为3 mm、直径为5 mm的圆木装配起来。

⑤组装和黏接国旗升降传动机构。特别提醒：木轴与木轮和塑料滑轮都必须紧密配合，如有松动，请挤入乳胶粘接牢固，绝不能松动空转。

⑥制作升降部件，将国旗贴纸粘到棉线上，并和第⑤步的升降传动结构连接。

⑦下课前整理所有工具及废料。

（4）作品展示

展示两个学生的作品，分别说出其优缺点。

（5）总结

①学生互评，教师点评。

②布置作业：定滑轮还有哪些应用？想一想，如何设计不一样的围栏，利用网络收集相关信息。

活动 3：国旗升降台模型底座制作（用时 1 课时）

（1）导入

①介绍定滑轮的其他应用。

②展示国旗升降台模型，明确本次活动的内容主要是用木料制作长方体的底座。

③识别、辨认图纸中各部件的相互关系和分步制作引导图。

（2）制作时会遇到的问题（教师讲解及展示）

①确定好相关尺寸。

②画线时，在木料上画一条切割线，锯一次。不能一次画很多切割线，原因是小锯有锯齿厚度，会产生误差。

③木料锯完后一定要打磨，否则影响黏接。

④两个冰糕棒用于连接国旗杆，打完孔后，黏接时两个孔一定要相对，否则国旗杆是斜的。

（3）学生制作国旗升降台模型底座（学生练习制作，个别辅导）

①对木质原材料进行粗加工。用细砂布将所有木质材料的各个表面、棱角特别是锯截面的毛刺仔细打磨光滑洁净。这样做可以达到两个效果：一是安全，不让毛刺扎伤手部；二是使木质材料看上去更加洁净美观。

②锯四根长为4 cm的木条（用作底座支腿），锯8根长为10 cm的木条围成两个正方形。快干乳胶涂得较薄即可。涂胶后请立即黏接并凝固干燥3分钟。

③在两个冰糕棒的中间打两个直径为5 mm的孔。

④将两个有孔的冰糕棒粘接到底座上。

⑤下课前整理所有工具及废料。

⑥每个学生将自己做的底座，写上名字，下节课备用。

（4）作品展示

①作品已经风干的学生，可以展示自己的作品。

②分别说出作品的优缺点。

活动4：国旗升降台模型围栏设计与制作（用时1课时）

（1）导入

①将所有配件材料进行分类整理。

②确定本节的制作目的：学生自己设计国旗升降台模型围栏。

（2）设计一般过程（举例讲解）

①了解什么是设计：把自己的想法，有目的有计划地表现出来。

②设计一般过程：发现与明确问题，制定设计方案，制作模型或原型，测试优化设计。

③展示国旗升降台模型围栏。

④举例设计一般过程：小椅子。

（3）学生分组合作设计（讨论合作）

①学生每3人为一组，讨论合作设计。

②制定设计方案：画出简图，说明制作材料。

（4）学生制作围栏

①对木质原材料进行粗加工。

②找到上节制作的底座，制作围栏。每个学生制作小组设计的围栏。

③优化小组设计。

④制作完成后整理所有工具及废料。

（5）作品展示

①每组选一个组长，进行展示作品。

②分别说明作品的优缺点。

（6）总结

①学生互评，教师点评。

②布置作业：想一想下节课如何设计不一样的台阶。

活动 5：国旗升降台模型台阶设计与制作（用时 1 课时）

（1）导入

确定本节制作的目的：学生自己设计国旗升降台模型台阶。

（2）理解设计一般过程（举例讲解）

①熟悉设计一般过程：发现与明确问题，制定设计方案，制作模型或原型，测试优化设计。

②展示国旗升降台模型台阶。

（3）学生制作台阶（学生设计制作，个别辅导）

①自己制定设计方案：画出简图，说明制作材料。

②学生根据设计方案制作台阶模型。

③制作完成后整理所有工具及废料。

（4）作品展示

①选两名学生进行展示作品。

②分别讲述自己设计的想法。

活动 6：国旗升降台模型的探究（用时 1 课时）

（1）导入

确定本节制作的目的：针对国旗升降台模型进行探究。

（2）探究问题（学生思考问题）

①将上下滑轮位置调整到同一方向和一条直线上，用线绳将上下滑轮连接拴紧。用右手摇动摇柄时，观察国旗能否正常升降？

②如不能升降或者升降不顺畅，请检查木轴与木轮和塑料滑轮（应用胶粘紧）是否打滑空转？线绳是否因为过松打滑或者过紧而增加了阻力？

③试一试，如果线绳拉得过紧或过松时，升降国旗时会出现什么现象？用手轻轻拉动线绳时，上下滑轮要能同时转动。

④一边调整下滑轮上下位置一边用手摇动摇柄，直到下滑轮能转动并带动线绳和国旗可以上下运动即可。调整好下滑轮位置后，将固定下滑轮机构的两个皮垫涂上乳胶与旗杆粘紧固定。上滑轮机构可以直接用乳胶粘紧固定。

（3）实践问题（小组合作讨论及实践）

①装配国旗升降台模型。

②根据探究的问题进行小组合作讨论及实践。

（4）总结

①教师点评。

②布置作业：优化模型的设计。

五、单元评价

1. 单元目标评价

（1）评价任务 A

学习目标：利用相关材料及工具完成国旗升降台模型的制作。

任务描述：展示国旗升降台模型，明确内容，主要用木料制作长方体的底座和国旗杆并连接。

评价量规：标准见下表。

评价	专心制作	尺寸测量	锯得是否垂直	打磨情况
优秀	认真听讲，专心制作	尺寸测量正确	制作材料全部垂直	制作材料全部打磨光滑
良好	有时不认真听讲	尺寸有部分错误	制作材料大部分垂直	制作材料大部分打磨光滑
合格	总是不认真听讲	尺寸大部分有错误	制作材料有一部分垂直	制作材料有一部分打磨光滑
不合格	不认真听讲，没有做完	尺寸不正确	制作材料是歪的，没有做完	没有打磨

评价实施：根据国旗升降台模型，自评，老师总结。

（2）评价任务B

学习目标：小组合作制定围栏和台阶设计方案并实施制作。

任务描述：学生每3人为一组，运用科技调查和收集信息，讨论合作设计，制定设计方案，画出简图，说明制作材料。

评价量规：标准见下表。

评价	调查和收集信息	与组员的合作	个人制作完成
优秀	回家利用互联网，能找到非常多有效的、与主题有关的信息	在小组中起领导作用，吸收接纳并能给出建议，帮助其他小组成员	制定设计方案合理，有科学性，有创新，结构完整，制作质量高
良好	很好地利用互联网，找到了充足的有效网站或网页，收集了一些基本信息	帮助协调，推动整个小组的工作，鼓励其他成员，工作至最后一刻，对最终成果有一定的贡献	制定设计方案合理，有创新，结构完整，制作质量较好
合格	收集的信息不多，只有一部分和主题有关	在小组中工作认真负责，为其他成员提供一定的帮助，参与了讨论工作	制定设计方案合理，结构尚需完善，制作质量不高
不合格	没有提供相关资源，没有收集围栏和台阶有关的等信息	没有合作精神，不准备承担整个小组的责任，对最终成果的评价过程只是旁观而已	没有想象力，没有创新，结构不合理

评价实施：学生每3人为一组，讨论合作设计，自评，小组成员互评，老师总结。

（3）评价任务C

学习目标：养成良好制作习惯。

任务描述：制作模型制作习惯，培养做事耐心、克服困难、专心做事的态度和科学探究的兴趣。

评价量规：标准见下表。

评价	制作习惯	做事耐心	专心做事	科学探究兴趣
优秀	认真听课，帮助同学，材料制作合理，不浪费材料，制作完成后能将工具分类整理，并打扫教室	不怕困难，有问题能想办法解决，不急躁，能克服困难	能专心做事	有科学性，有创新意识，有学习兴趣，制作模型结构完整，制作质量高
良好	认真听课，材料制作合理，但有浪费材料的情况，能分类整理工具，打扫教室	有问题能想办法解决，但有时不急躁，能克服困难	上课有聊天的情况	有科学性，有创新意识，制作模型结构比较完整，制作质量较好
合格	不认真听课，有浪费材料的情况，制作完成后工具整理不及时	怕困难，有问题不知道该如何解决，但不急躁	不能专心做事，上课聊天	没有创新意识，制作模型结构尚不完整，制作质量不高
不合格	不认真听课，不浪费材料严重，不能及时制作完成作品，能不整理工具	怕困难，有问题不知道该如何解决，急躁	不能专心做事，总是玩，或聊天，有打闹的情况	没有创新意识，制作模型不完整，不能完成作品制作

评价实施：同学自评，3位同学为一组互评，老师总结。

2. 使能目标评价

（1）评价任务1：评价小组协作学习学生讨论情况

评价量规：标准见下表。

评价	讨论情况	合作学习情况	发言情况
优秀	积极讨论、交流滑轮应用实例，分享实例、定滑轮特点、作用	善于与人合作，虚心听取别人的意见	积极举手发言，并有自己的见解
良好	能积极讨论滑轮应用实例，定滑轮特点、作用不是很清楚	能与他人合作，能接受别人的意见	能举手发言，答案中自己的思维较少
一般	能讨论滑轮定滑轮特点，没有讨论滑轮应用实例	能与他人合作，难以听取别人的意见	很少发言，不表达自己的观点
不合格	小组不发言，没有讨论滑轮应用实例	缺乏与人合作的精神，难以听取别人的意见	不发言，不表达自己的观点

评价实施：同学自评，3个同学为一组互评，老师总结。

（2）评价任务2：评价工具使用情况。

评价量规：标准见下表。

评价	直尺使用情况	小锯使用情况	锉刀使用情况	钻床使用情况
优秀	能正确确定刻度尺分度值单位，注意视线正对刻度尺并与尺面垂直，测量尺寸正确	锯齿压在切割线上，锯条与材料平面成一个适当的角度。锯切时，用右手满握锯柄，能控制方向，左手轻扶小锯的前端，配合右手将小锯扶正并向下给材料一定的压力	锉削时，锉刀运动的方向与工件夹持方向始终一致，在每锉完一次返回时，将锉刀横向作适当移动，再作下一次锉削，平面锉削效果理想	能带好防护镜。打孔位置正确，打孔时能夹紧材料，能调整钻床速度，使用后能及时关闭钻床电源，清扫操作台
良好	能正确确定刻度尺分度值单位，注意视线正对刻度尺并与尺面垂直，测量尺寸有偏差	能控制推拉运动和掌握方向，控制锯削的速度比较慢，不能均匀、平稳、快慢适度地使用小锯	锉削时，锉刀运动的方向与工件夹持方向始终一致，在每锉完一次后返回时，将锉刀横向作适当移动，再作下一次锉削，但平面锉削效果不理想	能带好防护镜。打孔位置正确，打孔时能夹紧材料，调整钻床速度不佳，导致垫木有损坏，使用后能及时关闭钻床电源，不能及时清扫操作台
合格	能正确确定刻度尺分度值单位，不太注意视线正对刻度尺并与尺面垂直，测量尺寸有偏差	有时不能掌握方向，不能均匀、平稳、快慢适度地使用小锯。有时锯得太快，很容易把材料掰断，造成材料的损坏	锉削时，锉刀运动的方向与工件夹持方向始终一致，但锉完一次后，不返回，拉回使用锉刀，平面锉削效果不理想	没有带防护镜。打孔位置有偏差，打孔时能夹紧材料，调整钻床速度不佳，导致垫木有损坏，使用后能及时关闭钻床电源，不能及时清扫操作台
不合格	不能正确确定刻度尺分度值单位，测量尺寸不正确	不知道如何起锯，不能控制推拉运动和掌握方向，总是把材料锯断，造成材料的损坏或小锯的损坏	锉削时，锉刀运动的方向与工件夹持方向不一致，但锉完一次后，不返回，拉回使用锉刀，平面锉削效果不理想	忘记带防护镜。打孔位置有偏差，打孔时不能夹紧材料，调整钻床速度不佳，导致垫木或材料有损坏，不清扫操作台

评价实施：制作完成情况，同学自评，老师总结。

六、课后小结

本次活动的教学目标明确，模型制作难度适当，模型制作知识性和科技性比较强。活动对象为9岁左右的学生，活动符合学生身心特点，能激发学生的学习兴趣，符合“玩中学，做中学”的教育理念。教学过程中，学生有主动思考，有分组讨论，有分组测量，有实践制作，体现了校外教育开放性的特点。学生参加活动积极性高。

活动的实施，一改以往的宣讲式的爱国主义教育形式，突出了学生主体的参与方式，引导他们以认知和体验为主线，以科技实践活动的形式亲自动手制作国旗升降台，动手实践的过程，既是对学生动手能力和创新精神的锻炼，又是对学生的爱国主义情怀的升华。

从活动效果上看，学生在活动中那种自主学习的积极性和热情溢于言表，他们在学习、讨论、制作和展示中表现出对国旗的热爱和尊重，每位同学都可以出色地完成国旗升降台模型的制作任务。

多彩的叶

科技教学部　赵　芳

一、课程基本信息

单元名称	多彩的叶	专业类型	科技类
活动类型	博物四季	设计教师	赵芳
活动课时	2 课时 / 周 ×3 周 （45 分钟 / 课时）	活动对象	6~8 岁学生
活动时间	2021 年 10—11 月	人数	16 人

二、背景分析

1. 学期目标及分析

参考《小学科学课程标准》，结合教学对象和可利用的资源制定本学期目标：

①能遵守纪律，团结同学，树立规则意识。

②认识一些植物（豆类作物、谷物）的果实，能描述这些植物果实的结构。

③感受秋季、冬季季节的变化，能说出季节对室外生物生长状态的影响。

④了解一些工具（温度计、最高最低温度计、百叶箱、比色卡、放大镜、枝剪、手锯），知道这些工具的功能和使用方法。

⑤能利用材料和工具完成简单的任务（内脂豆花制作、“小小秋叶预报员”、“冬天来了，生物怎么办？”科普解说、环保木艺、创意谷物展览制作）。

本单元指向的学期目标有①③④⑤。

2. 教材分析

本学期为博物四季初级班的秋季课程，包括秋季和冬季两个模块。秋季模块包括“豆豆家族”“多彩的叶”“五谷丰登”三个单元；冬季模块包括“冬天来了”和“树的形状”两个单元。本单元属于秋季模块的第二个单元，围绕单元任务“小小秋叶预报员”开展，了解香山公园红叶预报员的工作，学习观测秋叶的方法，完成两次银杏叶颜色观测，在其中学习银杏的相关知识，并制作银杏叶贴画。

3. 学情分析

本单元的学习者多为刚入学的一年级小学生，经过第一单元三次课的学习，能基本配合教师的教学活动。但在学习中缺乏规则意识，认读能力很弱，因此整个单元学习依然需要用轻松愉快的任务、少而简单的科学内容，引导他们进行探索和学习。同时，学生之间还未熟悉，可以设计小组学习任务，通过共同学习，促进同伴之间的交流和协作。

4. 教学资源分析

本单元的室外活动在种植2 000多种活植物标本的教学植物园内的银杏小径进行。小径长约100 m，蜿蜒曲折，包括一条约长50 m的园区一级道和两条与主干道交叉的园区二级路。在道路两边种植了约20株胸径超过50 cm的银杏树。银杏是我国特有的孑遗植物，叶形奇特，夏季翠绿，秋季金黄。银杏叶片的叶色从边缘逐渐变黄，经过微黄、中黄、金黄三个阶段。本单元的学习时间恰好是银杏变色的中期，大约60%的银杏叶从微黄到中黄，适合开展叶色的观察活动。

三、单元目标

1. 学习目标

①通过班规评价奖励小贴画活动，逐步树立规则意识。
②在与小组成员的交流和合作中增进友谊和增强班级凝聚力。
③体验“小小秋叶预报员”活动，完成两次银杏室外观察记录。
④利用材料和工具，完成银杏叶贴画。

2. 使能目标

①学习并使用温度计、比色卡，体验银杏叶色的物候观测方法。
②通过引导和观察，知道银杏是雌雄异株植物，并能说出银杏的主要用途。
③通过收集叶缘开裂程度不同的银杏落叶，知道银杏叶的形态多样性。
④学习放大镜的使用，并能使用放大镜探究发现银杏的叉状脉序。

四、单元内容与实施

活动 1：小小秋叶预报员（用时 3 课时）

情境：在秋季的教学植物园里，由于气温的降低，有很多植物的叶片都变为红色或者黄色，银杏就是其中的佼佼者。银杏的叶形奇特，在2~3周内整株植物的叶片从深绿变为金黄，极具观赏价值。

任务：小组叶色观察，完成观察任务单（见附录1）。每个小组在连续两周的同一时间段，用比色和绘图方式，观察记录教学植物园银杏小径上的三株银杏树的叶色，并用温度计测量记录当天的温度；按小组分享观察结果和合作感受。

任务指南和要求：任务需要全体组员协作完成，建议组内进行分工，可以分为组长、地图引导员、温度测量员、叶色观察员、绘图员。各组组长负责组员的任务安排和分工。

具体活动见下面的“秋叶观察任务表”。

秋叶观察任务表

子任务	学习内容	学习资源	具体活动
1. 任务解析	了解小小秋叶预报员的任务	红叶观赏预报新闻、香山红叶物候观测员的采访视频	收听新闻，观看视频，知道红叶预报员的工作，了解小小秋叶预报员的任务内容

续表

子任务	学习内容	学习资源	具体活动
2. 技能学习	温度计的使用	大的水银温度计	认识水银温度计，学习测量记录温度的方法，在室外练习使用温度计，测量当日温度
	比色卡的使用	通用比色卡	认识比色卡，用室外植物的颜色与比色卡比对，学习使用比色卡
	观察记录植物叶色的方法	室外彩叶植物、教学植物园道路图	分小组寻找植物园内的彩叶植物，用比色卡观察并绘图记录植物的叶色，将植物标记在地图上
3. 银杏叶色观测记录	完成两次银杏叶色观察	银杏小径银杏分布图、水银温度计、通用比色卡、观察记录纸	第一周，学生在老师带领下，选择银杏小径上的一株银杏树，并在地图上标记。观察银杏的叶色，从东西南北四个方向观察这株银杏树的叶色并绘图记录。 小组完成其余两株银杏树的叶色观察记录。 第二周，根据地图，找到上周观察的银杏树，按小组继续完成银杏叶色观察记录，并测量记录当日温度
4. 小组分享	观察结果分享	观察任务单	按小组分享银杏叶色观察记录和小组合作感受。 教师根据任务单评价表对叶色观察活动进行小组评价

活动 2：银杏落叶收集（用时 0.5 课时）

情境：随着气温的逐渐降低，片片金黄的银杏叶从枝头翩翩落下。

任务：使用落叶收集袋收集形态不同的银杏叶片。使用标本夹将收集到的银杏叶片平整地进行压制。

任务指南和要求：引导学生观察不同叶缘形态的银杏落叶，并收集干燥洁净的银杏叶。在压制标本时要注意将叶片展平，并在标本旁放置标注自己名字的小纸条。

活动 3：小贴画奖励活动（用时 0.5 课时）

情境：全体学生分享观察结果和感受，教师给予小组评价意见。在分享感受的情境中进行室外活动的评价。

任务：学生根据评价表（见下面的“班级规则评价表”），进行自己和同组其他学生的班规评价，记录在下面的“室外活动班规考核表（同学填写）”中。教师统计学生填写的评价表格，计算平均值，确定同学的小贴画数量，使用下面的“小贴画奖励统计表（教师填写）”。学生领取小贴画，并贴在班级荣誉榜。

班级规则评价表

评价指标	A 级（4~5 分）	B 级（2~4 分）	C 级（1~2 分）
遵守纪律	遵守活动纪律	基本能遵守活动纪律	违反活动纪律
团结同学	团结并带领同学共同完成任务	配合同学完成小组任务	与同组同学产生矛盾，没有完成任务

室外活动班规考核表（同学填写）

小组成员	遵守纪律	团结同学
	☆☆☆☆☆	☆☆☆☆☆
	☆☆☆☆☆	☆☆☆☆☆
	☆☆☆☆☆	☆☆☆☆☆
	☆☆☆☆☆	☆☆☆☆☆

小贴画奖励统计表（教师填写）

学生姓名	遵守记录平均分	团结同学平均分	总分	小贴画数量

任务指南和要求：教师带领学生了解表格的填写，指导学生以点亮星星方式对室外活动中的表现进行自评和他评。学生在进行艺术创作时，由教师完成贴画的统计和发放。

活动4“小博物学家”银杏知识问答（用时0.5课时）

情境：欣赏并整理自己压制的干燥平展的银杏叶。

任务：回顾室外银杏形态的观察发现，学习放大镜的使用，观察银杏的叶脉。共同阅读“小博物学家”知识问答学习单（见附录2），并独立完成。对知识问答的答案进行讨论，确定正确答案。最后进行“小博物学家”等级评价（见使能目标评价）。

任务指南和要求：从叶柄着生处观察叶脉的生长规律。在规定时间内完成知识问答，并通过全体讨论的方式迅速得到答案。

活动5：银杏叶片工艺坊（用时1.5课时）

情境：欣赏用银杏叶片创作的粘贴画（图片来源于网络）。

任务：了解银杏叶片可以进行哪些艺术创作；学习乳胶粘贴技巧；选择范例（不同造型的拼贴画），在彩纸上模拟完成一幅银杏叶贴画，创作自己的银杏叶贴画。寻找同伴，交换叶贴画作品，互相欣赏并进行评价。

任务指南和要求：使用白乳胶注意安全卫生。可以模拟或者直接创作自己的粘贴画作品。

五、单元评价

1. 学习目标评价

（1）评价任务A：小贴画奖励活动

学习目标：通过班规评价奖励小贴画活动，逐步树立规则意识；在与小组成员的交流和合作中，增进友谊和增强班级凝聚力。

任务描述、评价量规、评价实施详见“单元内容和实施”的“活动3：小贴画奖励活动”中的描述。

（2）评价任务B：叶色观察活动

学习目标：体验“小小秋叶预报员”活动，完成两次银杏室外观察记录（单元目标）；学习并使用温度计、比色卡，体验银杏叶色的物候观测方法（使能目标）。

任务描述：按小组分享银杏小径的银杏叶色观察记录及活动感受。

评价量规：标准见下表。

任务单评价量表

评价指标	A 级	B 级	C 级
任务单完成情况	完成率 100%	完成率 80%~100%	完成率小于 80%
温度计使用情况	温度记录正确，读数准确	温度记录不正确或读数不准确	温度记录不正确，且读数不准确
比色卡使用情况	能使用比色卡正确完成植物颜色记录	能使用比色卡完成颜色记录，但有一两处错误	没有完成颜色记录，或有两处以上错误

评价实施：在第二次课完成两次观察任务后，按小组分享观察结果。教师根据上面的“任务单评价量表”对各小组观察结果进行评分。

（3）评价任务 C：银杏叶贴画评价

学习目标：利用材料和工具完成银杏叶贴画。

任务描述：寻找同伴，交换粘贴画，互相欣赏，并根据“银杏叶贴画”评价表，互相进行叶贴画的评价。

评价量规：标准见下表。

“银杏叶贴画”评价表

等级	☆☆☆☆☆	☆☆☆☆	☆☆☆
评价内容	画面干净整洁，创作完成自己的叶贴画	画面干净整洁，模仿完成自己的叶贴画	胶水使用不当，模仿完成或者未完成叶贴画

评价实施：在大多数学生完成叶贴画创作后，一起学习评价表的使用方法。自由寻找同伴，共同欣赏粘贴画并给同伴的粘贴画进行评星。

2. 使能目标②③④评价

评价量规：标准见下表。

“小博物学家”任务评价表

评价等级	骨灰级	发烧级		菜鸟级	
任务 1	全对	全对	错一个	错两个以上	
任务 2	对	错	对	对	错

评价实施：完成知识问答的任务单后，学生对照问答的答案，按照评价表进行自我评价。

六、附录

附录1：观察任务单（略）。

附录2：“小博物学家”知识问答（略）

以“缤纷的海底世界”为主题的电脑动画故事制作

科技教学部　车　力

一、课程基本信息

单元名称	以“缤纷的海底世界”为主题的电脑动画故事制作	专业类型	科技类
活动类型	电脑动画	设计老师	车力
活动课时	2 课时 / 周 ×3 周 （45 分钟 / 课时）	活动对象	10~12 岁学生
活动时间	2021 年 4 月—5 月	人数	8 人

二、背景分析

1. 学期目标及分析

①基本了解Flash软件的界面、功能及应用。

②掌握补间动画的制作方法。

③逐步提高原创动画作品的制作兴趣。

2. 教材分析

此单元属于《Flash电脑动画课程》中的入门级课程单元，分解为三次活动来完成，指向学期目标①②③的内容。

3. 学情分析

学生为小学四年级以上学生，对电脑操作有一定的基础，比如：打字、保存文件，对一些常用应用软件（如画图软件、PPT软件、Word软件等）有一定的应用经验。

学生对于Flash软件的使用是零基础。Flash软件开始使用时难度相对比使用其他软件要大，补间动画以及时间轴的操作方面是难点，需要反复理解与练习。

学习Flash软件的“补间动画的制作”知识点时，会安排一系列的主题内容，以螺旋上升方式，让学生不断熟练与巩固所学知识与操作技能，最终目的是促进学生们原创动画的创作能力的提高。

本单元以“缤纷的海底世界”为主题，围绕“爱护海洋、关爱海洋生物”等思想开展学习与制作，期待学生们的电脑原创动画作品。

4. 教学资源分析

学生们可以依据提供的案例进行学习，初步掌握其中的知识点。

5. 实践活动分析

需要学生上机实操：

第一步：模仿案例，初步掌握案例中的知识点。

第二步：初步运用已掌握的知识点进行自由创作。

第三步：阶段性成果展示与效果检测，包括学生自评、学生间互评、教师点评。

三、单元目标

1. 学习目标

①通过观看视频讲解，初步掌握Flash软件工具栏中的重点工具（如选择工具、任意变形工具、线条工具、图形工具、填充工具、文本工具等）的功能。

②通过观看教师讲解，理解多图层的概念对于动画的重要性，并通过上机练习，逐步熟练多图层的操作。

③通过观看教师讲解案例，并上机模仿制作案例，初步掌握补间动画的制作方法。

④围绕“爱护海洋、关爱海洋生物”等主题思想，在制作过程中通过发挥想象力创作动画中鱼的角色，编写角色之间的对话情节，初步体验原创动画创作的快乐。

2. 使能目标

①初步掌握Flash软件工具栏中的重点工具（如选择工具、任意变形工具、线条工具、图形工具、填充工具、文本工具等）的使用方法。

②逐步熟练多图层的操作。

③初步掌握补间动画的制作方法。

④创作动画中鱼的角色以及编写角色之间的对话情节。

四、单元内容与实施

活动 1：画鱼（用时 90 分钟）

<table>
<tr><td>课程名称</td><td>画鱼</td><td>任课教师</td><td>车力</td><td>课次</td><td>3-1</td></tr>
<tr><td>单元名称</td><td>缤纷的海底世界</td><td>班级</td><td>Flash 动画初级班</td><td>人数</td><td>8</td></tr>
<tr><td>背景分析</td><td colspan="5">本课是单元的第 1 次活动，属于入门级课程，学生初学使用 Flash 软件，所以需要熟悉软件的界面以及工具的操作</td></tr>
<tr><td rowspan="2">课时目标</td><td colspan="4">学习目标</td><td>指向的单元目标</td></tr>
<tr><td colspan="4">①通过观看视频讲解，初步了解 Flash 软件的概况、应用及界面。
②通过观看视频讲解，并上机操作，初步掌握使用工具栏中的工具（如选择工具、任意变形工具、线条工具、图形工具、填充工具等）来画鱼。
③通过观看视频讲解，并上机操作，初步建立图层的概念。
④制作中通过自由发挥想象力，创作动画中不同鱼的角色，初步体验创作的快乐</td><td>指向学习目标①②④</td></tr>
</table>

续表

<table>
<tr><td rowspan="2">评价设计</td><td colspan="3">评价方式</td><td>检测的课时目标</td></tr>
<tr><td colspan="3">评价任务 A（也是学习任务 3-1 画鱼）：
能够用工具栏的工具完成画鱼任务，能够建立起图层的概念，每条鱼在不同的图层，便于以后动画。
评价量规（3-1）及学习任务 3-1 评价表在后文“五．单元评价”中的“评价任务 A”中。
活动内容完成后进行评价，在学生作品展示后，学生根据电脑中的评价表进行：①自评；②两个或三个学生之间，进行互评；③教师点评。
填写好的评价表命名后保存在自己的文件夹中</td><td>完成活动 1 的课时目标内容①②③④后进行评价。
完成画鱼任务，建立图层的概念</td></tr>
<tr><td rowspan="5">教学过程</td><td>教学环节 / 时间</td><td>学生活动</td><td>教师活动</td><td>教学资源</td><td>备注</td></tr>
<tr><td>观看光盘学习新课（用时 15 分钟）</td><td>观看视频了解 Flash 软件的概况及应用</td><td>播放教学视频</td><td>教学光盘</td><td>指向课时目标①②③④</td></tr>
<tr><td>学习新课（用时 15 分钟）</td><td>观看教师讲解案例画鱼的制作步骤</td><td>计算机演示制作重点</td><td>学生利用计算机观看案例</td><td>指向课时目标①②③④</td></tr>
<tr><td>上机练习（用时 40 分钟）</td><td>学生上机操作，完成画鱼任务</td><td>进行个别辅导</td><td>学生利用计算机制作案例</td><td>指向课时目标①②③④</td></tr>
<tr><td>展示与效果检测（用时 20 分钟）</td><td>学生根据计算机中的学习任务 3-1 评价表进行：①自评；②两个或三个学生之间，进行互评；③教师点评。填写好的评价表命名后保存在自己的文件夹中</td><td>教师对每一个学生进行点评、指导、修改，并根据学生完成的先后顺序组织分组互评</td><td>学生利用计算机进行展示，填写学习任务 3-1 评价表，并保存在计算机自己的文件夹中</td><td>指向课时目标①②③④</td></tr>
<tr><td>课后小结</td><td colspan="5">本次活动可以让学生对 Flash 软件应用界面有了初步了解，初步建立图层的概念，并学习使用工具箱中的主要工具完成画鱼的任务。在以后的活动中学生会继续巩固建立多图层的操作，进一步熟练使用工具箱中的主要工具</td></tr>
</table>

活动 2：让鱼动起来（用时 90 分钟）

<table>
<tr><td colspan="2">课程名称</td><td>让鱼动起来</td><td>任课教师</td><td>车力</td><td>课次</td><td>3-2</td></tr>
<tr><td colspan="2">单元名称</td><td>缤纷的海底世界</td><td>班级</td><td>Flash 动画初级班</td><td>人数</td><td>8</td></tr>
<tr><td>背景分析</td><td colspan="6">本课是单元的第 2 次活动，属于入门级课程。上一次活动是学生们学习用工具栏中的工具画鱼，本次活动是学习补间动画的制作，让静态的鱼动起来</td></tr>
<tr><td rowspan="2">课时目标</td><td colspan="4">学习目标</td><td colspan="2">指向的单元目标</td></tr>
<tr><td colspan="4">①通过上机练习，进一步熟练使用工具栏中的相关工具，完成两条（或以上）鱼的角色的制作。
②通过观看教师讲解案例，并通过上机模仿制作案例，初步掌握补间动画的制作方法。
③通过观看教师讲解，并通过上机练习，逐步掌握多图层的建立以及时间轴的基本操作。
④制作过程中通过自由发挥想象力，创作动画中鱼的角色以及背景，初步体验动画创作的快乐</td><td colspan="2">指向学习目标①②③④</td></tr>
<tr><td rowspan="2">评价设计</td><td colspan="4">评价方式</td><td colspan="2">检测的课时目标</td></tr>
<tr><td colspan="4">评价任务 B：补间动画制作完成（也是学习任务 3-2 让鱼动起来）
能够完成让鱼动起来的案例。
在完成案例的基础上进一步创作原创动画故事中鱼的角色。
评价量规（3-2）及学习任务 3-2 评价表在后文“五．单元评价”的“评价任务 B”中。
活动内容完成后进行评价，在学生作品展示后，学生根据计算机中的评价表进行：①自评；②两个或三个学生之间，进行互评；③教师点评。
填写好的评价表命名后保存在自己的文件夹中</td><td colspan="2">在完成活动 2 课时目标的①②③④后实施</td></tr>
</table>

续表

	教学环节 / 时间	学生活动	教师活动	教学资源	备注
教学过程	巩固复习（用时 15 分钟）	复习上次活动内容：画鱼	进行个别辅导	学生利用计算机制作	指向课时目标①③④
	学习新课（用时 15 分钟）	观看教师讲解案例《让鱼动起来》的制作步骤	计算机演示制作重点	学生利用计算机观看	指向课时目标①②③④
	上机练习（用时 40 分钟）	学生上机操作，完成《让鱼动起来》的任务	进行个别辅导	学生利用计算机制作	指向课时目标①②③④
	展示与效果检测(用时20分钟)	学生根据计算机中的学习任务 3-2 评价表进行：①自评；②两个或三个学生之间，进行互评；③教师点评。填写好的评价表命名后保存在自己的文件夹中	教师对每一个学生进行点评、指导、修改。并根据学生完成的先后顺序组织进行分组互评	学生利用计算机进行展示，填写学习任务 3-2 评价表，并保存在计算机自己的文件夹中	指向课时目标①②③④
课后小结	本次活动学生们初步掌握了补间动画的制作方法，同时巩固练习了建立多图层的操作，对工具箱中的主要工具继续熟练使用。针对制作补间动画这一难点，在以后的活动中会进一步加强学习与练习				

活动 3：小鱼说话（用时 90 分钟）

课程名称	小鱼说话	任课教师	车力	课次	3-3
单元名称	缤纷的海底世界	班级	Flash 动画初级班	人数	8

背景分析	本课是单元中的第 3 次活动，属于入门级课程。 在让鱼动起来的基础上创作动画中鱼的角色，编写角色之间的对话情节，初步围绕“爱护海洋、关爱海洋生物”等主题思想，通过发挥想象力进行动画故事的创作	
课时目标	学习目标	指向的单元目标
	①通过上机操作练习，进一步熟练掌握补间动画的制作方法。 ②通过观看教师讲解，初步学习使用工具栏中文字工具，为动画添加对话情节。 ③通过上机练习，巩固掌握多图层以及时间轴的基本操作。 ④围绕“爱护海洋、关爱海洋生物”等主题思想，制作中通过发挥想象力，创作动画中鱼的角色以及编写角色之间的对话情节，初步体验原创动画创作的快乐。	指向学习目标①②③④
评价设计	评价方式	检测的课时目标
	评价任务 C：为故事加入对话情节（也是学习任务 3-3 小鱼说话） ①能够制作鱼的补间动画。 ②能够加入鱼的对话。 ③围绕“爱护海洋、关爱海洋生物”等主题思想创作原创动画故事。 评价量规（3-3）及学习任务 3-3 评价表在后文“五．单元评价”的“评价任务 C”中。 活动内容完成后进行评价，在学生作品展示后，学生根据电脑中的学习任务 3-3 评价表进行：①自评；②两个或三个学生之间，进行互评；③教师点评。填写好的评价表命名后保存在自己的文件夹中	在完成活动 3 课时目标①②③④后实施。 完成鱼的补间动画。 加入对话情节

	教学环节 / 时间	学生活动	教师活动	教学资源	备注
教学过程	巩固复习（用时 15 分钟）	复习上次活动内容：制作鱼的补间动画	进行个别辅导	学生利用计算机进行操作	指向课时目标①②③
	学习新课（用时 15 分钟）	观看教师讲解案例《缤纷的海底世界》的制作步骤	计算机演示制作重点	学生利用计算机观看案例	指向课时目标①②③④
	上机练习（用时 40 分钟）	学生上机操作，完成《缤纷的海底世界》的任务	进行个别辅导	学生利用计算机进行操作	指向课时目标①②③④

续表

	教学环节 / 时间	学生活动	教师活动	教学资源	备注
教学过程	展示与效果检测（用时 20 分钟）	学生根据计算机中的学习任务 3-3 评价表进行：①自评；②两个或三个学生之间，进行互评；③教师点评。填写好的评价表命名后保存在自己的文件夹中	教师对每一个学生进行点评、指导、修改，并根据学生完成的先后顺序组织进行分组互评	学生利用计算机进行展示，填写学习任务 3-3《评价表》，并保存在自己的文件夹中	指向课时目标①②③④
课后小结	本次活动使学生能够初步掌握为动画中鱼的角色加入对话的方法，初步形成自己的原创动画故事的雏形。通过制作继续巩固建立多图层的操作，继续学习并熟练工具箱中主要工具的使用，进一步熟练补间动画的制作。在以后的活动中会安排贴近生活健康向上的各种主题内容，学生们在继续深入学习与巩固 Flash 动画制作的知识点的同时，又有激情进行动画故事的原创制作				

五、单元评价

1. 学习目标评价

（1）评价任务 A（也是学习任务 3-1 画鱼）

学习目标：能够用工具栏的工具完成画鱼任务，能够建立起图层的概念，每条鱼在不同的图层，便于以后动画。

任务描述：完成内容①②③④后进行评价。

完成画鱼任务，建立图层的概念。

评价量规3-1：

评价内容	级别	
	A 级	B 级
重点工具的使用	熟练	不会使用
建立多图层	有建立多个图层，并完成图层特色命名	没有建立多个图层，或者没有为图层进行特色命名，只是使用默认名

评价实施：活动内容完成后进行评价，在学生作品展示后，学生根据电脑中的评价表（见下面的“学习任务3-1评价表”）进行：①自评；②两个或三个学生之间，进行互评；③教师点评。填写好的评价表命名后保存在自己的文件夹中。

学习任务 3-1 评价表

评价内容	学生自评			
重点工具的使用	熟练使用	A 级		
	不会使用	B 级	已学会	A 级
建立多图层	有	A 级		
	没有	B 级	已建立	A 级
学生互评		教师评价		
总评				

（2）评价任务 B：补间动画制作完成（也是学习任务 3-2 让鱼动起来）

学习目标：

①能够完成让鱼动起来的案例。

②在完成案例的基础上进一步创作原创动画故事中鱼的角色。

任务描述：在完成第二次活动1、2、3、4后实施。

评价量规3-2：

评价内容	级别	
	A级	B级
建立多图层	有建立多个图层，并完成图层特色命名	没有建立多个图层，或者没有为图层进行特色命名，只是使用默认名
库	完成为元件命名	出现补间
时间轴	实线箭头	虚线箭头

评价实施：活动内容完成后进行评价，在学生作品展示后，学生根据计算机中的评价表（见下面的“学习任务3-2评价表”）进行：①自评；②两个或三个学生之间，进行互评；③教师点评。填写好的评价表命名后保存在自己的文件夹中。

学习任务 3-2 评价表

评价内容	学生自评			
建立多图层	有，并已命名	A级		
	没有，或没命名	B级	已修改	A级
时间轴	实线箭头	A级		
	虚线箭头	B级	已修改	A级
库	已为元件命名	A级		
	出现补间	B级	已修改	A级
创作（鱼的角色）	有创意，创作合理	A级		
	没有完成创作	B级		
学生互评		教师评价		
总评				

（3）评价任务C：为故事加入对话情节（也是学习任务3-3小鱼说话）

学习目标：

①能够制作鱼的补间动画。

②能够加入鱼的对话。

③围绕“爱护海洋、关爱海洋生物”等主题思想创作原创动画故事。

任务描述：在完成第三次活动①②③④后实施。

评价量规3-3：

评价内容	级别	
	A级	B级
对话情节	有创意，吸引人	没有逻辑
建立多图层	有建立多个图层，并完成图层特色命名	没有建立多个图层，或者没有为图层进行特色命名，只是使用默认名
库	完成为元件命名	出现补间
时间轴	实线箭头	虚线箭头

评价实施：活动内容完成后进行评价，在学生作品展示后，学生根据电脑中的评价表（见下面的“学习任务3-3评价表”）进行：①自评；②两个或三个学生之间，进行互评；③教师点评。填写好的评价表命名后保存在自己的文件夹中。

学习任务 3-3 评价表

评价内容	学生自评			
建立多图层	有，并已命名	A 级		
	没有，或没命名	B 级	已修改	A 级
时间轴	实线箭头	A 级		
	虚线箭头	B 级	已修改	A 级
库	已为元件命名	A 级		
	出现补间	B 级	已修改	A 级
对话情节创作	围绕主题，有创意，吸引人	A 级		
	脱离主题，没有逻辑	B 级	已完善	A 级
学生互评		教师评价		
总评				

2. 使能目标评价

使能目标①②③④的评价任务、评价量规、评价实施、记录工具，分别对应学习目标①②③④的评价任务、评价量规、评价实施与记录工具。由于完全相同，这里不再赘述。

六、课后小结

本单元的计算机动画故事制作活动围绕立德树人的根本任务来设计，以“缤纷的海底世界”为主题，围绕“爱护海洋、关爱海洋生物”等思想开展学习与制作。学生们在学习Flash入门知识的同时，初步体验创作原创动画故事，学以致用有成效，能进一步激发学生们深入学习计算机动画制作的热情。

在刚开始使用Flash软件时，学生们通常会感觉难度比较大，尤其在学习补间动画以及时间轴的操作方面普遍存在着难点，需要反复理解与练习。针对Flash软件的这些特点，我们由浅入深、循序渐进地设计了三个教学活动，使学生们能够顺利完成本单元的教学目标。

活动1 画鱼：本次活动让学生能够对Flash软件应用界面有初步了解，初步建立了图层的概念，并学习使用工具箱中的主要工具完成画鱼的任务。

活动2 让鱼动起来：本次活动让学生们初步掌握了补间动画的制作步骤，同时巩固练习了建立多图层的操作，对工具箱中的主要工具继续熟练使用。

活动3 小鱼说话：本次活动让学生能够初步掌握为动画中鱼的角色加入对话的方法，初步形成自己的原创动画故事的雏形。通过制作继续巩固建立多图层的操作，继续熟练工具箱主要工具的使用，进一步练习熟练补间动画的制作。

在以后的Flash动画制作活动中，会继续设计贴近生活、健康向上的各种主题内容，让学生们在继续深入学习与巩固Flash动画制作知识点的同时，又能原创出有意义的计算机动画故事。

动物的行为

科技教学部　马洪梅

一、课程基本信息

单元名称	动物的行为	专业类型	科技类
活动类型	自然探索	设计教师	马洪梅
活动课时	2 课时 / 周 ×3 周（45 分钟 / 课时）	活动对象	8~10 岁学生
活动时间	2020 年 9 月 6 日—9 月 20 日（13:40~15:10）	人数	16 人

二、背景分析

1. 学期目标及分析

①理解动物的行为，尤其是动物的运动方式和取食习惯。

②掌握与单元主题相关的词汇及表达方式，逐步体会语言的工具性作用。

③懂得人类也是动物的一部分，体会人类、植物和动物是相互依存的，学会尊重并关爱其他生命，培养学生一定的合作能力和科学探究意识。

2. 教材分析

本课程是基于内容与语言整合教学（content and language integrated learning, CLIL)理念设计的适合小学生用英语学习科学的双语课程。本课程的目标是在早期阶段激发学生对科学和英语的兴趣，教师以一种既有趣又有效的方式引导学生用英语和汉语学习科学，主要培养学生的科学素养，加速学生的认知发展，培养学生的英语的实际运用能力。

（1）教学内容

了解动物运动的多种方式。掌握相关内容英语词汇、句型表达以及科学结论。

①科学内容：第一课，教师介绍常见的动物（如金鱼、老虎、小白兔、蜻蜓、毛毛虫等）以及它们独特的运动方式（游泳、行走、跳、飞及爬行等）。第二课，学生学习动物的饮食习惯，并将动物分成三大类（食草动物、食肉动物和杂食动物）。第三课，识别并描述一条食物链。

②熟练掌握与动物的运动方式和饮食习惯相关的词汇与句型。关键词汇有crawl,fly,hop,swim,

walk, eat, food, food chain。使用句型“(Rabbits/Caterpillars) (hop/crawl).”来描述动物的运动方式。使用句型“(A leaf/A caterpillar) is food for (a caterpillar/a bird).”来描述一条简单的食物链。

③通过活动得出如下科学结论：Different animals move in different ways. Fish swim, bird fly, dogs walk on their legs.（不同的动物有不同的运动方式，鱼会游，鸟会飞，小狗会行走）Some animals eat plants, some animals eat other animals, some animals eat plants and other animals.（有的动物吃植物，有的动物吃其他动物，有的动物吃植物和动物）Rabbits eat carrots, foxes eat rabbits, This is a food chain.（兔子吃胡萝卜，狐狸吃兔子，这就是一条食物链）。

（2）教学材料

教学材料有动物运动和取食的图片（见下面的图片）或视频、学生用书第一单元篇目、游戏等。

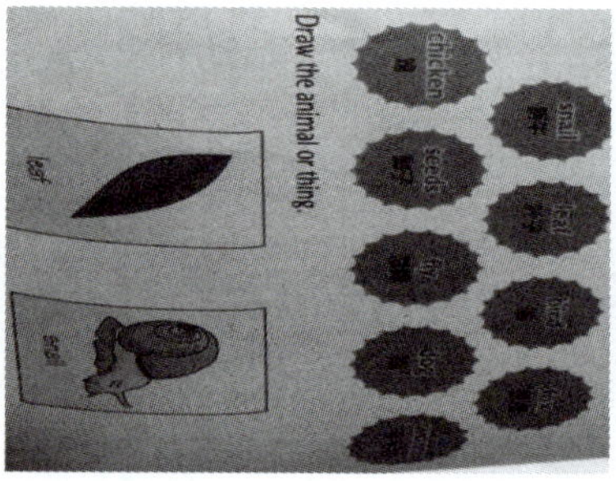

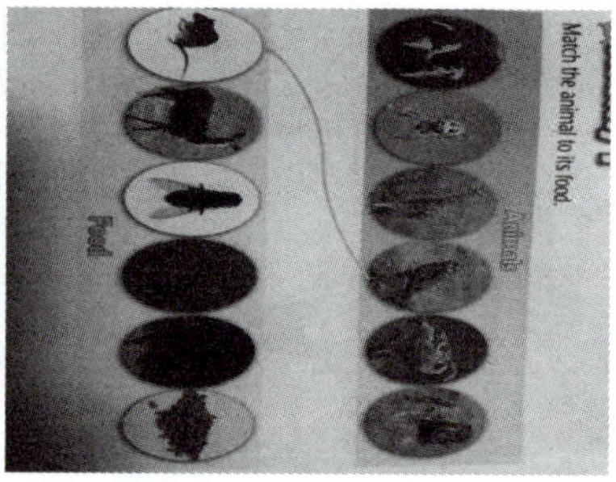

（3）实践活动

角色扮演：学生模拟小动物的运动让本组同学猜动物名称并说出英文单词。

续写故事：通过阅读有趣的菜园小故事，按照结果分析发生了什么，小组合作讨论补充续写故事。

卡片对对碰：在九个卡片上分别写出九种动物的中英文，在另九张卡片上画出相对应的动物，在一张纸上写出“is food for”的结构，将动物进行配对，看看有多少种取食关系。

小组合作完成食物链活动。

3. 学情分析

本单元适合的学习对象是8~10岁喜爱自然科学并且有一定英语听说能力的小学生。学生对动物主题很感兴趣，已有的动物学基础知识和生活经验可以给学生提供丰富的实例去探究动物的运动方式及取食关系。自然探索活动一直采取探究式学习的形式，学生具备一定的科学探究能力和团队合作意识，相比较而言，老组员更易理解基本概念，因此，在活动中分组时采取“老带新”的模式，帮助新插班的学员尽快融入集体学习的氛围中。

4. 教学资源分析

教学资源有多媒体设备、学生用书、活动手册、教学光盘、课件、实践活动场所。

三、单元目标

1. 学习目标

（1）科学目标

通过参与科学探究活动及小组合作学习，学生将能够：

①认识并描述一些动物的运动方式。（成果性目标）

②将动物按照食性进行分类，分为植食、肉食和杂食动物。（能力目标）

③学会将动物按照食性进行分类，理解食物链的概念，并合作完成较为复杂的食物链。（生成性目标）

（2）语言目标

通过全身身体反应法（total physical response, TPR）训练及结合科学场景的实际表达，学生将能够：

①熟练掌握与动物的运动方式、饮食习惯及食物链相关的词汇与句型，并会用英语构建食物链。（生成性目标）

②建立自信心，乐于并勇于用英语表达科学内容。（表现性目标）

2. 使能目标

①观察、识别并描述动物的运动方式，学会动物五类运动方式的词汇并能组词成句。（成果性目标）

②通过实际观察和讨论分析，能够根据饮食习惯对动物进行分类，并用英语表达动物间的取食关系。（成果性目标）

③理解食物链的概念，运用中英文合作完成一条食物链并展示成果。（生成性目标、表现性目标）

四、单元内容与实施

课时教案（一）：动物如何运动

<table>
<tr><td colspan="2">课程名称</td><td>英语点亮科学</td><td>任课教师</td><td>马洪梅</td><td>课次</td><td>6-1、6-2</td></tr>
<tr><td colspan="2">单元名称</td><td>动物的行为</td><td>班级</td><td>自然探索</td><td>人数</td><td>16</td></tr>
<tr><td>背景分析</td><td colspan="6">概述
在本课中，学生将研究动物如何运动。教师应鼓励学生通过观察、模仿和描述动物的运动对这一话题进行探究。教师可以准备一只活的动物（如金鱼或仓鼠），这将丰富学生的课堂学习，并让学生有机会学习如何尊重并爱护其他生物。如果教师将动物带到教室，要先确认是否有学生对这种动物过敏。如果有，则这些学生需要远距离观察动物。
本课是本单元的第一次课，动物的运动方式是动物性行为表现的一个重要内容，也是学生较为熟知的内容，容易引起学生的探究欲和学习兴趣。
重点是研究动物如何运动，以及运用英语表达不同动物的运动方式。
难点是部分学生由于性格内向，根据动物的运动方式说出动物名称或者按照动物名称模仿动物运动时有胆怯心理。
教学资源有学生用书、活动手册、教师用书、光盘、课件、户外场所</td></tr>
<tr><td rowspan="2">课时目标</td><td colspan="4">学习目标</td><td colspan="2">指向的单元目标</td></tr>
<tr><td colspan="4">学生通过观察、模仿和描述动物的运动并对这一话题进行探究，能够做到：
①认识并描述一些动物的运动方式。（成果性目标）
②观察、识别并运用动词来描述动物的运动，学习与动物的运动方式相关的词汇，练习句型“(Rabbits/Caterpillars) (hop/crawl).”来描述动物的运动方式。（表现性目标）</td><td colspan="2">科学目标①
语言目标②</td></tr>
</table>

续表

评价设计	评价方式			检测的课时目标
	见使能目标评价任务 1			①②
教学过程	教学环节 / 时间	学生活动	教师活动	教学资源
	导入活动（用时 5 分钟）	观看课件展示，分小组练习词汇的发音，理解中文释义。分组展示对单词的掌握	利用多媒体课件展示第一次课的五个动物运动词汇（crawl，fly，hop，swim，walk）	多媒体课件、学生用书、活动手册、教师用书、活动室、课外书籍、网络
	活动一（用时 5 分钟）	根据教师展示的图片和任务要求，将足迹与动物匹配起来。学生认识到人类也是动物，人类也会运动并留下足迹（独立完成）	教师展示一幅图片，上面有一种动物的足迹以及三种动物。要求学生将足迹与动物匹配起来	多媒体课件、学生用书、活动手册、教师用书
	活动二（用时 10 分钟）	学生观察、识别并运用英语动词来描述动物的运动	鼓励学生用完整的句子来描述动物的运动（如："Tigers walk."）。作为拓展，教师还可以请学生描述其他动物（如蚂蚱、狮子、鲸鱼、蜗牛、鹰和猫）的运动方式	多媒体课件、学生用书、活动手册、教师用书
	活动三（用时 10 分钟）	按教师要求分为几组，完成两个任务。 任务 1：组内每位学生轮流说出一种动物的名称，其他学生模仿该动物如何运动。 任务 2：组内每位学生模仿一种动物的运动，其他学生猜出该动物的名称	教师将学生随机分为四组，布置两个任务。 任务 1：组内每位学生轮流说出一种动物的名称，其他学生模仿该动物如何运动。 任务 2：组内每位学生模仿一种动物的运动，其他学生猜出该动物的名称	学生用书、活动手册、教师用书、植物园的空旷场所
	得出结论（5 分钟）	小组合作完成归纳总结	引导学生运用自己的语言总结动物的取食对象有哪些	学生用书
	活动评价（5 分钟，使能目标评价任务 1）	完成检测	布置任务	学生用书、活动手册

课时教案（二）：动物吃什么

课程名称	英语点亮科学	任课教师	马洪梅	课次	6-3、6-4
单元名称	动物的行为	班级	自然探索	人数	16
背景分析	概述 通过本课的学习，学生能够将动物分成三类：吃植物的动物（食草动物），吃肉的动物（食肉动物）及既吃植物又吃肉的动物（杂食动物）。教师需要谨慎处理这一话题，因为一种动物吃另一种动物的事实会让有些学生感到不舒服。 本课是本单元的第二次课，动物吃什么是动物行为表现的一个重要内容，也是学生较为熟知的内容，容易引起学生的探究欲和学习兴趣。 重点是研究动物的食性，以及运用英语表达不同动物吃不同的食物。 难点是运用分类这一科学技能将动物按照食性进行分类。 教学资源有学生用书、活动手册、教师用书、光盘、课件				
课时目标	学习目标			指向的单元目标	
	通过实际观察和讨论分析，学生将能够： ①中英文说出常见的动物吃什么。（成果性目标） ②根据饮食习惯对动物进行分类，并用英语表达相应科学内容。（表现性目标）			科学目标② 语言目标①②	

续表

评价设计	评价方式			检测的课时目标
	见使能目标评价任务 2 设计			①②
教学过程	教学环节 / 时间	学生活动	教师活动	教学资源
	导入活动（5 分钟）	观看课件展示并分小组练习词汇的发音，理解中文释义。分组展示对单词的掌握	利用多媒体课件展示第二次课中的动物取食词汇（eat，food，plants，animals）	多媒体课件、学生用书、活动手册、教师用书、活动室、课外书籍、网络
	活动一（10 分钟）	本活动需要学生将动物和它们的食物进行匹配	教师拓展：真实的动物世界远比本活动所呈现的复杂。例如：鸟既吃种子，又吃浆果和昆虫；老虎也可能吃老鼠	多媒体课件
	活动二（10 分钟）	根据饮食习惯把这九种动物（包括人类）分成三组。 通过这个分组的过程，学生将运用“分类”这一科学技能	教师通过列举动物的取食对象，帮学生建立起“吃植物”和“吃其他动物”的概念。教师可以鼓励学生说出其他动物，讨论那些动物吃什么	多媒体课件、学生用书、活动手册、教师用书
	得出结论（5 分钟）	小组合作完成归纳总结	引导学生运用自己的语言总结动物的取食对象有哪些	多媒体课件、学生用书、活动手册
	活动评价（10 分钟，使能目标评价任务 2）	完成检测	布置任务	学生用书、活动手册

课时教案（三）：食物链

课程名称	英语点亮科学	任课教师	马洪梅	课次	6-5、6-6
单元名称	动物的行为	班级	自然探索	人数	16

背景分析	
	概述 在最后一课中，学生将研究动物与它们的食物之间的关系，即“食物链”。食物链对保持植物和动物种群数量的自然平衡十分重要。例如：狐狸吃兔子，如果兔子数量减少，狐狸的数量也会减少。本课的关键信息是食物链中的动植物是相互依存的。 本课是本单元的第三次课，动物之间的相互取食关系是动物行为表现的一个重要内容，也是学生较为熟知的内容，容易引起学生的探究欲和学习兴趣。 重点是探索动物的食物链，以及运用英语表达不同动物之间的取食关系。 难点是用英语描述食物链的两种表达方式。 教学资源有学生用书、活动手册、教师用书、光盘、课件

课时目标	学习目标	指向的单元目标
	①运用中英文描述一条简单的食物链。（生成性目标） ②合作完成一条较为复杂的食物链，在教室中展示他们的成果。（表现性目标）	科学目标② 语言目标①②
评价设计	评价方式	检测的课时目标
	见使能目标评价任务 3	①②

教学过程	教学环节 / 时间	学生活动	教师活动	教学资源
	导入活动（5 分钟）	根据教师的问题思考并回答。 观看课件展示，分小组练习词汇的发音，理解中文释义，分组展示对单词的掌握	教师设计三组问题，为学生完成活动一做准备。每组都涉及两种生物。每组问题有两种说法，一种是正确的，一种是错误的。利用多媒体课件展示第三次课中关于食物链的词汇（food，chain，abbage，garden，caterpillar，bird，fox）	多媒体课件、学生用书

续表

	教学环节 / 时间	学生活动	教师活动	教学资源
教学过程	活动一（10 分钟）	学生续写一个关于食物链的故事。选择这样的句型结构——“A is food for B”进行表述，意思是“B eats A”	设计一个简单的小故事开始这项活动，但是故事只给出了开头和结尾。学生要试着猜出故事的中间发生了什么。教师应该鼓励学生之间的相互分享。 建议学生选择这样的句型结构——“A is food for B”，意思是“B eats A”。这两种表达方式意思相同。对于较长的食物链，我们可以说“A is food for B. B is food for C.”，它的意思就是“C eats B. B eats A.”。为了帮助学生理解这一对应关系，教师可以用箭头来表示。做一张箭头形状的大卡片，一面写上“is food for”，另一面写上“eats”	多媒体课件、学生用书、活动手册、教师用书
	活动二（10 分钟）	以小组形式进行，组员相互配合组成多条食物链，并且思考如果外界环境变化对于食物链有哪些影响	教师要准备一张写着“is food for”的卡片，让学生连接生物，组成食物链。 作为拓展，教师可以准备小纸片或者小卡片，让每组学生在上面画出动物或者植物，标出它们的名称，再请学生组成食物链。 教师可以通过提问让学生更多地思考我们身边的世界。例如，如果一个建筑商决定把一片林地变成停车场，森林里的昆虫、鸟、蛇和狐狸等动物将会怎么样呢？引发学生的深度思考	多媒体课件、学生用书、活动手册、教师用书
	得出结论（5 分钟）	小组合作完成归纳总结	引导学生运用自己的语言总结食物链的定义	多媒体课件
	展示（5 分钟）	学生将合作完成一条食物链，然后在教室中展示他们的成果，邀请其他的学生描述这些食物链并做出评价	对小组学习成果做出评价，积极鼓励学生，对亮点给予表扬	学生用书
	活动评价（5 分钟，使能目标评价任务 3）	完成检测	布置任务	学生用书、活动手册
课后小结	本次活动目标明确、重点突出、难点突破，达成了设定的活动目标。 鼓励学生以小组合作的方式学习，并用英语表达动物之间的取食关系，描述简单的食物链			

五、单元评价

1. 单元目标评价

（1）评价任务 A：运用角色扮演进行配对连线

学习目标： 语言目标①，认识并描述一些动物的运动方式。

任务描述： 学生分组，将六种动物与它们对应的足迹进行匹配。每位学生轮流说出一种动物的名称，由组内的其他学生模仿该动物如何运动，或者由每组一名学生模仿动物运动，其他同学猜猜看是什么动物并说出动物的英语单词。

评价量规：标准见下表。

评价维度	等级描述			
	A（优秀）	B（良好）	C（一般）	D（须努力）
练习正确率	配对连线完全正确	配对连线错 1~2 个	配对连线错 3 个	配对连线错 3 个以上
练习所用时间	小于 1 分钟	1~2 分钟	2~3 分钟	超过 3 分钟

评价实施：第一次课活动三后实施此评价，小组及教师评价结合进行。

记录工具：活动手册对应练习P1 how do animals move? Draw lines。

（2）评价任务 B：以集合的形式将不同动物按照不同食性分别摆放

学习目标：语言目标②，学会将动物按照食性进行分类。

任务描述：将动物和它们的食物进行匹配，根据饮食习惯把这九种动物（包括人类）分成三组。在教师鼓励下说出更多书本中没有的动物的取食类型，锻炼发散思维能力。再给出另外八种动物，运用所学知识和生活经验对它们进行取食分类，进一步加深理解。

评价量规：标准见下表。

评价维度	等级描述			
	A（优秀）	B（良好）	C（一般）	D（须努力）
分类正确率	能够快速将九种动物取食分类完全正确	在规定时间 2 分钟内完成练习，错误在 1~2 个，缺乏对个别动物取食类型的了解	在规定时间 2 分钟内完成练习，错误在 3~4 个，对常见动物的取食有所认识	很难在规定时间完成全部练习或者错误在 4 个以上，对动物的食性了解比较欠缺

评价实施：第二次课活动二后实施此评价，学生每四人一组，教师检查本组完成最快的学生练习，由这位同学再检查本组学员表现，并批注查阅结果。四组同时进行以节约时间。

记录工具：学生用书P6—activity2，活动手册P2 what do animals eat? Write the numbers。

（3）评价任务 C：看后说和讲故事，合作完成食物链并展示成果

学习目标：语言目标③，学会将动物按照食性进行分类，理解食物链的概念，并合作完成较为复杂的食物链。

任务描述：观看探索频道《Discovery》动物取食视频片段，描述并通过讲故事展示对食物链的理解。学生能讲一个关于食物链的故事，不同学生可能会给出不同版本的故事，尽可能相互分享。描述复杂食物链并展示各组成果。

评价量规：标准见下表。

评价维度	等级描述			
	A（优秀）	B（良好）	C（一般）	D（须努力）
讲故事	续写故事生动有趣，包含了三种以上动物间的取食关系，语言组织得当	续写故事内容真实，包含了三种动物间的取食关系，语言组织不够精炼	续写故事简单，想到的取食可能性比较单一，语言组织有待提高	无法完成续写故事，有问题记录，没有对问题进行分析
小组合作完成食物链	对任务分工有计划，有讨论，有分工记录，分工合理组员完成分配的任务，小组合作氛围融洽，可以完成一条复杂食物链	有分工记录，分工合理，按时按量完成食物链，完成分配的任务，小组合作氛围良好	分工不明确，组内任务没有完成	无分工，未能完成任务，有问题记录
讨论、交流	组内学生积极思考问题，勇于发表意见，语言流畅，逻辑清晰	参与交流活动，对问题有思考有想法，沟通不充分	对问题有思考，但是缺乏交流	没有思考问题，没有进行交流
小组展示	食物链取食关系正确，不与课本重复，大于四种动物种类	食物链取食关系正确，所选三、四种动物种类基本源于课本	食物链取食关系基本正确，至多说出三种动物组成的食物链	取食关系有争议，需要仔细分析后定结论

评价实施：第三次课活动二后实施，采取个人、小组和教师评价结合的方式。

记录工具： 学生用书P7~P9。

（4）评价任务D：小组合作反复练习并实际应用

学习目标：科学目标①，熟练掌握与动物运动方式和饮食习惯相关的词汇与句型。

任务描述：教师在投影幕布呈现相关词汇的中英文释义，学生练习发音并熟悉拼写，各组学生模仿不同的小动物，让同组组员做出动作并练习英文表达该运动。运用所学单词造句。

评价量规：标准见下表。

评价维度	等级描述			
	A（优秀）	B（良好）	C（一般）	D（须努力）
发音释义	发音标准，元音饱满，能够看见单词迅速说出中文意思	发音准确，能够看见单词快速说出中文意思	发音基本准确，元音不够饱满，能够看见单词在同组学员提示下说出中文意思	发音有瑕疵，尤其元音不到位，中文释义较为迟缓
应用能力	能够独立利用单词造出新的句子	能够在与同伴合作的前提下利用所学科学词汇造句	能够在书中找到相应的句子包含此单词	只能对单词孤立地记忆，换一个场景不会使用

评价实施：在三次课的导入活动后实施此评价，小组长负责组织本组学员合作完成单词的练习和应用，以集中展示的方式体现各组的单词掌握情况。

记录工具：学生用书P2、P5、P7对应练习。

（5）评价任务E：设计有趣的游戏鼓励学生参与构建食物链

学习目标：科学目标②，建立自信心，勇于用英语表达科学内容。

任务描述：学生几人一组，针对教师准备的一张“is food for”的卡片，连接生物组成食物链，从组成包含两种生物的食物链开始，学生组成包含更多生物的食物链，可以准备小纸片或小卡片，在上面画出动物或者植物，用它们的名称再组成多条食物链。看看哪一组找到的食物链最多最长，最后每组学生展示完成的食物链，并用英语描述。

评价量规：标准见下表。

评价维度	等级描述			
	A（优秀）	B（良好）	C（一般）	D（须努力）
积极性	乐于参加游戏活动，主动性极强	较喜欢参与互动游戏	兴趣一般，不够主动	不太愿意参与游戏活动
自信心	勇于表达，不怕出错	敢于用书上的语言表达	需要有同伴的鼓励和提示才能表达	不能独立用英语表达科学观点
科学性	食物链组成合理，与事实相符	食物链组成较为合理，与实际相符	食物链组成基本合理	食物链组成缺乏合理性
语言表述	能够使用“is food for”结构甚至自己的语言熟练表达一条完整的食物链	能够使用“is food for”结构准确建构完整的食物链	能够使用“is food for”结构建构食物链的局部	需要在他人提示下完成

评价实施：第三次课活动三后实施此评价，生生评价结合师生评价。

记录工具：学生用书及活动手册对应游戏习。

2. 使能目标的评价

（1）评价任务1：知识性练习（动物和运动方式的匹配训练）

游戏训练：根据动物名称模仿动物的运动方式。

学习目标：观察、识别并运用动词来描述动物的运动，学会五类与动物的运动方式相关的英语词汇（使能目标1）。

任务描述：学生将七种动物与列举的四种运动方式（walk，hop，fly，swim）进行匹配。分小组活动，每位学生看图说出一种动物的英文名称，由组内的其他学生模仿该动物如何运动并说出运动方式的英文表达。

评价量规：标准见下表（在对应评价结果空格内打√）。

评价指标	是	否
匹配练习全部完成		
英语表达准确		

评价实施：第一次课活动三后实施评价。

记录工具：学生用书P10 How do these animals move? Put a tick in the correct boxes。

（2）评价任务 2：选择正确选项并口头表述（中英文表达）

学习目标：根据饮食习惯对动物进行分类，并用英语表达相应科学内容。初步学习“分类”这一科学技能。

任务描述：学生将动物和它们的食物进行匹配。学生要根据饮食习惯把这五种动物分成三组。在轻松愉悦的环境中能够运用“A eats plants/other animals/plants and other animals”的句式自信表达，勇于挑战自己。

评价量规：标准见下表（在对应的评价空格内打√）。

评价内容	是	一般	否
①选择匹配科学			
②英语造句流畅			
③语音语调正确			
④练习全部完成			

评价实施：第二次课活动二后实施，老师评四个组长，每个组长评其他三名组员。

记录工具：学生用书P11 What do these animals eat? Put a tick in the correct boxes。

（3）评价任务 3：通过讲故事展示对食物链的理解

学习目标：理解食物链的概念，运用中英文合作完成一条食物链并展示成果。（使能目标3）

任务描述：学生阅读一则小故事，故事里有卷心菜、毛毛虫、鸟和狐狸，结局是：有一天，卷心菜、毛毛虫和鸟都消失了，只有狐狸存活。谈谈这个故事中间发生了什么？组员相互配合组成多条食物链，并且思考如果外界环境发生变化，对于食物链会有哪些影响。最后，学生将合作完成一条食物链，然后在教室中展示他们的成果，邀请其他学生描述这些食物链并评价。

评价量规：标准见下表。

评价内容	A 级	B 级	C 级
认真	上课认真听讲，参与讨论态度认真	上课能认真听讲，有参与讨论	上课无心听讲，极少参与讨论
积极	积极举手发言，积极参与讨论与交流	能举手发言，有参与讨论与交流	很少举手，极少参与讨论与交流
自信	大胆提出和别人不同的问题，大胆尝试并表达自己的想法	有提出自己的不同看法，并做出尝试	不敢提出和别人不同的问题，不敢尝试和表达自己的想法
善于与他人合作	能善于与人合作，虚心听取别人的意见	能与人合作，能接受别人的意见	缺乏与人合作的精神，难以听进别人的意见

续表

评价内容	A级	B级	C级
思维条理性	能有条理地表达自己的意见，解决问题的过程清楚，做事有计划	能表达自己的意见，有解决问题的能力，但条理性差些	不能准确表达自己的意思，做事缺乏计划性、条理性，不能独立解决问题
思维创造性	具有创造性思维，能用不同的方法解决问题，独立思考	能用老师提供的方法解决问题，有一定的思考能力和创造性	思考能力差，缺乏创造性，不能独立解决问题

评价实施：第三次课活动三后实施，各组自行评价结合组间评价的方式进行。

记录工具：学生用书P7、P8。

六、课后小结

单元的三次活动目标明确、重点突出、难点突破，达成了设定的活动目标。教师鼓励学生以小组合作的方式学习探究，并且用英语表达相关科学内容，形成科学结论，有效提升学生跨学科学习的能力。

巧克力天堂

科技教学部　李玉玲

一、课程基本信息

单元名称	巧克力天堂	专业类型	科技类
活动类型	英语	设计教师	李玉玲
活动课时	4 课时 /2 周（45 分钟 / 课时）	活动对象	10~12 岁学生
活动时间	2021 年 4 月 17 日—24 日	人数	16 人

二、背景分析

1. 学期目标及分析

（1）知识和技能目标

①掌握（听说读写）《新概念英语青少版》2A的370个词汇和短语。

②通过模仿原版语音语调语气，声情并茂地在全班展示15篇课文的背诵或表演。

③独立完成课后语音、听力、写作、填词和选择等项练习。

④掌握现在进行时、一般现在时、一般将来时和一般过去时四种时态的构成规则和用法，日常交流中灵活并正确使用时态。

⑤能够用学过的词句进行简单会话交流。通过查词典，能够写日记和留言条等。

目标取向：属于成果性目标。

分析方法：用认知水平分析法。

用认知水平分析法分解为：

水平层次	下位目标
探究 记忆 理解	①掌握（听说读写）《新概念英语青少版》2A 的 370 个词汇和短语 ②通过模仿原版语音语调语气，熟练准确口头背诵 15 篇课文。 ③独立完成课后语音、听力、写作、填词和选择等项练习。 ④掌握现在进行时、一般现在时、一般将来时和一般过去时四种时态的构成规则和用法，日常交流中灵活并正确使用时态
应用	能够用学过的词句进行简单会话交流
分析与综合	通过查词典，能够书写日记和留言条等 日常交流中灵活并正确使用时态

（2）过程和方法目标

①通过反复听课文和其他相关听力资料，提高英语听力能力。

②通过概括、朗读和背诵课文，掌握标准的英语发音技巧和英语表达习惯，避免中国式英语。

③除阅读《新概念英语青少版》2A课文和课后练习外，阅读《典范英语》4A中的故事。

④完成每单元课后笔头练习，包括摘要和写作。从《典范英语》4A中选取八篇文章（老师和同学共同商量选择）进行仿写，提高想象力、创作力和英语书写能力。

目标取向：体验性和表现性目标。

分析方法：能力结构分析法。

用能力结构分析法把体验性和表现性目标分解为：

①认知：知道英语听说读写四项技能的重要性。

②行为表现：经历成功的英语学习、描述进步和成功时的感受。

③成果：享受英语学习的乐趣，体验英语交流和帮助他人的成就感。

（3）情感态度价值观目标

①学习尊重个人隐私。

体验性目标：能力结构分析法。

认知：个人隐私不得侵犯，要有这样的常识，避免对他人造成伤害，也能保护自己。

行为表现：和家人朋友探讨何为隐私。

成果：同学之间因为隐私问题发生争执，可以有理有据地帮忙调解。

②了解西方家长与孩子的沟通内容、态度和方式。

了解法国人的饮食态度。

体验性目标：能力结构分析法。

认知：通过阅读课文，了解西方的沟通、饮食等文化。

行为表现：生活中和父母交流要有礼貌，同时也可以要求父母与孩子平等相处，尊重孩子的话语权。

成果：家庭气氛平等和谐，互相尊重。

③学会分享。

目标取向：属于体验性目标。

用能力结构分析法。

知：知道分享在生活学习中的重要性和必要性；知道分享知识的基本方法。

想：愿意主动分享。

做：生活和学习中与他人分享劳动成果。

结果：感受分享给自己和他人带来的益处。

2. 教材分析

教材为《新概念英语青少版》2A，本单元学习内容为第14单元：巧克力天堂。

重要句型和结构词：Can you go to the grocer' s and get some…?
Did the grocer have any …? Yes, he did. / No, he didn't.
He had some rice, but he didn' t have any…

He didn't have any …at all.

How much rice / How many matches did he have?

需要储备的相关知识：有关表示过去的时间状语，如last Sunday, yesterday 等。可数名词复数和不可数名词。

其他材料：113页听力练习资料和14单元课文内容相吻合，是有关主人公Lucy小时候贪吃巧克力的故事，学员听完会开心一笑。

课文摘要和作文的设计对学员的英文写作会有很大帮助，和语法知识及新词新句型紧紧相扣。

实践活动：学生可以分角色朗读和表演课文。

基本问题：

①Lucy为什么想买巧克力？

②她为什么不在超市买巧克力？

③Karen给Lucy提出了什么要求？

④你觉得Paul幽默吗？为什么？

驱动性问题：你觉得分享重要吗？你愿意和别人分享什么？

3. 学情分析

本班学员在北京市少年宫学习英语有5年左右，是小学五年级的学生，具备2 500左右词汇量，能听懂老师英语授课，能用英语表达常用会话，具备简单的时态和其他一些语法知识。在此之前的两个单元学习了there was /were 的疑问、肯定和否定句的用法，对一般过去时有所了解。今天重点突破have在过去式中的肯定、否定和疑问句的用法。这也是本课的难点。

易出错问题：didn't +have （动词原形） / did …+have（动词原形），注意have 容易说（写）成has。

4. 教学资源分析

教学资源有课本、课件、DVD、投影、网络等。

三、单元目标

1. 学习目标

（1）知识和技能目标

①学员通过听读chocolate heaven这篇课文以及老师的讲解和指导，能够理解课文内容，用英语正确口头回答老师提出的与课文相关的10个问题。

②能够用自己的语言简要概括课文的内容。

③掌握本课的语法知识点：一般过去时had/didn't have的用法；区分how many和how much用法。

目标取向：属于成果性目标。

分析方法：用认知水平分析法。

分解为：说出一般过去时had/ didn't have的应用条件（过去时）和一般用法；说出how many和how much的应用条件（问多少），区分两者的用法。

应用：结合课文情境，在教师提示下运用本课的语法，如：一般过去时had/didn't have、how many和how much。

综合：能在真实的生活情境中运用本课的语法，如：一般过去时had/didn't have、how many和how much。

（2）过程和方法目标

①通过课文听读和理解，能在课堂上准确并有语气地分角色朗读课文。

分析：属于体验性和表现性目标。

认知：知道词句发音和意义，理解文章内容。根据文章内容，用合适的语调语气和感情进行交流。

行为表现：扮演不同的角色朗读课文。

成果：结合课文内容，理解自己扮演的角色，声情并茂地准确朗读。

②通过课下自主学习，反复听读课文，在理解的基础上背诵课文。

③和同学合作，分角色表演课文。

属于体验性或表现性目标。表现性和体验性目标分解为：

认知：知道词句发音和意义，理解文章内容；懂得语气是说话时流露出来的感情色彩；能背诵课文。

行为表现：扮演不同的角色，声情并茂地朗诵和表演课文中的情境。

成果：在观众面前和同学配合进行角色表演。（预期目标：生活中遇到类似情境，也有可能脱口而出）

（3）情感态度价值观目标

①学会分享（课文中妈妈答应Lucy买巧克力的条件是：她一定要与其他人分享巧克力。这也是中西家庭教育文化共同之处），讲述生活中自己经历的分享的故事。

分析：学会分享是态度目标，属于普遍性目的。

讲述经历属于表现性目标。

②学员把搜集到的有关巧克力知识分享给大家，享受分享的乐趣。

属于体验性和表现性目标。表现性和体验性目标分解为：

知：知道分享在生活学习中的重要性和必要性；知道分享知识的基本方法。

想：愿意主动分享。

做：把搜集到的有关巧克力知识分享给大家。

结果：感受分享给自己和他人带来的益处，描述分享关巧克力知识的心情。

2. 使能目标

①学员通过听读chocolate heaven这篇课文以及老师的讲解和指导，能够理解课文内容，用英语正确口头回答老师提出的与课文相关的10个问题。

②能够用自己的语言简要概括课文的内容。

③掌握本课的语法知识点：一般过去时had/didn't have的用法；区分how many和how much的用法。

分析：

①要想学好英语，“听说读写译”五项技能缺一不可。听位于五项技能之首，说明了它的

重要性。没有听就没有交流。只有听懂了，才能说。

因此我们上课时一定会反复给学生播放原版录音。每播放一遍，老师问的问题难度会进一步加深。例如开始只问封闭式问题，慢慢提问开放式问题，避免学生压力过大。

当反复听了几遍之后，老师把问题分层提了出来。学生对课文的印象进一步加深。这时候老师可以提出：你通过听课文知道了什么。学生会告诉你几件事，其他学生会补充。最后请一两个同学进行讲述。

②语法是英语学习的法则，对英语学习至关重要，可以使语言严谨。另外掌握了语法便于举一反三地活用英语。一般过去时表示的是发生在过去的事，经常和表示过去的时间状语连用。这节课我们重点练习have在过去式中肯定句和否定句的用法。

注意事项：have的过去式不规则，是had。否定形式：didn' t +have（原形）。

四、单元内容与实施

活动 1：课文——“巧克力天堂”的学习（用时 2 个课时）

1. 复习（用时 15 分钟）

（教师进入课堂，把一个大苹果放在桌子上，保证全体学生都注意到，然后把苹果拿走，放在椅子上。之后故意在原来的地方找苹果。）

师问：Was there an apple on the desk a minute ago?

生答：Yes, there was.

师问：Is there an apple on the desk now?

生答：No, there isn' t. It is on the chair.

（教师请第一桌同学站在自己左边，指着学生的空座位。）

师问：Was there a student here just now?

生答：Yes, there was.

师问：Is there a student here now?

生答：No, there isn' t. He is on your left.

（教师把一些书从书包里取出。）

师问：Are there any books in the bag now?

生答：No, there aren' t.

师问：Were there any books in the bag before ?

生答：Yes, there were.

请几名同学说说There is / are/ was/ were 的用法区别。

给同学们3分钟时间，同桌互相设计类似活动，互问互答。

请每组同学给全班同学展示。

特点：学以致用。真实场景操练，有交际意义，同时复习了there be 句型结构。

2. 引出新课（用时 4 分钟）

师问：What' s your favourite snack?

生答：Candy/ Chocolate/Potato Chips/ Peanuts/Biscuits etc.

师问：How many students like chocolate? Raise your hand.

师生答：Oh, in our class ______ students like chocolates.

（学生举手，大家一起数人数。）

师问：What kind of chocolates do you like?

生答：Dark chocolate. / White chocolate./ Milk chocolate …

3. 新授（用时 36 分钟）

师说：We're going to appreciate an article about "chocolate". I' m sure you' ll love it. Listen to the video and prepare to answer my questions.

①教师播放Chocolate Heaven!这篇文章给学生们听，第一遍老师就听力内容提出几个简单问题，看学生理解了多少。

②第二次播放视频，请学生边听边看。教师提出难度更大的一些问题。

③第三次播放，学生跟读，模仿原版语音语调和连读等，与此同时老师分析文章，找出文章的重点和难点。

④找一组同学分角色朗读课文。

4. 检查全班同学对课文的理解程度（用时 33 分钟）

①老师就课文内容分别提出一般疑问句和特殊疑问句（详见课件），请同学单独回答。发10个英文问题的小测试，请同学笔头作答，当场订正，考查学生对课文的理解程度。

②利用课件，展示课文内容。把全班同学分成四组，分别扮演Lucy、Robert、Paul和Karen的角色，朗读课文内容。

③当堂课做112页练习3 Guided Summary。当堂课订正。考察学生对课文的理解以及笔头书写能力。

5. 作业布置（用时 2 分钟）

①查阅和收集更多巧克力知识，下节课展示。

②分享自己的食物、读物等，下节课和同学分享你的经历和感受。

③完成课后其他练习。

④背诵Chocolate Heaven!这篇文章。

活动 2：课文拓展和练习（用时 2 个课时）

1. 探讨巧克力知识（用时 20 分钟）

同学们展示收集到的有关巧克力知识，老师视情况决定是否需要补充说明。

①历史：原产中南美洲。最早食用的是玛雅人。最初是墨西哥人在可可豆里加水和香料制成了饮料，西班牙人带回国，之后传遍欧洲。

②成分：可可脂。可可脂中含有可可碱对多种动物有毒，但对人类有提升精神，增强兴奋等功效。

③巧克力王国：比利时（国家）、瑞士。

④分类：

黑巧克力（Dark Chocolate或纯巧克力）——总可可固形物≥30%。

牛奶巧克力（Milk Chocolate）——总可可固形物≥25%。

白巧克力（White Chocolate）——可可脂≥20%。

巧克力中的非可可植物脂肪添加含量不得超过5%。

⑤象征意义：巧克力分为情理巧克力和爱情巧克力两种。

朋友亲人送的巧克力叫情理巧克力，例如圣诞节那天长辈们送给晚辈们，或者师弟师妹送给师兄师姐，或者是好朋友之间互相赠送（包括异性朋友）。

情人之间送的巧克力叫爱情巧克力，代表的是爱情甜甜蜜蜜（课件展示各种巧克力）。

2. 探讨分享的话题（用时 15 分钟）

师问：为什么Karen说“You must share it with everyone else.”？

生答：西方家庭从小重视孩子具备分享的意识。

学生们分别讲述自己经历和分享的故事，并谈谈自己的感受。老师问大家是否有“赠人玫瑰，手有余香”的感觉。

3. 检查课文背诵（用时 30 分钟，每个同学都有机会扮演 Lucy 或 Karen）

选取两名同学分别扮演Lucy和Karen，另请两位同学友情客串Paul 和Robert。其他同学为扮演Lucy和Karen的同学打分。老师把准备好的chocolate奖励给每位上场的同学，让同学享受分享的乐趣和巧克力天堂的幸福感。

4. 完成课后其他练习（用时 23 分钟）

5. 作业布置（用时 2 分钟）

仿照课文编写一段发生在身边的有关分享的小故事；练习课文里的句子，下次课抽查。

五、单元评价

1. 单元目标评价

评价任务 A：学员背诵课文情况

学习目标：学员通过学习Chocolate Heaven!这篇课文，能够有感情地背诵课文。

任务描述：两个同学分角色（Karen 和Lucy）表演Chocolate Heave!中的对话内容。

评价量规：

Now Concept English 2A Unit 14 Chocolate Heaven!

Form of Evaluation ______ Judge’s name ______.

每项各10分。

姓名	语音：发音正确、声音洪亮、注意连读、咬舌音等	语调语气：有升有降、有韵味、有感情	熟练程度：自然流畅	综合:语音、语调、语气、语速都很理想
学员 A				
学员 B				
共 16 个表格				

评价实施：学员代表点评，说出优缺点，其他学员可以参与，发表不同看法。最后老师给出成绩，学员举手表决是否同意，即师评和生评同步，提高学生学习兴趣。

记录工具：制作表格，记分册。

2. 使能目标评价

评价任务：回答课文相关 10 个问题

学习目标：学员通过听读Chocolate Heaven!这篇课文以及老师的讲解和指导，能够理解课文内容，用英语正确回答老师提出的与课文相关的10个问题。

任务描述：利用VCD和投影，播放Chocolate Heaven! 课文。播放第一遍只问几个简单问题， 看同学举手和回答问题的准确度情况。播放第二遍问题难度适当加大，看同学举手和回答问题的准确度情况。

评价实施：老师详细讲解后，就文章提出10个问题，发给同学一张表格，学生笔头回答。老师给出答案，学生和同桌一起订正。

评价量规：标准见下表。

Questions	Answers	Right /Wrong
1.Lucy wants to get some chocolate, doesn't she?	Yes, she does.	
2. They didn't have much chocolate the weekend before last, did they?	No, they didn't.	
3.Does Marconi's chocolate contain ninety percent cocoa?	No, it doesn't.	
4. Is chocolate heaven cheap?	No, it isn't.	
5. What does Lucy want to get from the shops?	Chocolate.	
6. Who must Lucy share the chocolate with?	With Paul and Robert.	
7.Where are the chocolates from?	From Marconi's.	
8. What kind of a box are they in?	In a fancy box.	
9. What kind of butter does their chocolate use?	Pure Coca butter.	
10.How much cocoa does Marconi's chocolate contain?	Fifty percent.	

六、课后小结

本单元设计了同学参与评价环节，鉴于此，所有同学都非常认真地准备了课文背诵。大家积极参与对同学的评价，诚恳也不乏尊重，被评价的同学都能欣然接受。这种良好的氛围需要老师和同学共同维护。

本单元难度适中、内容文化性强，在老师的引导下大家对中西文化进行了对比。大部分学员喜欢查阅资料和分享劳动成果，部分同学有待进一步提高。

巡线机器人制作

科技教学部　张　超

一、课程基本信息

单元名称	巡线机器人制作	专业类型	科技类
活动类型	机器人	设计教师	张超
活动课时	2 课时 / 周 ×3 周 （45 分钟 / 课时）	活动对象	10~12 岁学生
活动时间	2021 年 4 月	人数	16 人

二、背景分析

1. 学期目标及分析

本学期目标是学生通过实际动手操作，掌握所有五种乐高EV3自带传感器的使用方法，并能够根据任务需求设计机器人。学生要用机器人方法去解决实际问题，要学会选用传感器，需要掌握每种传感器的作用，实际搭建测试一两个传感器的应用实例。颜色传感器需要搭建巡线机器人，智能晾衣架，无接触式洗手液感应器，仿生向日葵，从而举一反三，进一步操练机器人的设计与制作。

2. 教材分析

（1）教学内容

①掌握EV3机器人读取输入端口传感器数值的方法，理解数值的含义。

②认识测量误差，掌握用多次测量求平均值的方法减小测量误差。

③学生使用零件，搭建结构坚固的车体，固定颜色传感器的位置及角度，以便得到稳定的传感器测量。

④使用机器人编程软件，学习颜色传感器的编程方法。

⑤掌握阈值的概念，编程并使用颜色传感器让机器人巡线。

⑥学习分段式巡线和比例巡线的控制方法。

（2）基本问题

①如何用EV3机器人传感器测量反射光、环境光、颜色？如果拉上窗帘或者关上灯，教室内环境光会改变吗？结合科学课常识说一说，猜一猜哪种颜色吸收的光多。雪糕车上的遮光物

是用黑色还是白色？

②如何理解传感器读取的数值含义？传感器返回的数值0~100代表着什么？

③哪些条件变化对于传感器测量有影响？为什么大家测量的结果不一样？不同距离，不同角度测量相同颜色，读到的数值会一样吗？会不会把白色看成黑色？

④如何减小EV3机器人传感器测量的误差？

⑤如何利用机器人进行二段式巡线？

⑥如何和误差做朋友，利用测量产生的误差，控制机器人进行比例式巡线？（针对年龄大一些的学生，有算法基础，其余由教师演示讲解）

（3）驱动性问题

有的机器人总是左右摇晃，能不能让它跑起来，更快地完成巡线。

3. 学情分析

本单元适合的学习对象是10~12岁初学者。学生初步掌握机器人搭建，学习使用过触动传感器，对机器人编程有初步的认识，能自主完成机器人搭建两轮小车，并编程进行前进、后退、转弯等功能。学员认识颜色传感器，知道一些其在生活中的应用，但对EV3颜色传感器的功能缺乏全面认识，不熟悉它的全部功能，不理解其使用方法以及各种情况下的使用规范。学生能够独立使用软件进行编程，在实验搭建过程中，兴趣十足。学生具备一定的科学探究能力和团队合作意识，但缺乏认真检查的环节，缺乏记录数据的习惯。学生对教师的纠正指导有一定的依赖性，需要培养其独立检查问题的能力，鼓励其敢于实践，敢于犯错。

理解巡线机器人的运动方式是本单元的重要内容，容易引起学生的探究欲和学习兴趣。难点是巡线机器人运动的表达方式，并把运动方式转换到图形化编程。因此教学活动中开设盲人摸墙游戏，引导学生对巡线方法有初步的认识。对人语言转化到图形化编程语言进行阐述说明，巩固学生对编程软件中图标含义的理解。

4. 教学资源分析

（1）教学材料分析

涉及的知识与技能分析：使用编程软件，认识乐高积木零件，具备识图看图能力，按图构建积木车体，测量颜色传感器数值，控制机器人小车直线和曲线运动，掌握程序流程中的切换循环，掌握机器人巡线控制方法，与他人协作完成任务的能力，组内检查，语言概括能力和表达能力，组间交流分享结果。

（2）教学资源分析

乐高MINDSTORMS Education EV3编程软件，车体结构搭建参考，拼砌说明/拼砌创意/驱动基座第1至46步骤的图纸（实施建议：小学生可参考图纸进行搭建，中学生建议自行设计拼装），自行拼装要求，控制器水平，且重心位于两轮中间。编程参考：颜色传感器（光线&颜色），直线移动，曲线移动，切换，循环。

三、单元目标

1. 学习目标

学生了解颜色传感器的作用，测量反射光、环境光、颜色，掌握颜色传感器的安装、调试、测量、编程，学会与人合作探究，积极参与研究。

学生认识到相同颜色被测物会测得不同的数值，尝试分析测量得到不同数值的原因。学生通过观察记录、教师引导，对比分析误差产生原因，归纳相关因素，初步分析误差产生的原因，从数学方法和搭建结构入手减小测量偶然误差。学生通过小组间交流、归纳、总结，体验交流分享沟通带来的益处。

学生制作两轮机器人，并对机器人进行编程，使机器人沿一条黑线进行运动。通过动手实践，锻炼设计方案、反复实验、反思完善的科学研究能力。乐于探究、勤于动手和勇于实践，学会认真思考、积极反馈，学会尊重他人的意见，按时按量完成自己的分工，享受分工合作的乐趣。

2. 使能目标

（1）颜色传感器测量反射光、环境光、颜色

①知道反射光、环境光、颜色三种模式。

②掌握颜色传感器的安装、编程。

③使用机器人测量反射光、环境光和颜色。

④理解传感器返回数值的含义。

（2）学会处理误差

①认识到测量存在误差。

②能够分析误差的成因。

③学会多次测量计算平均数减小测量偶然误差的方法。

④学会颜色传感器的搭建安装，知道固定传感器测量高度能减小测量误差。

（3）巡线机器人制作

①会搭建两主动轮小车，固定的传感器位置。

②了解机器人转向控制。

③掌握阈值的计算方法和阈值的实际意义（白色和黑色的平均值）。

④利用阈值进行机器人动作切换，选择转弯的动作，循环实现巡线。

⑤会利用动态形成的误差修正马达转向（针对小学6年级以上组员）。

四、单元内容与实施

活动 1：测量颜色传感器数值（用时 1 课时）

学习内容：学生搭建测量环境，用颜色传感器测量记录实验数据，并进行组内讨论，交流分享。

学习资源：编程软件、教学视频、教学课件、评价表。

学习活动：教师讲解传感器工作原理。学生用颜色传感器测量环境光。学生搭建制作测量方块颜色的机器人工作结构，该结构中传感器测量角度固定，传感器距离被测物高度固定，颜色（蓝、绿、红、白、黑）反射光。以组为单位记录实验数据，填写反射光值与高度的关系表。并进行组内讨论，交流分享。

活动 2：分析测量误差的原因，尝试归纳记录（用时 1 课时）

学习内容：学生把测量到的数据进行分享、分析，发现并关注测量结果的不同，尝试提出

减小误差的方法。

学习资源：编程软件、教学视频、教学课件、评价表。

学习活动：学生通过教师引导认识并关注到测量结果的不同。了解不同的测量高度和角度导致测量值产生变化，以将测量到的数据进行分享，班内讨论并进行分析。说出猜想的原因，对猜想原因进行记录、实验验证。学生认识到测量存在误差，分析误差成因，总结减小误差的方法。

活动3：感受巡线机器人的控制方法（用时2课时）

学习内容：巡线机器人的控制方法，分段巡线原理。

学习资源：编程软件、教学视频、教学课件、评价表。

学习活动：学生进行蒙眼扶墙走游戏。总结出寻墙走的运动规律，教师描述机器人运动规律，帮助学生引申到机器人巡线。学生类比扶墙走动作搭建巡线机器人，对机器人进行程序编写。利用一个颜色传感器制作巡线机器人。

活动4：巡线机器人竞速赛（用时2课时）

学习内容：学生制作机器人参加巡线追逐赛。

学习资源：编程软件、教学视频、教学课件、评价表。

学习活动：学生聆听教师讲解规则及要求，制作合规机器人参加机器人巡线追逐赛，开展讨论活动，分析如何加快巡线速度。教师讲解比例巡线，让学生感受巡线速度的提升方法，对算法有初步的认识。

五、单元评价

1. 单元目标评价

（1）评价任务A

学习目标：小组合作进行颜色传感器测量反射光、环境光、颜色。

任务描述：学生用颜色传感器测量环境光、反射光、颜色（蓝、绿、红、白、黑），以组为单位记录实验数据，填写反射光值与高度的关系表、环境光记录表、颜色值记录表，学生可以分小组活动，每组学生三人，每个学生都需要完成测量记录数据，并进行组内讨论，交流分享。

评价量规：

A（优秀）：完成环境光的测量，反射光与高度和角度的关系的测量，五种颜色的测量。机器人测量安装、规范，编程准确。测量过程记录完整，表格填写清晰认真，测量数值准确。搭建稳固结构，固定传感器位置和测量角度，传感器读到的数值变化幅度在3以内。

B（良好）：完成环境光的测量，反射光与高度和角度的关系的测量，五种颜色的测量，机器人测量安装、规范，编程准确。测量过程有记录。固定传感器的位置和测量角度，传感器数值变化在5以内。

C（一般）：完成部分的测量任务不低于三种，机器人测量规范，记录部分的数值。传感器松动，测量角度容易变化或未固定手持测量。

评价实施：第1课时活动1后，进行班级内交流分享后实施此评价。班级总计四个小组，组内进行自评，完成小组自评表格A。教师依据学生记录表格，了解每个学生是否学会，完成教师评价表格A。

记录工具：记录表格（附件1、2、3、4、5）。

（2）评价任务B

学习目标：认识误差的存在，小组讨论分析误差的成因，学会处理误差。

任务描述：学生以小组为单位将测量到的数据进行分享，分析。教师引导学生认识并关注到测量结果的不同。说出猜想的原因，对猜想原因进行记录、实验验证。尝试总结减小误差的方法。

评价量规：

①认识误差。

A（优秀）：能清晰表述出每次测量结果的不同或测量值存在浮动，能清晰指出每组数值存在差异并尝试解释。

B（良好）：能表述出每次测量结果的不同或测量值存在浮动，能认识到每组数值存在差异。

C（一般）：能表述出部分测量结果的不同，或部分测量值存在浮动，能体会出每组数值存在差异。

②分析归纳。

A（优秀）：能够清晰描述归纳出测量高度，环境光变化，测量角度三种因素，针对影响因素设计解决办法，正确有效。

B（良好）：能够清晰描述归纳出测量高度，环境光变化，测量角度三种因素，针对影响因素有解决办法。

C（一般）：能够清晰描述归纳出部分因素（至少一种），针对影响因素有想法解决。

③计算。

A（优秀）：能清晰阐述多次测量的意义，会计算平均数，理解平均数减小测量偶然误差的原因，计算步骤记录详细而清晰。

B（良好）：会计算平均数，理解平均数减小测量偶然误差的原因，有计算步骤。

C（一般）：能计算平均数，有计算步骤和结果。

④交流分享。

A（优秀）：与班内同学和组内同学积极讨论交流，敢于发表意见，对其他组分析结果或问题进行记录，问题和困难描述准确，有解决方法或设想。

B（良好）：班内同学讨论交流，对问题进行记录，对存在的问题有感知。

C（一般）：在其他同学的引导下能够发言交流。

评价实施：第2课时活动2进行后实施此评价。班级总计四个小组，组间进行互评，每个小组对其余三个组做出评价。

记录工具：记录表格（附件1、2、3），附件6 小组互评表格B。

（3）评价任务C

学习目标：学生感受巡线机器人的控制方法。

任务描述：学生进行蒙眼扶墙走游戏，从教室出发，走到隔壁教室。借助教师引导尝试总结出寻墙走的运动规律，进而引申到机器人巡线。

评价量规：

①参与度。

A（优秀）：能够全程专注地投入活动中。班内同学讨论交流，对问题及现象进行描述记录，能积极和组员进行良性沟通，善于倾听组员的意见。

B（良好）：能够参与到活动中，自我表现意识不强，主要靠小组内其他成员的带动。能有意识进行沟通表达自己的想法，但不注意倾听队友的意见，对问题及现象进行描述记录。

C（一般）：大部分时间能够专注地参与活动。在其他同学的引导下能够发言交流。

②联系认知。

A（优秀）：能清晰表述出摸墙走的运动规律，能联想到机器人的运动。

B（良好）：能表述出摸墙走的运动规律，能联想机器人的运动。

C（一般）：能表述出部分规律，能联系起机器人的运动。

③分析归纳。

A（优秀）：能归纳出蒙眼走游戏的经验，能联系机器人巡线与蒙眼摸墙走游戏，把人与机器人联系，把墙与黑线联系，从而归纳机器人巡线运动。

B（良好）：能归纳出蒙眼走游戏的经验，对游戏和机器人能建立联系，把机器人运动和人摸墙走建立联系。

C（一般）：能归纳出蒙眼走游戏的经验。

评价实施：第3课时活动3进行后实施此评价，评价方式为教师对各组进行评价。

记录工具：电脑编程软件，附件7 教师评价表格C。

（4）评价任务D

学习目标：学生制作两轮机器人，并对机器人进行编程，使机器人沿一条黑线进行运动。

任务描述：学生参加机器人巡线追逐赛，将两个制作好的巡线机器人分别放置于起始区（场地为400米跑道的1:100模型，起始区位于两条直线跑道的中线位置）。同时出发并沿黑线同向行驶，被追到者为负。比赛时间最多为一分钟。开展讨论活动，如何加快巡线速度。教师引出比例巡线，让学生感受巡线速度的提升方法，对算法有初步的认识。

评价量规：

①巡线效果。

A（优秀）：巡线机器人晃动幅度小，巡线速度快，机器人材料用量合理，结构坚固，传感器位置得当或搭建有独特见解。

B（良好）：巡线机器人晃动幅度小，巡线速度快，机器人材料用量合理。结构坚固，传感器位置得当。

C（一般）：巡线机器人晃动幅度过大，巡线速度较慢。但可以完成巡线任务。结构坚固良好，传感器位置得当。

②小组合作。

A（优秀）：对任务分工有计划有讨论，有分工记录，分工合理，组员个人完成分配的任务，小组合作氛围融洽。

B（良好）：有分工记录，分工合理，按时按量完成总体任务，组员个人完成分配的任务，小组合作氛围良好。

C（一般）：分工不明确，总体任务完成，但个别组员分工没有完成。

③讨论交流。

A（优秀）：积极思考问题，勇于发表意见，语言流畅，逻辑清晰。有解决问题的方案，尝试解决，解决方案正确可行。能描述出机器人的二段式运动特点，认识到机器人缺少前进。

B（良好）：参与交流活动，对问题有思考有想法，未能尝试解决或没有解决方案。能描述出机器人的二段式运动特点。对提升巡线速度有自己的想法。

C（一般）：对问题有思考有想法，能描述出机器人的二段式运动特点。

评价实施：第4~6课时教学实践活动4进行时实施此评价，学生以组为单位填写附件9探究表单D，教师分别对四个组，进行评价并填写附件8教师评价表D。

记录工具：附件8，编程软件，附件9。

2. 使能目标评价

（1）评价任务 1

传感器测量基础。掌握颜色传感器的三种测量功能，颜色传感器的安装，反射光、环境光、颜色三种模式。

评价量规：

A（优秀）：找到三种功能，完成测试，完成观察记录，能描述出三种功能下传感器灯的不同状态。

B（良好）：找到三种功能，完成测试，填写观察记录。

C（一般）：找到两种功能以上，完成测试。

评价实施：第1课时教学实践活动1进行时实施此次评价，学生填写观察记录，教师对每个小组做出评价记录。

记录工具：附件4，附件5，附件6。

（2）评价任务 2

颜色传感器使用方法，颜色传感器的编程，理解其测量到数值的含义。

评价量规：

A（优秀）：了解并能复述颜色传感器测量颜色的原理和返回值的含义，了解并能复述颜色传感器包含的光电传感器测量反射光、环境光的原理。能在机器人系统中找到对应功能，能正确地安装传感器端口，能进行传感器的固定，且固定有效、牢固，了解编程软件颜色传感器的两种模块，能在编程软件找到它们，说出黄色模块负责测量数值，橘红色模块负责做出判断控制流程。

B（良好）：能复述颜色传感器测量颜色的原理和返回值的含义，能复述颜色传感器测量反射光、环境光的原理和返回值的含义，能在机器人系统中找到对应功能，能正确安装传感器端口，对传感器有固定，了解编程软件传感器两种模块，能在编程软件找到它们，知道它们有所不同。

C（一般）：知道颜色传感器有三种功能测量反射光、环境光、颜色，能在机器人大脑中找到对应功能，能正确安装传感器端口，用手直接拿传感器测试，知道编程软件中有传感器两种模块，能在编程软件找到他们。

评价实施：第1课时教学实践活动1进行时实施此次评价，学生填写观察记录，教师对每个小组做出评价记录。

记录工具：附件4，附件5，附件6。

（3）评价任务3

误差分析，认识误差的存在，分析误差的成因。

评价量规：

A（优秀）：能清晰表述出每次测量结果的不同或测量值存在浮动，尝试解释，能清晰指出每组数值存在差异并尝试解释，能够清晰描述归纳出测量高度、环境光变化、测量角度三种因素。针对猜想的影响因素设计解决办法，且正确有效。问题和困难描述准确，有解决方法。

B（良好）：能表述出每次测量结果的不同或测量值存在浮动，能认识到每组数值存在差异，能够清晰描述归纳出测量高度、环境光变化、测量角度三种因素。针对猜想的影响因素有解决办法。

C（一般）：能表述出部分测量结果的不同，或部分测量值存在浮动，能体会出每组数值存在差异能够清晰描述归纳出部分因素。针对猜想的影响因素有记录。

评价实施：第2课时教学实践活动2后实施此评价，班级总计四个小组，组间进行互评，每个小组对其余三个组做出评价。

记录工具：附件4，附件5，附件6。

（4）评价任务4

处理误差，学会多次测量计算平均数减小测量偶然误差的方法，学会颜色传感器的搭建安装，知道固定传感器测量高度和角度能减小测量误差。

评价量规：

A（优秀）：能清晰阐述多次测量的意义，理解平均数减小测量偶然误差的原因，知道固定传感器高度和角度，且固定稳固计算步骤记录详细而清晰，搭建稳固结构，固定传感器位置和测量角度，传感器读到的数值变化幅度在3以内。

B（良好）：会计算平均数，理解平均数减小测量偶然误差的原因，知道固定传感器高度和角度，有计算步骤，传感器位置固定和测量角度固定，传感器数值变化在5以内。

C（一般）：会计算平均数，知道固定传感器高度和测量角度，有计算结果，传感器松动。

评价实施：第2课时教学实践活动2后实施此评价，班级总计四个小组，组间进行互评，每个小组对其余三个组做出评价。

记录工具：附件4，附件5，附件6。

（5）评价任务5

黑白分明，掌握阈值的计算方法和阈值的实际意义（白色和黑色的平均值）

评价量规：

A（优秀）：能归纳出人蒙眼摸墙走游戏的经验，把人与机器人联系，把墙与黑线联系，从而归纳机器人巡线运动，能联系机器人巡线与蒙眼摸墙走游戏，说出机器人巡线运动的方法，能清晰表述出摸墙走的运动规律，能清晰表述出联想到机器人的运动。

B（良好）：能归纳出人蒙眼扶墙走游戏的经验，对游戏和机器人能建立联系，把机器人运动和人摸墙走建立联系，能总结出摸墙走的方法，能与机器人巡线运动建立联系。

C（一般）：能描述出人蒙眼扶墙走的方法，能表述出部分规律，能联系起机器人的运动。

评价实施：第3课时教学实践活动3之后实施，小组互评，每小组对其他三组进行评价。

记录工具：附件4，附件5，附件6。

（6）评价任务6

评价量规：搭建两主动轮小车，完成机器人转向控制。

A（优秀）：搭建结构稳固，用料合适。固定传感器位置和测量角度。实现三种转弯。设置图标正确，参数准确。

B（良好）：搭建结构稳固，用料较多。固定传感器位置和测量角度。知道机器人转弯的方法，并实现一种以上转弯。

C（一般）：搭建结构稳固。能实现一种以上转弯。

评价实施：第3、4、5课时教学实践活动4后实施，小组互评，每小组对其他三组进行评价。

记录工具：附件4，附件5，附件6。

（7）评价任务7

利用阈值进行动作切换，根据不同对比状态选择机器人动作，左转，右转，循环实现巡线。

评价量规：

A（优秀）：熟悉阈值的计算方法，能描述出阈值的实际意义。知道阈值的作用就是区分黑白，知道利用阈值来做出判断选择机器人动作，实验三种转弯在切换中的实际操作，能得出正确的选择，能分析出三种转弯的异同。一电机停，另一电机正向转动，转弯设置正确，巡线成功。能清楚描述出巡线两侧的电机参数设置正确，程序循环正常，阈值参数准确，巡线晃动幅度小。

B（良好）：熟悉阈值的计算方法，知道阈值的作用就是区分黑白，实验三种转弯在切换中的实际操作，能选择正确的转弯方式，程序正确循环，黑线一侧巡线成功，电机参数设置正确，阈值参数准确，巡线晃动幅度适中。

C（一般）：熟悉阈值的计算方法，知道阈值的作用就是区分黑白，实验三种转弯在切换中的实际操作，程序正确循环，黑线一侧巡线成功，阈值参数欠佳，巡线晃动幅度大。

评价实施：第6课时教学实践活动4后实施，教师对每个小组进行评价。

记录工具：附件4，附件5，附件6。

六、课后小结

设计的教学内容适宜，课程较好地达到了预期的目标，主要以学生实践为主，教师讲授为辅。给学生留下充分的活动、感知、体验时间。既有探究，又有讨论协商；既有质疑，又有感悟，避免了单一形式学习的不足。

个别学员会出现情绪波动，进而出现争吵、互相指责的现象。在保护学生上进心和自尊心的基础上，老师引导学生用正确的沟通方法，在意见不统一或者有疑虑的情况下，应对分歧或争议问题进行记录，就问题进行实验测试或咨询老师进行协调。

七、附件

附件1：环境光测量记录表（略）。
附件2：颜色值记录表（略）。
附件3：反射光值记录表（略）。
附件4：小组自评表格A（略）。
附件5：教师评价表格A（略）。
附件6：小组互评表格B（略）。
附件7：教师评价表C（略）。
附件8：教师评价表D（略）。
附件9：问题探究表单D（略）。

郑和宝船

科技教学部　孙　雷

一、课程基本信息

单元名称	郑和宝船	专业类型	科技类
活动类型	科技 航海模型	设计教师	孙雷
活动课时	2 课时 / 周 ×2 周 （45 分钟 / 课时）	活动对象	10~12 岁学生
活动时间	2021 年 4 月 17—24 日	人数	10 人

二、背景分析

1. 学期目标及分析

通过本学期的学习，学生对中国古木质帆船的结构、历史文化背景有一定了解，能够使用相关工具，会制作简单的中国木质帆船。

2. 教材分析

教材为木制激光雕刻帆船套件。其难度适中，大小适中，比较适合初学者学生制作使用。但请注意，其机构外形与史料有出入。

3. 学情分析

学生制作过一些模型，具有一定基础，会使用笔刀、剪钳等工具，对瞬间接着剂的性质有初步了解。但对带龙骨结构的帆船制作比较陌生。

4. 教学资源分析

对于郑和宝船，只能从史料中获取数据信息，但是在不同史料中记载的郑和宝船的信息出入极大。

①郑和宝船是否真实存在并不确定。

②郑和宝船是否具有远洋能力存疑。

③郑和宝船尺寸出入极大，实际上即便有，也并不会很大。

④郑和宝船具体什么样并无具体记载，复原困难。

三、单元目标

1. 学习目标

知识与技能：知道郑和下西洋历史背景，知道郑和宝船的大小、船型；会制作郑和宝船；会用电热加弯器，会使用F夹。

过程与方法：通过查资料了解郑和宝船的相关资料，研究郑和宝船的船型，了解历史背景、去伪存真。通过制作宝船模型了解郑和宝船的结构。通过制作舷板了解电热加弯器和F夹的使用。

情感态度价值观：通过郑和宝船的研究，学生养成对待历史科学严谨的态度，激发更深探索欲望，产生海洋大国的自豪感，体验研究、制作的乐趣，养成善始善终、锲而不舍的意志品质。

2. 使能目标

①知道木制帆船尺寸长度极限是50 m左右。

②会用加弯器加弯各种木料。

③会熟练使用502胶水。

④熟练运用刻刀加工零件。

四、单元内容与实施

第一课时

活动 1：了解郑和宝船的历史及外观（用时 30 分钟）

师：看图（郑和宝船的图），谁知道这是什么船？

生：郑和宝船。

师：谁了解郑和下西洋的故事？

生：讨论郑和宝船的历史。

师：郑和下西洋是明代永乐、宣德年间的一场海上远航活动，首次航行始于永乐三年（1405年），末次航行结束于宣德八年（1433年），共计七次。由于使团正使由郑和担任，且船队航行至婆罗洲以西洋面（即明代所称“西洋”），故名“郑和下西洋”。

在七次航行中，三宝太监郑和率领船队从南京出发，在江苏太仓的刘家港集结，至福建福州长乐太平港驻泊伺风开洋，远航西太平洋和印度洋，拜访了30多个国家和地区，包括爪哇、苏门答腊、苏禄、彭亨、真腊、古里、暹罗、榜葛剌、阿丹、天方、佐法尔、忽鲁谟斯、木骨都束等地，已知最远到达东非、红海。

郑和下西洋是中国古代规模最大、船只和海员最多、时间最久的海上航行，也是15世纪末欧洲地理大发现之前，世界历史上规模最大的一系列海上探险。然而，关于郑和船队的航海目的、航行范围等史实以及对七次航行的评价，仍存在争议。

师：郑和宝船有多大？

生：汇报各种答案。

师：实际上很多记载并不可信，我们要去伪存真。按照当时的造船技术，最接近历史真实的数据是最大不超过50~60 m长。再大的话，木料将无法承受自身的重力而导致变形容易散架，无法在海上远航。

师：既然是下西洋的远洋船，那么它属于何种船型？

学生讨论：福船！

师：福船有什么特征？请看图片：

学生观察：大，尖底，可远洋。

活动 2：制作龙骨船肋（用时 20 分钟）

师：现在我们开始制作郑和宝船模型。发放材料。

生：观察材料，看图纸。

师：请大家注意，龙骨与船肋相互垂直，出示直角靠山，利用直角靠山控制龙骨与船肋的角度。学生制作郑和宝船龙骨船肋。

活动 3：制作甲板、船底（用时 30 分钟）

师：先将甲板，船底板泡软，然后再粘。

生：制作船底、甲板。

出现问题：需要弯曲木片，黏接有一定难度。

活动 4：介绍电热加弯器（用时 10 分钟）

师：拿出加弯器进行示范。注意：非常烫！一定注意安全！

用加弯器加弯湿木片。

生：观察。

第二课时

活动 5：湿润甲板（用时 5 分钟）

生：回忆上节课电热加弯器的使用。

制作船舷板，将船舷泡水湿润。

活动 6：加弯操作（用时 15 分钟）

生：利用加弯器加弯。

活动 7：学会使用 F 夹黏接侧舷板（用时 20 分钟）

生：发现问题，在黏接侧舷板时容易开胶怎么办？

师：介绍新工具——F夹，并进行操作示范。

生：黏接甲板用F夹黏接船舷

活动 8：制作船帆（用时 30 分钟）

师：出示图片，请大家观察中国帆船的帆有什么特点？

生：观察讨论，帆上有木条！

师：中国帆上的木条叫作“撑条”。

师：演示制作撑条帆的过程。

帆布两侧多次对折，记录中心点，每根撑条上左、中、右分别点一滴胶水，均匀地粘在帆布上记录的中心点上。

生：制作撑条帆的八面。

活动 9：做桅杆（用时 20 分钟）

师：帆做好了，下面我们做桅杆，挂帆。展示桅杆样品。看看桅杆具备哪些特征？

生：观察得出结论——下粗上细。

师：那我们该如何加工？

生：讨论制作方法。

师：展示制作过程——先用刀将一端削细，再用砂纸打磨。

生：制作桅杆。

第三课时

活动 10：制作帆索（用时 30 分钟）

师：展示郑和宝船模型。提问：船帆之间有什么？

生：观察，有绳索。

师：这些绳索叫帆索。是固定和控制船帆的，固定船帆的叫定索。调节和升降船帆的叫动索。

生：制作帆索。

活动 11（用时 10 分钟）

师：展示船舵，船舵是中国人发明的，早期西方帆船用的是舵桨，效果不好。后来才改为船舵。制作演示。

生：观察如何将船舵制作成可动的船舵，制作船舵。

活动 12：黏接护舷，装饰眼睛（用时 20 分钟）

师：我们的船大致做好了，下面就是将船进行“装饰”，美化一下，请大家看图，现在你们的船与图片上还有哪些区别？

生：观察讨论——护舷、眼睛还没装。

师：一定注意安装护舷、眼睛时两侧要装对称。
生：用加弯器加弯护舷并黏接。黏眼睛。

活动 13：上色（用时 30 分钟）
师：接下来我们要给郑和宝船上色。出示有色木蜡油，演示涂装，注意不要溢色。
生：用毛笔上色。

活动 14：制作支架（用时 20 分钟）
师：下面我们给这艘船制作一个漂亮的支架。展示支架图纸。
生：制作支架。

活动 15：自评、互评（用时 10 分钟）
师：大家的船都做完了，看看我们做得怎么样?
我们从以下几点进行自查和互评，改正自己缺点，学习他人优点。
教师列举标准：
颜色：无溢色，颜色均匀。
船体：左右对称、无扭曲、无胶印、无手印、不少零件、无开裂开胶。
甲板：封闭无开裂。
桅杆：纵向观测各桅杆垂直于甲板，相互平行。
帆：无胶水外溢，撑条分布均匀。
帆索：紧直，无胶水残留。
生：自查，互评。

五、单元评价

1. 单元目标评价

（1）评价任务 A
学习目标：了解郑和宝船的历史背景及船型。
任务描述：将本内容与学生校内所学历史知识整合，相互补充。
评价量规：郑和宝船是福船，尖底远洋船。
评价实施：会鉴别船型。
（2）评价任务 B
学习目标：会制作龙骨船肋。
任务描述：用各种工具加工龙骨船肋。
评价量规：左右对称、无扭曲、无胶印、无手印、不少零件、无开裂开胶。
评价实施：成功制作龙骨船肋，教师检查。
（3）评价任务 C
学习目标：铺设甲板。
任务描述：将船甲板粘贴到龙骨船肋上。

评价量规： 封闭无开裂。

评价实施： 学生互评、他评。

（4）评价任务 D

学习目标： 制作撑条帆。

任务描述： 将撑条按照均匀距离安装到船帆上。

评价量规： 距离均匀、不溢胶、长短统一。

评价实施： 学生互评交流经验。

（5）评价任务 E

学习目标： 打磨桅杆。

任务描述： 将桅杆打磨成长锥形。

评价量规： 桅杆由下到上均匀变细。

评价实施： 互评比较。

（6）评价任务 F

学习目标： 帆索。

任务描述： 用绳子系帆索。

评价量规： 教师范例帆索。

评价实施： 与教师范例进行对比。

（7）评价任务 G

学习目标： 上色。

任务描述： 用染色剂给帆船染色。

评价量规： 染色均匀，

评价实施： 与教师范例对比。

2. 使能目标评价

评价量规：

①可以将木条加弯到合适角度。

②502胶水使用整洁，不会粘到手上、桌上、衣服上等。

③运用工具规范，不会伤到自己及他人。

评价实施： 自评、互评、他评。每进行一步，进行相应评价。

六、课后小结

通过对本课的学习，学生对中国帆船有了初步认识，对船型有了初步概念，能对郑和宝船的传说具备一定的去伪存真的能力。学生的海权意识得到了一定的提高，运用工具的能力也得到了显著提高。

美术篇

北京市少年宫单元设计优秀案例汇编

跟我一起拍故宫

美术教学部　陈雪

一、课程基本信息

单元名称	跟我一起拍故宫	专业类型	美术类
活动类型	摄影	设计教师	陈雪
活动课时	2 课时 / 周 ×3 周 （45 分钟 / 课时）	活动对象	10~12 岁学生
活动时间	2021 年 4 月	人数	16 人

二、背景分析

1. 学期目标及分析

（1）学期目标

学生借助实地体验、参观、观察、观测等环节，能够自主运用相应的摄影技巧拍摄出传统建筑特点，能够感受到传统建筑的美学特征和其中蕴含的传统文化内涵，进而理解“北京中轴线”申遗工程（简称中轴线申遗）的意义及内涵。

（2）目标分析

摄影是一门理论与实践结合极强的学科。理解摄影理论知识并不能被认为是掌握了摄影技能。只有学生在实践中能够自主、综合、内化地应用已学的摄影理论知识，拍摄出符合要求的照片，才能看作是掌握了摄影技能。所以，实践是检验摄影教学效果的最好方法。

根据活动对象的年龄和学习方式特点，任务式的实践活动方式是最适合本班学生的。本班学生属于摄影中级班，已学习过各种摄影单项技能知识点，现正学习、实践如何围绕一个主题将各种摄影单项技能知识点进行综合运用。

拍摄出传统建筑的特点，不能只考虑光线或构图或某一项摄影技能知识点，需要考察学生综合运用知识的能力和人文素养的程度。由于本班学生的年龄特点和传统文化内涵的特征，要求教师要设计出具体、可感、可触的实地体验环节来帮助学生理解抽象、复杂的传统文化。

十八大以来，习近平总书记及党中央提出了一系列有关传统文化精神的讲话，指出中华优秀传统文化教育对当代青少年建立文化自信、坚守民族精神有着重要意义。实施中华优秀传统文化教育是增强学生国家认同、培养学生爱国情怀的有效途径；是建立学生文化自信、传承文化精髓的有效途径；是树立学生人生观、规范社会道德的有效途径；是实现中国梦、完成民族复兴的有效途径。为了加强中华优秀传统文化教育，《关于实施中华优秀传统文化传承发展工程的意见》《完善中华优秀传统文化教育指导纲要》《中华优秀传统文化进中小学课程教材指南》等一系列文件相继出台。摄影作为校外教育的一个学科，理应遵循教育政策方针的指引，将加强中华优秀传统文化教育作为教学的重要内容之一。

随着时代的发展与科技的进步，影像成为当今社会重要的信息交流形式。相较于文字信息交流，影像交流显得更直观、形象、便捷，不易受文字识别量的限制，便于不同群体之间交流互换信息。同时，互联网及社交方式的改变，也让影像可以借助更多的自媒体、融媒体、新媒体、电子读物、交互网络等媒介进行广泛传播。

摄影教学能够利用专业优势为新时代的传统文化教育提供媒介优势。以往，传统文化教育较为单一地依赖于讲授法与文字纸媒的学习渠道。学生对于传统文化教育的认识，更多停留在抽象的理解中。新时代的学生处于互联网与科技高速发展的时代，他们的思维方式、学习环境有了很大改变，学生不再只满足于传统的学习方式，他们需要更多样、更符合时代特点的学习渠道。同时，新时代的学生距离产生传统文化的年代有一定的时间距离，一些抽象的传统文化内涵不容易被学生理解。校外摄影教学可以借助新媒体影像化的专业教学方式提供给学生学习脚手架、教学内容、驱动任务、成果展示、信息传播等方面的支持，帮助学生在校外摄影学习中感受、理解、认同传统文化，在校外摄影学习中延续、补充、加深传统文化教育效果。传统文化教育是一个漫长且连续的过程。传统文化教育并不、也不应该局限于某一时刻或某一学科。任何有利于学生、有利于传统文化教育的形式都可以采用。校外摄影教学能够让学生用自己的专业特长，将传统文化科技化、数字化、网络化、智能化，并利用摄影的即时性、再现性、媒介性、传播性将传统文化影像社交化。从时代特点和学科优势上来看，在校外摄影教学中开展传统文化教育具有必要性和优势性。

中轴线申遗不仅是北京也是中国的一件大事。它是向世界展示中华优秀传统文化的途径，也是树立民族自信心、建立民族自豪感的途径。故宫博物院是中轴线上最为重要、占地面积最大的一座建筑。将故宫博物院作为学期教学重点，更能突出中轴线申遗的意义和内涵。

2. 教材分析

本单元是《跟我一起拍中轴》课程的第四单元。教材特点是在丰富的传统文化情境中认识摄影，用摄影的形式参与文化传承。本单元倾向于《义务教育艺术课程标准（2022年版）》美术学科“综合•探索”的艺术实践学习内容。本单元的教学目标是学生能够从光线、色彩、构图、意境方面拍摄故宫建筑图片，表现其蕴含的传统文化特点。教学内容是故宫的建筑摄影。

本单元是基于学生已学的建筑摄影技能知识，是前期课程《跟我一起拍中轴》单元的一个综合和提高，又是后期城市人文类摄影课程的基础，具有链接知识、承上启下的作用。本班学段为三、四学段。此学段的学生存在分化严重、能说不能做的特点。因此，内化认知、自主发挥是教学的重点和难点。结合学情，教师将教材内容处理为：为故宫制作一份电子导览图，要体现出故宫建筑的民族美，并用大任务（拍摄、制作、宣讲故宫电子导览图）的方式驱动单元教学。故宫是北京中轴线上的一座重要建筑。它不仅仅是一座艺术博物馆，也是传统文化的集大成者，能够以其建筑遗址形式承载更多其他类型文化，能够满足摄影教学多元化、跨学科设计的需求。

大任务：本单元需要学生完成一个大任务，为观众设计、制作一份故宫电子导览图，并向观众展示、介绍故宫之美的价值和意义。

驱动性问题：小组成员共同设计、完成的电子导览图，如何能够体现自己对“民族性之美”的理解？

大观念：美具有民族性。

哲学是一切学科之母。美学是一门研究美、美感，研究美的欣赏、创造、本质、特征、发展与规律的学科。摄影、美术、舞蹈、文学等都是艺术的存在形式。任何一种艺术形式的存在又普遍追求美的表现。美的存在形式、美的本质等问题又是哲学的研究范畴。所以美学、艺术、哲学三者既不完全相同，又不可随意分割。开展审美教育是美学研究的现实意义，提倡美学为改造人的精神服务，认为世界观和美育能引导人们看到人生的真正价值，所以摄影审美教育要引导学生认识到民族美的形式与意义。

基本问题：

①通过摄影途径，表现故宫民族美的造型手段有哪些？

②通过建筑途径，表现故宫民族美的结构特点有哪些？

③通过传统文化的途径，表现故宫民族美的文化内涵有哪些？

学生通过解决基本问题①，复习摄影经典构图（对称式构图、对角线构图、汇聚式构图、S型构图、三角形构图、九宫格构图、框架式构图）的方式、不同方位光线（顺光、前侧光、侧光、侧逆光、逆光）造型的特点、色彩构成的类型（对比色、和谐色、高调、低调、重彩、淡彩）等本专业技能。构图、光线、色彩是摄影塑型的重要方面，也是摄影艺术表现美感的重要途径。基本问题①为实践拍摄活动提供了摄影技术保障。

通过观看故宫纪录片，回忆、归纳、总结中国古代宫殿建筑（故宫）的美学特征及文化价值内涵，完成基本问题②③。只有掌握建筑结构的特点，才能顺应建筑自身的特性，利用摄影技巧，突出建筑的特点；也只有理解故宫的文化价值内涵，才能拍摄出有灵魂、有思想、有深度的图片，才能拍摄出具有民族性美感的故宫图片。基本问题②③为学生的拍摄、制作环节提供了思想指导，也为审美教育价值的实现提供了平台。

上述三个基本问题既兼顾了本学科（摄影）知识点，也具备了跨学科（美学）、超学科（中国建筑史、中国哲学史、中国传统文化）的知识点，并且这些基本问题之间具有相应的逻辑性和递进性。基本问题①是本单元教学活动的基础。基本问题②③是基本问题①的拓展和提升。基本问题②③的解决，又能提高基本问题①的主题性。

学生在大任务中要具有将前期理论知识转化为解决实际问题的能力，以及规划、合作、交往、表达、信息化处理的能力；要分析如何将各个基本问题的知识点借助自媒体平台、VR摄影技术、视频剪辑软件综合化地通过视觉方式呈现出来；要思考如何将美的民族性进行宣讲和传播。

3. 学情分析

本班学生经过基础课程《摄影构图》《摄影用光》《色彩构成》的学习，具备了完成基本问题的能力；经过拓展课程《走进中国传统文化》《中国古建》《中国艺术史略谈》《北京的城市发展》的学习，具备了完成基本问题的能力。同时，基础课程《后期制作与编辑》让学生具备了制作电子导览图和录制、剪辑宣讲视频的操作能力。

本班学生具有一定的主题创作能力和经验（个别同学有过前往新疆一个月时长采风的经历），具有一定的综合文化知识背景（此年龄阶段的学生有的已经开设历史课程，没有开设历史课程的学生，也具备了通识知识的积累）。班级具有较强的学习氛围、学习能力和自控能力，发散思维、动手操作能力强，能够按要求完成教师的教学内容。由于学生的学习年限在2.5年以上的居多，学生形成了较好的合作、团队意识。本单元教学活动能够依据每位学生的特点，尽量形成互补型的学生组合。同时，本班学生的摄影器材能够支持故宫实践活动的要求。正是由于故宫处于学生生活、成长的环境中，学生才更具有强烈的外出实践拍摄意愿和浓厚的参与体验需求。

本单元教学活动的重点、难点在于故宫的实践拍摄活动环节。如何完成主题拍摄要求既是摄影实践活动教学的重点，也是综合课程的重要教学目标。通过实践活动，既要考查学生对摄影专业技能的掌握能力，也要检验学生对于传统文化意义的感受能力。故宫自身的特点，恰恰能将摄影构图、摄影用光、色彩构成的知识点在实际拍摄中进行结合，也能将本课程的主题“跟我一起拍中轴”贯穿起来。

但是，也会存在一些预设问题。本班学生存在年龄差异、学习能力差异、专业能力差异、兴趣差异、性格差异等多方面因素，会造成学习目标、学习结果的差异化，也会出现学生对活动主题不感兴趣的可能。

由于学生基础课程、拓展课程距离本单元学习有时间间隔，可能会造成一些知识点的遗忘。虽然教师设计了复习环节，但对于个别学生可能会出现课上复习时间不够的情况，这些学生需要利用课下时间，自行复习之前的学习笔记，以便更好地完成拍摄要求。故宫场地较大，活动时间有限，学生需要根据分组安排，提前做好主题设计、路线规划、时间安排、任务分配，保证能够在规定的时间内完成主题拍摄。如果实践环节不能按时完成或没有按照设计主题拍摄，就会导致电子导览图无法完成或主题不突出的问题，进而影响最后对故宫民族性之美的宣讲环节。这也是故宫实践拍摄活动环节是本单元教学活动的重点、难点的原因。

4. 教学资源分析

（1）专家资源

授课教师担任东城摄影家协会理事。东城摄影家协会隶属于北京市东城区文学艺术界联合会。（以下简称东城区文联）东城区文联下设有东城作家协会、东城戏剧家协会、东城民间文艺家协会等。东城区文联各协会丰富的专家资源可为学生提供专业辅导与支持。

（2）城市资源

中轴线建筑群是北京城市独特的建筑布局，这为开展《跟我一起拍故宫》教学活动提供了基础拍摄素材。同时，北京的历史文化遗产、博物馆、国际教育平台等资源也为学生提供了更为浓厚的文化浸染和更广阔的学习渠道。

（3）社会资源

故宫博物院属于北京社会大课堂资源单位，有为学生提供社会实践教育机会的义务和责任。此外，北京还有许多北京社会大课堂资源单位为学生提供了丰富的社会学习资源。

（4）自媒体平台

摄影教学小组于2017年开通自有微信公众号平台“YY_mengya”，可以围绕教学主题进行评价任务的设计与实施，便于教师、学生、家长的交流和课后教学的延展。

三、单元目标

1. 学习目标

①通过解决故宫之美的相关问题，理解摄影造型、建筑结构、文化内涵是如何共同作用来表现故宫的美，能够形成美具有民族性的观点。

②提升动手能力、合作能力和探究能力。

③提高宣讲故宫之美的能力。

2. 使能目标

①能够分清对称式构图、对角线构图、汇聚式构图、S型构图、三角形构图、九宫格构图、框架式构图各自的特点。

②能够说出每种摄影构图类型适用的建筑特征。

③能够分清使用顺光、前侧光、侧光、侧逆光、逆光等方位光线拍摄故宫时，对建筑的塑形特点。

④能够说出不同类型的色彩构成对表现故宫美感的作用。

⑤能说出故宫自身建筑的结构特点和美学特征。

⑥能归纳、发散出3~5条故宫的文化价值内涵。

四、单元内容与实施

活动：制作故宫电子导览图

情境描述：

当由于某种原因，故宫不能面向游客全面开放时，只能实行限流、预约措施。很多中、外游客都无法亲临现场来感受故宫的美，由此给很多游客造成了遗憾。

任务描述：

四人一组，为观众设计、制作一份能够体现故宫之美的电子导览图，并能向观众展示、介绍出故宫的美。

任务指南与要求：

同学们在完成任务时，可能会有些入手困难。建议大家将大任务分解为以下几个子任务：①找到表现故宫之美的途径；②发现故宫之美的价值；③记录故宫之美；④制作故宫之美的导览图；⑤介绍故宫之美。

在分解时，要确保任务是全纳性的，小组内的每个成员都参与其中，合理分工、共同合作，尽力尝试各种自主探究学习的途径，完善电子导览图展示的深度与广度，享受任务的乐趣。

大任务的完成，是通过评价任务A、评价任务B、评价任务C三个子任务的完成来实现的。

五、单元评价

1. 单元目标评价

（1）评价任务A：“我来动手拍一拍”——记录故宫之美

学习目标：学习目标①。

任务描述：12个学生，4人一组，共分为3组。请在90分钟内，结合故宫建筑特点和文化价值内涵的意义，使用摄影构图、摄影用光、色彩构成的专业技能知识，按照任务单的具体要求（见附录1），将故宫之美通过你们的镜头表现出来（拍摄范围见附录1）。

提示：

确保你们小组能在规定的时间内完成任务。可以在小组内制定合理的拍摄路线、拍摄计划及任务分工。你们可以有不同的拍摄分工安排，但要保证你们的小组成员是在同一时间、同一拍摄区域内进行创作。既要体现小组的合作性，又要确保每位成员都参与了作品的拍摄。你们可以通过探讨，制定小组的摄影作品风格，拍出你们眼中认为的故宫之美。每个小组配备两名家长全程跟随。家长、教师以视频会议的形式记录、沟通各小组情况，便于教师观察、辅导。当教师跟随其中一组进行现场追踪、辅导时，另外两组的辅导主要通过视屏会议的形式进行。教师根据现场情况，在三组中，穿插随队辅导。

拍摄完成后，到达集合地点（含在规定的90分钟时间内）。在5分钟内，每个小组挑选三幅最能代表本小组水平的照片，每位同学挑选一幅最能代表自己活动主题的照片，交由教师评判。同时，同学们根据自己的拍摄情况，在5分钟内通过“问卷星”完成活动反馈（见附录3）。最后，教师、学生在活动结束前5分钟内进行现场活动总结和作品评价、交流。根据现场提交的学生摄影作品，同学们相互之间投票，选出“优秀之星”一名。

评价量规：针对小组表现、作品的评定（见附录4）；针对个人表现、作品的评定（见附录5）。

评价实施：在第4课时的学习环节四，学生提交完活动反馈及摄影作品后，实施此评价。教师根据小组现场实拍活动情况、提交的小组作品，做出评价，并记录在评价结果统计表上（见附录6，用时2分钟）。教师根据学生个人现场实拍活动情况、提交的个人作品和活动反馈，做出评价，并记录在评价结果统计表上（见附录7，用时3分钟）。

（2）评价任务B：“我来动手做一做”——制作电子导览图

学习目标：学习目标②。

任务描述：按照评价任务A的分组安排，请在75分钟内，利用评价任务A中拍摄的图片，小组共同讨论、制作完成一份故宫电子导览图。制作完成后，请提交给教师进行评判。

提示：

这份故宫电子导览图由你们小组共同决定制作方案。可以从视听语言方面入手，图片、FLASH、MV、全景模式等都可以。尽可能利用信息化处理方式为游客们提供一份云端上的视觉饕餮盛宴，将故宫民族性的美与科技化结合起来。要确保小组成员都能参与其中，并积极享受这种合作过程。

评价量规：见附录8。

评价实施：在第6课时，学生提交完小组电子导览图后，实施此评价。教师根据小组完成情况和作品效果，做出评价，并记录在评价结果统计表上（见附录9，用时10分钟）。

（3）评价任务C：“我来说一说”——宣讲故宫之美

学习目标：学习目标③。

任务描述：利用课后时间（评价任务B结束的第六天），每位同学在腾讯视频会议上，进行一段5分钟以内关于故宫之美的宣讲视频。

提示：

单人宣讲、对话式等方式均可，形式不限；准备时长五天。

评价量规：见附录10。

评价实施：在课后业余时间，12名学生宣讲结束后，实施此评价。教师依据学生现场视频的表现，完成评价结果统计表（见附录11）。

教师评判结果占总成绩的60%。总成绩100分：教师评判60%+学生投票40%。家长投票算作附加分值，不计入总成绩。当出现并列成绩时，以附加值为成绩标准。

教师将录制视频放至“YY_mengya”微信公众号平台，由摄影兴趣项目组（除本班外，摄影兴趣项目组还有四个班级）的学生、家长（选手及选手家长不参与投票，非选手家长自愿参与，不做定性要求）进行唯一投票选举。教师综合统计后，选出“明日之星”两名（取成绩排名前两位同学），并颁发奖状及故宫文创产品一份。

2. 使能目标评价

（1）评价任务1：“看位置找构图”——复习建筑摄影的构图方式

学习目标：使能目标①②。

任务描述：

【子任务一】学生完成教师展示的题目1：请将合适的答案填入括号内（每个括号只可填一个答案；答案选项可重复）。学生先独立思考，然后分组讨论各自的做题结果，最后由小组长完成评价结果统计表。

【子任务二】学生完成教师提出的题目2：请你说出每种摄影构图类型适用的建筑特点。教师依据回答结果，完成评价结果统计表。

评价量规：子任务一的评价量规（见附录12）；子任务二的评价量规（见附录13）。

评价实施：在第1课时的第一个学习环节，学生完成题目1后（题目见附录14，用时1分钟），进行组内同伴互评。4人一组，12人共3组。由小组长根据组员互评做出记录，完成评价统计表（见附录15。小组成员1号和2号互评，3号和4号互评；每组4号为小组长。用时2分钟）。学生完成题目1的评价，由教师收回评价统计表。学生接着完成题目2（题目见附录16，用时5分钟）。教师在学生完成题目2后，依据学生回答情况，完成评价统计表（见附录17，用时1分钟）。

（2）评价任务2：“开心一测”——复习建筑摄影的用光方式

学习目标：使能目标③。

任务描述：学生在3分钟内独立做题，完成教师发放的随堂试卷（见附录18）。然后交由教师评判。教师根据评判结果填写评价结果统计表（见附录19）。最后，教师可和学生一起综合梳理出答案（用时1分钟）。

评价量规：见附录20。

评价实施：在第1课时的第二个学习环节，学生完成随堂试卷（用时3分钟），交给教师后，实施此评价。教师依据学生随堂试卷的答案，做出评价，并记录在评价结果统计表上（用时1分钟）。

(3)评价任务3:“看一看，写一写”——复习建筑摄影的色彩构成方式

学习目标：使能目标④。

任务描述：学生用笔头回答的方式，从色彩构成的角度，分析教师展示的八幅示范图片的色彩美感（限时5分钟）。教师根据学生回答的情况，做出评价，并记录在评价结果统计表上（见附录21）。最后，教师可引导学生综合梳理出答案。

评价量规：见附录22。

评价实施：在第1课时的第三个学习环节，学生完成笔头分析示范图片的色彩美感后（用时5分钟），实施此评价。教师依据学生提交的回答情况，做出评价，并记录在评价结果统计表上（用时2分钟）。

(4)评价任务4:游戏“圈圈看”—复习《中国古建》中有关故宫建筑特点和美学特征的相关知识

学习目标：使能目标⑤。

任务描述：12个学生4人一组，分为三组。在2分钟内，通过小组接力的合作形式，圈出黑板中符合故宫自身建筑结构特点和美学特征的描述。小组第一名组员完成后，第二名组员可以进行补充。如果第二名组员没有补充意见，由第三名组员接力补充。如果第三名组员没有补充，可以报告老师小组完成游戏（如果超时，停止游戏；并以规定时间内的答案为评价对象）。教师根据完成情况，做出评价，并记录在评价结果统计表上（见附录23）。

评价量规：见附录24。

评价实施：在第1课时的第四个学习环节，学生完成游戏“圈圈看”后（用时2分钟），实施此评价。教师依据学生作答情况，完成评价统计表（用时1分钟）。

(5)评价任务5:观看纪录片《故宫》节选片段

学习目标：使能目标⑥。

任务描述：学生观看纪录片《故宫》节选片段（用时10分钟），结合影片和自我学习结果，尝试口头归纳、发散出3~5条故宫的文化价值内涵。教师根据完成情况，做出评价，并记录在评价结果统计表上（见附录25）。

评价量规：见附录26。

评价实施：在第1课时的第五个学习环节，学生口头归纳、发散故宫的文化价值后（用时3分钟），实施此评价。教师依据学生回答的情况，完成评价统计表（用时2分钟）。

六、课后小结

从活动对象角度看，本单元教学活动设计得到了学生及家长的认可。学生及家长普遍反映将摄影专业技能与传统文化教育相结合的大单元教学方式拓展了学生的综合素养能力，认为培养学生学习能力比讲授专业技能知识更为重要。学生及家长也希望能够将《跟我一起拍中轴》课程持续开展下去。

七、附录

附录1:“我来动手拍一拍”任务单（略）。

附录2:故宫拍摄范围图（略）。

附录3：“我来动手拍一拍”问卷星活动反馈单（略）。
附录4：“我来动手拍一拍”小组评价量规（略）。
附录5：“我来动手拍一拍”个人评价量规（略）。
附录6：“我来动手拍一拍”小组评价结果统计表（略）。
附录7：“我来动手拍一拍”个人评价结果统计表（略）。
附录8：“我来动手做一做”评价量规（略）。
附录9：“我来动手做一做”评价结果统计表（略）。
附录10：“我来说一说”评价量规（略）。
附录11：“我来说一说”评价结果统计表（略）。
附录12：子任务一评价量规（略）。
附录13：子任务二评价量规（略）。
附录14：“看位置找构图”题目1（略）。
附录15：“看位置找构图”题目1评价结果统计表（人数统计）（略）。
附录16：“看位置找构图”题目2（略）。
附录17：“看位置找构图”题目2评价结果统计表（数量统计）（略）。
附录18：“开心一测”随堂试卷（略）。
附录19：“开心一测”评价结果统计表（略）。
附录20：“开心一测”评价量规（略）。
附录21：“看一看，写一写”评价结果统计表（略）。
附录22：“看一看，写一写”评价量规（略）。
附录23：“圈圈看”评价结果统计表（略）。
附录24：“圈圈看”评价量规（略）。
附录25：观看纪录片节选活动的评价结果统计表（略）。
附录26：观看纪录片节选活动的评价量规（略）。

浓墨重彩绘时代英雄

美术教学部　张　玲

一、课程基本信息

单元名称	浓墨重彩绘时代英雄	专业类型	美术类
活动类型	中国画	设计教师	张玲
活动课时	2 课时 / 周 ×5 周 （45 分钟 / 课时）	活动对象	11~13 岁学生
活动时间	2021 年 4 月	人数	30 人

二、背景分析

1. 学期目标及分析

（1）学期目标

通过教师讲解，了解中国写意人物画的表现方法，掌握并运用人物画创作的基本方法。认识中国写意人物画背后蕴藏的精神内涵，创作属于自己的写意人物画。

通过鉴赏名作、临摹技法、构思、创作、展评等探究学习，认知写意人物画，通过学习单引导学生合作探究，体会名家创作思维方法，积极参与互动分享，体会合作学习的意义。

学生真正体会写意人物画的精髓，培养学生热爱中国画，对中华优秀传统文化产生强烈的民族自豪感，立德树人，培养学生的爱国热情。

（2）目标分析

写意人物画创作有助于学生通过传统中国画形式表现丰富的人物活动和精神内涵。要画好写意人物画，需要学生有较高的鉴赏力、人物创作基本技能技巧、画面的综合创作能力。课程以美术核心素养为基础进行课程设计，通过丰富的实践活动，培养学生的优秀品格，提升对传统文化的感悟能力。

2. 教材分析

（1）活动内容分析

本单元主要针对写意人物画创作训练来开展，人物画创作在校外中国画教学中极为重要。笔墨语言的表现，对于提高写意人物画创作的感染力、表现力有着决定性作用。

本单元通过“主题—欣赏—技法—构思—创作—展评”的多环节活动，利用丰富的笔墨语言刻画人物形象，并结合创作实践活动，各种笔法墨法进行写意人物画创作实践，帮助学生把所学知识正确运用到绘画创作中，拓宽思路，举一反三，使学生具备更好的中国写意人物画主题创作能力，以便在今后的绘画创作中思路更加开阔，绘画手段更加多样，绘画作品更加生动。

通过合理运用中国画笔墨元素，色破墨、墨破色、色墨交融的方法，把不同的英雄人物形象进行故事创作。结合自主学习、合作学习、探究学习等多种形式，分组合作完成时代英雄人物画创作。

（2）实践活动分析

本单元将结合革命英雄、伟大人物、心中的英雄相关主题用中国画写意的方法创作人物作品。通过原创歌曲《王二小放牛郎》、英雄人物视频、图片等，让学生用中国写意画创作来抒发内心情感，获得不同的艺术感受。活动内容的设计与教学主题选择，主要采取主题式构思和开放式结构。笔墨当随时代，与当今时代背景以及学生的生活紧密相连，画自己身边熟悉的英雄人物或者自己崇敬的历史人物，融入自己的丰富情感。通过合作学习、探究学习完成英雄人物国画写意作品，一方面使学生将本单元学习掌握到的中国画笔墨语言运用到具体的英雄人物创作中，另一方面在鉴赏、构思、创作、展评的过程中拓宽对中国画写意人物主题创作的理解和审美的提高。

大任务：我心中的时代英雄中国写意人物画创作。

驱动性问题：如何运用丰富的中国画笔墨语言表现自己心中的时代英雄绘画创作？

基本问题：

①如何欣赏好的写意人物画作品？

②如何用笔墨表现人物？

③如何构思创作一幅写意人物画？

④如何表现英雄人物的精神内涵，画出完整创作画？

⑤如何总结、提升、整理学习档案袋，设计展览海报？

基本问题①需要学生复习学过的写意画基础知识、基本笔法墨法、构图知识、色彩的运用方法等专业基础知识。基本问题②为创作实践活动提升了认识高度，明白优秀的写意人物画创作需要具备哪些要素。通过临摹名家作品，学习人物画笔墨技法，完成基本问题③，为后面的人物画创作做好基础。通过搜集素材照片、观看视频，选择我心中的英雄人物，进行英雄人物的构思、构图，分组完成基本问题③，为基本问题④提供创作草图。通过借鉴名家作品风格，结合自己的实际进一步深入创作完成基本问题④。最后通过总结、展评完成基本问题⑤。

通过本单元的大任务，进一步落实美术核心素养，学生能够体验像艺术家一样思考的过程。将基础知识、鉴赏、创作、展评融入单元活动，提升学生的综合美术素养，以及合作、交往、表达、搜集信息的综合能力，培养积极向上的优良品格。

3. 学情分析

本班学生为11~13岁，有三年的中国画学习经历，想象力丰富，学过中国花鸟山水画，具备基本的笔墨运用技巧，具备一定的人物造型能力和观察创作能力，热衷于中国画创作。山水花鸟绘画作品中接触了很多笔墨、颜色的练习，如何将丰富的笔墨语言运用到中国画人物创作中，怎样让笔墨体现人物结构、表现画面人物关系还有所欠缺，需要增强对写意人物画作品的欣赏、构图及笔墨表现力的学习，进而提升写意人物画创作表现力及情感的抒发。

学生需要进一步拓展笔墨技法指导绘画创作实践。学生相互熟悉，喜欢合作学习的形式，并能积极参与讨论交流，具备较好的沟通能力，但鉴赏、创作与评价能力有待提升，评价后的反思深度、创作提升能力需要增强。掌握人物画创作可以帮助学生更好地表现身边的生活，培养敏锐的观察力。

本单元学习的难点在于笔墨语言在写意人物画创作中的实际运用，色和墨的融合在人物画作品中的表现不够充分，在英雄故事创作、人物关系的处理上比较难把握。学习过程中也会存在一些预设问题，比如个别学生对学过的人物结构比例掌握一般，会影响人物画创作的质量。写意人物画创作对学生的综合画面驾驭能力要求比较高，很容易形成作品不完整、人物和背景的关系处理不好的问题，所以创作环节是本单元的重点和难点。

4. 教学资源分析

北京有香山革命纪念馆、中国美术馆等场馆、名人故居等社会资源，便于学生深入了解经典作品及英雄人物和场景现场。学生可以根据自己的生活实际选择英雄人物。

教师为北京美术家协会会员、中国女画家协会会员，具有丰富的中国画创作经验，能够全方位、多角度综合把握学生国画创作的完成度及艺术水准。

借助微信群、腾讯会议等方式，进行家长、学生、老师的线上交流和课后拓展。

三、单元目标

1. 学习目标

①学会欣赏名家作品，了解人物写意画法，结合课堂绘画实践，将所学知识运用于绘画创作中。

②选择绘画英雄人物、创编英雄故事的方式，创作中合理利用不同笔墨方法，体会不同个性人物的基本表现方法；在绘画创作主题中，灵活运用笔墨和颜色，画出生动的时代英雄写意人物创作；提升中国写意人物画基本功，增强创作意识。在分组合作和评价机制的促进下，增强沟通协作能力与团队意识，体会合作学习的意义与中国画创作的成就感。

③制作海报，展览展示，培养学生热爱中国画及对英雄人物的崇拜之情，提升爱国热情，立德树人。

2. 使能目标

①知道写意人物画创作的主要因素，从色彩、造型、构图等方面欣赏表述名家写意人物画作品。

②掌握笔墨运用规律，了解笔墨在表现人物中的作用，学会全身人物笔墨表现的不同画法。

③能说出自己喜欢的英雄故事，并和其他同学交流，能根据名家作品风格进行创作，画出创作草图。

④学会用笔墨运用方法和构图知识，完成人物画的创作，并能灵活运用黑白灰、点线面等绘画元素，表现英雄人物主题创作。

⑤能说出写意人物画创作的特点，会评价写意人物国画作品，会整理完善学习档案袋，能设计展览海报，布置展览。

四、单元内容与实施

活动 1：学会鉴赏写意人物画创作（总时长 90 分钟）

教师活动	学生活动
准备名家写意人物作品图片，引导学生搜集名家作品	根据老师要求搜集名家作品
（1）导入 出示图片：《人民和总理》（周思聪作品）。 小问题：不同艺术家的不同艺术表现手法（用时 15 分钟）。 引导学生欣赏名家作品，感受作品的主题与情感表达。 （2）探究学习 简要介绍写意人物画的发展概况，提供中国写意人物画史资料，提供《选作品任务单》《写意人物鉴赏学习单》《写意人物画鉴赏评价量规》。 欣赏名家作品，思考其中的人物形象造型特点及表达的情感，思考笔墨语言的不同带来的视觉效果的不同。 思考：从色墨用法、构图、用线、色彩等描述造型要素（用时 60 分钟）。 （3）课堂总结（用时 15 分钟）	赏析写意人物作品。 学生思考并回答，体会笔墨语言的不同，对绘画主题表现带来的不同感受。学生思考问题并发表观点。学生分组交流自己对作品的理解与感受。明确自主学习任务，根据学习工具引导，查找资料，观察分析，撰写鉴赏报告
课后：让学生思考如果自己画一个心中的英雄形象，会从哪些方面表现	课后：写出鉴赏作品之前和之后的不同感受

活动 2：掌握笔墨运用规律，学会全身人物笔墨表现的不同画法（总时长 90 分钟）

教师活动	学生活动
准备不同风格临摹作品图片	选定自己喜欢的作品风格
提供临摹作品图片（宿墨法——吴山明作品，浓墨法——刘国辉作品，泼墨法——钟馗嫁妹，没骨法——田黎明作品，积墨法——周思聪作品）。 提供《写意人物画技法要求表》《写意人物画评价量规》。 示范写意人物画基本表现语言，用笔用墨的不同方法（用时 20 分钟）。 小问题：画家如何处理人物之间的不同关系？ 解析国画作品所用技法（用时 10 分钟）。 作品创意及整体布局，画面人物的前后、疏密、主体突出（用时 15 分钟）。 分组临摹，临摹不同的局部，如头部、衣饰等分别临摹（用时 35 分钟）。 课堂总结（用时 10 分钟）	练习勾皴、点染、色破墨、墨破色等基本技法。 根据《写意人物画技法要求表》《写意人物画评价量规》进行临摹。 分组临摹。 课堂交流自己的临摹学习感受，自己对技法和作品表达主题的理解
课后：思考自己身边的英雄，用怎样的表现技法更适合	课后：局部技法临摹

活动 3：能根据名家作品风格创作自己的画出创作草图（总时长 90 分钟）

教师活动	学生活动
引导学生选择自己喜欢的英雄人物	通过观看视频、读书、看图片，选定自己喜欢的英雄人物
提供大量写意人物画名作图式，提供《写意人物画创作任务单》《写意人物画草图设计学习单》《写意人物画草图评价量规》，组织学习活动。 （1）导入 使用投影仪展示名家作品图片，讲解名家作品构思创意（用时 15 分钟）。 （2）探究学习 了解创作草图的一般流程，引导学生设计创作方案，思考如何更好地表现人物情感（用时 15 分钟）。 （3）创作实践 要求主题明确，交流与评价（用时 50 分钟）。 （4）课堂总结（用时 10 分钟）	明确学习任务，根据学习工具引导筛选作品，构思草图，撰写《创作思路报告》。 学生交流汇报，展示自己的创作想法。 头脑风暴：分组讨论怎样创作出表现主题的作品。 依据方案结合学生兴趣及特长完成小组的成员分工。 查阅资料，探究分析题材内容、人物角色、场景设计，更好地表现主题，并确定表现方式。 落实创作方案，尝试写意人物画创作
课后：评价不同学生的草图的优点与缺点	课后：写出草图构思报告

活动 4：完成我心中的英雄人物画的创作（总时长 90 分钟）

教师活动	学生活动
提供《写意人物画创作要求表》《写意人物画创作评价量规》	了解创作要求学习单
组织学生创作，并巡视指导。 小问题：如何在创作中表现人物情感? （1）导入（用时 10 分钟） 欣赏优秀的学生草图作品进行点评。 （2）探究学习（用时 20 分钟） 展示作品，提示学生思考作品中整体关系的把握。 引导学生思考作品是否突出了主题，表达了情感。 教师示范部分细节描绘及人物间笔墨关系的处理方法。 （3）创作实践（用时 50 分钟） 教师针对创作中的难点进行具体指导，小组间学员作品交流与评价。 （4）课堂总结（用时 10 分钟）	学生欣赏并点评交流。 分组讨论写意人物画作品中的常见问题，就作品如何表现主题展开讨论。 根据学习工具引导，运用基本掌握的写意人物画技法，完成一幅创作。 学生分组修改、调整、完善作品。 学生开展自评与互评
课后：将完成的作品上传到微信群，以留言的方式对作品进行评价，家长可以参与评价	课后：继续完善创作作品

活动 5：总结学习档案袋，制作海报，展览展示（总时长 90 分钟）

教师活动	学生活动
引导学生整理学习档案袋	整理学习工具与成果，形成学习档案袋
（1）导入（用时 10 分钟） 组织学生整理课程学习资料，总结写意人物画课程学习。 （2）探究学习（用时 20 分钟） 组织学生思考小问题：如何全面呈现写意人物画创作的学习成果，讨论成果展的主要形式和具体内容。 欣赏展览海报、宣传册作品，了解设计方法和要点。 教师示范海报设计的步骤方法。 （3）创作实践（用时 40 分钟） 设计作品展策划书并精心交流。 以小组为单位组织开展海报、宣传册设计。 落实作品展小组人员分工及具体任务。 （4）课堂总结（用时 20 分钟）	撰写真实的总结报告。 欣赏作品并思考作品展的形式。 明确海报及宣传册的设计方法及具体要求。 分组设计一份详细的作品展策划书并进行交流。 以小组为单位，分工完成海报宣传册的设计初稿。 以竞标的方式，投票选出最终展示成果方案及宣传设计稿
课后：引导学生根据作品规划展览布置	课后：设计展览布置图

五、单元评价

1.单元目标评价

（1）评价任务 A

学习目标：鉴赏、临摹学习技法。学会欣赏名家作品，了解人物写意画法，结合课堂绘画实践，运用所学的知识于绘画创作中。

任务描述：教师出示名家作品，引导从不同角度欣赏名家作品。学生组内交流如何鉴赏及笔墨技法。组长记录并填写如下评价结果统计表：

评价结果统计表

1. 构图	2. 色彩	3. 笔墨	4. 空间
主体突出	对比、调和	变化丰富	虚实、疏密

评价量规：见下表。

评价规则		学生编号1~30号											
		1	2	3	4	5	6	7	8	9	10	……	30
1	能够正确给出1~2条作用的学生，得1颗星												
2	能够正确给出3~4条作用的学生，得2颗星												
3	能够正确给出4条以上作用的学生，得5颗星												

评价实施：在第4课时，学生提交完活动反馈后，实施此评价任务。教师根据学生现场表现，对提交作品做出评价，并记录在评价结果统计表上。

记录工具：照相机、评价结果统计表。

（2）评价任务B

学习目标：选择绘画英雄人物、创编英雄故事的方式，创作中合理利用不同笔墨方法，体会不同个性人物的基本表现方法；在绘画创作主题中，灵活运用笔墨和颜色，画出生动的时代英雄写意人物创作；提升中国写意人物画基本功，增强创作意识。在分组合作和评价机制的促进下，增强沟通协作能力与团队意识，体会合作学习的意义与中国画创作的成就感。

任务描述：学生5人分组讨论英雄人物，每组选定一个英雄人物进行创作。集体构思，创作草图。集体分工创作，最后形成学习档案袋，学习总结，设计海报，布置展览。

评价量规：见下表。

评价规则		小组编号					
		1	2	3	4	5	6
1	能够积极发言，构图有新意，色彩和笔墨结合得好，很好地表现空间关系，得5颗星						
2	能够积极发言，构图一般，色彩和笔墨结合比较好，能够表现空间关系，得3颗星						
3	能够发言，但不积极，构图一般，色彩和笔墨一般，表现空间关系不够，得1颗星						

评价实施：在第8课时，学生提交完活动反馈后，实施此评价任务。教师根据学生现场表现，提交创作作品做出评价。

记录工具：照相机、评价结果统计表。

（3）评价任务C

学习目标：制作海报，展览展示，立德树人，培养学生热爱中国画及对英雄人物的崇拜之情，提升爱国热情。

任务描述：学生整理学习档案袋，小组之间互评，完成展览海报设计，布置展览。

评价量规：见下表。

评价规则		小组编号					
		1	2	3	4	5	6
1	学习档案袋完整，版面设计丰富，对作品评价有自己的见解，海报设计新颖，得5颗星						
2	学习档案袋完整，版面设计一般，对作品能积极评价，能够海报设计，得3颗星						
3	学习档案袋不够完整，对作品评价有欠缺，海报设计布局色彩一般，得1颗星						

评价实施：在第10课时，学生提交完活动反馈后，实施此评价任务。教师根据学生现场表现,海报设计，做出评价。

记录工具：照相机、评价结果统计表。

2. 使能目标评价

（1）评价任务 1：了解画家如何用不同的笔墨语言表现写意人物主题创作

任务描述：通过教师引导赏析和学生自主赏析活动，认知写意人物画的构成、技法和艺术境界，锻炼学生的写意人物画鉴赏能力，学会欣赏写意人物画，了解不同画家的艺术风格，体会其表现主题的艺术风格，拓展认知。

选择作品学习单如下：

班级：	姓名：
1. 你喜欢哪位名家的写意人物作品	
2. 说出喜爱作品的哪些方面	
3. 选择一幅这位名家作品进行欣赏	

中国写意人物画鉴赏学习单如下：

方法	主导问题	具体要求	鉴赏笔记
描述	作品整体构图形式及笔墨语言运用体会	画幅形式（立轴、长卷等） 人物造型（倾向写实还是写意） 笔墨风格（写意灵动还是细腻精致）	
分析	作品如何表达人物精神	骨法用笔（线条运用、不同质感的线条表现） 应物象形（人物形态描绘） 随类赋彩（墨与色的表现） 经营位置（前后、疏密、远近） 传移模写（笔墨方法继承与发展） 气韵生动（笔墨语言所传达的感受）	
解释	作品的艺术价值	传承文化 表现精神 作者构思	
评价	从不同角度分析喜欢这幅作品的原因	文化角度 艺术角度 精神角度	

学生6人一组，每组选择一幅名家作品，进行鉴赏表述，最后分别完成学习单。此项任务需要6个人分别发言，一人至少说出学习单中两个方面的内容。

评价量规：标准见下表。

得分	作品鉴赏评价
0	你没有做到以下任何要求
1~6	粗略描述了这件作品的整体形式和初步的笔墨感受，看到画家运用一些技法语言，知道画家生平会对作品产生影响，仅仅表达对这件作品的喜爱与否
7~13	基本描述了这件作品的整体形式和初步的笔墨感受，分析了画家运用到的人物画语言要素对作品效果的影响，解释了画家个人和主要社会因素对作品的影响，考虑到画家为什么要画写意人物画，写意人物画追求什么，简单地评价该作品，并说出自己的观点
14~20	详细描述了写意人物作品的整体形式及所产生的笔墨感受，合理分析了画家是如何运用谢赫六法的品评要素营造出作品的意境，充分解释了画家个人和各种社会因素对其作品产生的影响，能联系画家为什么画写意人物画，画家追求的是什么，从历史、文化、艺术的角度评价该作品，并阐明自己的观点和理由
评语	

评价实施：每组6个人，认真完成学习单。其他组别的同学轮流发表意见并评价完成作业质

量，说出优缺点，提出改进方案。经过评价修改，从不同角度完善改进自己的学习单。

记录工具：笔、教师记录表。

（2）评价任务 2：人物画的笔墨表现方法有哪些

任务描述：通过示范和临摹学习，学生从专业技能层面学习写意人物画的笔墨语言和多元的笔墨风格，初步掌握勾皴点染、色破墨墨破色等基本技法，并完整运用这些技法，临摹名家名作，学习作画风格，为接下来的写意人物画创作提供技能保证。

中国写意人物画技法学习单如下：

步骤	具体技法要求
1. 起稿	根据人物比例用木炭条起稿
2. 笔墨运用方法	用笔有轻重快慢的变化，用色要和墨相互融合。用笔要有提按变化，要有力度。运用破墨法能画出不同的浓淡干湿变化。大片的衣服可以适当运用泼墨法。 宿墨法：宿墨为隔宿的干墨加水形成的墨，墨韵渗出，形成特有的情趣。 泼墨法：用于画裙子等大面积结构，大笔上色，墨色自然晕开。 湿破干：先画线条，未完全干时用湿笔破之。 色破墨：先画墨色，未干时用颜色破之。 焦墨法：多用枯笔，行笔要留得住，不能浮躁。 冲水法：墨线勾好后，未干时用清水或淡墨大面积冲染。 积墨法：用墨色层层重叠积加的方法。 出示不同的方法的写意人物图片。 学生：体验感受不同的用笔用墨方法带来的不同视觉效果。散锋用来表现头发，中锋勾线条，侧锋画出不同的用笔变化
3. 调整画面	整体观察画面，注意色墨交融，干湿浓淡富有变化

临摹名家作品，学习写意人物笔墨技法。

评价量规：标准见下表。

得分	学习评价标准
0	没有达到以下细则所描述的标准
1~6	理解了写意人物画的表现特带你，简单练习了各种笔墨技能与步骤，对于笔墨认识比较肤浅，完成作业水平一般
7~12	理解了写意人物画作品的表现特点和所选名作的笔墨特点和风格，基本掌握了各种笔墨技能和步骤，加深了对笔墨语言的认识，较好地完成了一张临摹作业
13~20	理解了写意人物画作品的表现特点和所选名作的笔墨特点和风格，很好地掌握了各种笔墨技能和步骤，加深了对笔墨语言的认识，出色地完成了一张临摹作业
评语	

评价实施：学生5人一组进行展示，其他同学仔细观看，每组需要选出一位比例准确、笔墨运用生动的同学。评价内容包括：笔墨运用得灵活，虚实对比的处理，人物形象的刻画是否到位。分组互评，此项评价任务最后会进行综合评价。教师会根据课堂表现情况、每周完成作业情况、学习进步情况以及最后的作品展示进行综合评价。

记录工具：评价表，作业记录等。

（3）评价任务 3：如何组织画面，表现主题

任务描述：通过模拟名家的创作作品，认识和体验写意人物画，形成独立的思考意识，确定自己想要表达的主题。根据自己搜集的心中英雄的素材和名家作品，筛选素材，设计出写意人物画草图，为后续的创作实践提供理想的草图设计。写出草图报告。

中国写意人物画创作构思学习单如下：

班级：	姓名：
任务要求	创作一幅我心中的英雄，要求体现自己对英雄的敬仰之情，先用铅笔起稿，再画大的画面黑白灰笔墨关系
抒发怎样的情感 思念、敬佩	营造怎样的画面意境，清新典雅、气势磅礴 借鉴哪种风格的作品

中国写意人物画草图设计学习单如下：

步骤	要求
选定画幅形式和我心中英雄人物	合理选用方形、圆形、扇形等尺幅形式。我心中的英雄人物可以是革命英雄，可以是身边勤恳工作的让自己敬佩的人。用铅笔起稿
完成画面布局	借鉴名作中的人物画图式和组合，初步确立人物关系，参考名家作品优化画面格局，合理利用画面的空白，把握虚实疏密关系，营造画面氛围
细致刻画人物五官等	根据需要细化五官等细节，借鉴名作中人物头部的关系处理，注意位置与比例大小
选择笔墨技法	把铅笔稿放大，画出笔墨关系。运用前面学过的笔墨技法和临摹作品中的笔墨增加画面效果
题字落款	借用古诗或自编词句抒发情意，表达心境，并题写在合适的位置

学生根据本单元所掌握的如何用笔墨表现人物，在理解不同的创作构图、色彩表现方法后，根据人物组合描绘，进行有场景、主题突出的创作，进行起稿构思，创作构图→创作主体人物→创作相关人物→完善背景→展示完整创作→交流评价。

教师将学生分为5人一组，一共分6组。根据视频和图片内容，每人完成一张创作作品。分组观摩、评价，提出修改意见。每个小组推荐一部优秀构思作品进行小组间交流，再进行二次创作和修改。修改自己的不同主题的中国人物画创作构思草图。最后写出草图设计报告。

评价量规：标准见下表。

得分	草图设计评价标准
0	没有达到以下任何细则所描述的标准
1~6	能够根据任务要求确定自己的画面意境，大致筛选相关的名作图片，参考名作后勉强画出草图，写出一点创作思路
7~12	能根据任务要求确定自己的画面意境，根据确定的主题意境，筛选相关的名作图片，在思考画家为什么选择人物画主题，我怎样表现自己画面的主题之后，能借鉴名作，画出较为合理的草图，写出自己的创作思路
13~20	能根据任务要求确定自己的画面主题，能根据所确定的主题，筛选三幅以上与主题相关的名作图片，在思考画家为什么选择人物画主题，我怎样表现自己画面的主题之后，吸取名作中有价值的图式和笔墨语言，画出能立项表达画面主题的草图，并图文并茂地写出自己的创作思路
评语	

评价实施：在第6课时后实施评价。

记录工具：纸、笔、评价结果统计表。

（4）评价任务4：如何更好地表达主题

任务描述：学生运用基本笔墨技法和绘画步骤，完成一幅写意人物画创作，画面要自然生动，不刻板。学生分组合作完成我心中的时代英雄中国画创作。创造性运用中国画笔墨，选择革命歌曲，视频、图片进行创作。在分组集体创作中体会怎样通过手中的毛笔抒发自己的情感与表达对英雄的崇拜之情。通过小组合作创作，增强沟通协作能力，体会到合作学习的意义与艺术创作的成就感，促进良好的人格发展。

写意人物画创作学习单如下：

项目	具体要求
主题	优秀的写意人物应该确立较高的精神格调或主题情境，能够自如的运用笔墨技法和绘画工具，使作品呈现出所要表达的人物精神意蕴
风格	每张作品都有自己的绘画风格，将写意人物画的基本笔墨语言和所选画家的笔墨风格相结合，能借鉴和运用这种笔墨技法，画出自己风格的写意人物画作品
创意	发挥想象力和创意，巧妙地借鉴名作图式，灵活地运用布局方法、虚实疏密等，呈现作品独特的思想精神内涵
技巧	高质量的作品能够根据所学习的写意人物画风格特点，运用笔墨工具和技法，有序地创作和完善自己的作品

完成起稿，创作构图→主体人物→相关人物→背景完善→展示完整创作→交流评价。最终要准确地塑造形象，具备较强的中国人物画表现力。

教师将学生分为5人一组，一共6组。同学们互相观摩、评价、提出修改意见。

评价量规：标准见下表。

得分	创作作品评价标准
0	没有达到以下任何细则所描述的标准
1~6	作品借鉴了名作图式经营画面，简单使用笔墨技法，勉强创作出一幅写意人物画作品
7~12	作品表现了一定的主题意境，简单创意，借鉴了名作图式经营画面，运用所学基本笔墨语言和所选画家的笔墨风格，能使用技法有序创作，不断思考如何更好的表达主题，提高对写意人物作品精神内涵的认识，最终创作出一幅较好的写意人物作品
13~20	作品完美地展现了较高的精神品格和主题意境，发挥了自己的创意和想象，巧妙地借鉴了名作图式经营画面，运用学到的人物画基本笔墨语言和所选画家的笔墨风格，自如使用笔墨技法进行有序的创作步骤，呈现作品独特的风格特点，不断思考名作所表达的思想内涵，表达怎样的主题与情感，提高对写意人物精神内涵的认识，最终创作出一幅优秀的写意人物作品
评语	

评价实施：在第8课时后实施评价。

记录工具：纸、笔、评价结果统计表。

（5）评价任务5：浓墨重彩写英雄创作展评，制作展览海报

任务描述：通过梳理学习过程，形成档案袋，学习工具学习成果在档案袋中呈现，进行真实的写意人物画评价与总结。全面总结写意人物画的学习成果。深入理解怎样用笔墨语言表现主题性写意人物作品。制作展览宣传海报，布置展览。

写意人物画学习档案袋学习单如下：

项目	具体要求
完整	能全面完成本课程“主题、鉴赏、技法、构思、创作、展评”等各阶段学习单、评价表和相关作业，要求内容完整，按照要求完成作业数量
研究	强调自主学习和研究性学习，要参考各种学习资料、图片，进行比较、分析和理解后，能够表达自己的独特观点，要具有版权意识，列出参考文献资料
综合	在上述研究性学习基础上，对于搜集的资料有较强的选择和整理能力，报告描述要有体现逻辑思维能力、分析能力、自我评价能力和文字书写能力
设计	学习档案袋要注意设计美观，每个页面独具特色，图文并茂，又富有创意和美感，具有很强的设计感。可以综合多种方法设计，如手绘、照片、印刷品剪贴等

写意人物画总结报告学习单如下：

序号	提示与要求
1	能否用描述、分析、解释、评价的方法评析美术作品，能够表达自己的独特见解
2	对名家的美术创作技法及创作理念能否有更深刻的理解
3	当作品完成后，作品能否看出借鉴了哪位画家的哪些风格，对写意人物画问题有何新的认识
4	自己最后的创作作品和早期构思草图发生了哪些改变

续表

序号	提示与要求
5	是否更好的表达了所画英雄人物的精神内涵和自己的创作意图
6	自己在笔墨技法运用和借鉴名家作品上，有何创新，有何新的理解
7	自己作品是否达到想要的效果，分析存在的问题
8	自己在整个美术创作过程中欣赏、技法、构思、创作、展评每个阶段的理解和表现如何，有哪些问题有了更深入的思考，哪些问题还有待解决

通过学习档案袋、展览海报，全面总结整个学习过程，分组研讨、评价、观摩。

评价量规：标准见下表。

得分	创作作品评价标准
0	没有达到以下任何细则所描述的标准
1~6	勉强粗略地形成了一个学习档案袋，很简单地评价了自己的作品和自己的表现，能够设计展览海报
7~12	形成了一个相对完整的学习档案袋，根据学习目标能客观的评价自己的作品和学习过程中的各种表现，包含他人评价意见并写出对自己作品的改进意见。能够完成设计展览海报。
13~20	形成了一个完整、美观且有研究态度的学习档案袋，根据学习目标能客观地评价自己在名家鉴赏、美术技法、作品创作及创作观念上的进步，客观地评价了自己在美术学习的鉴赏、技法、构思、创作、展评等阶段的表现。设计展览海报美观，有新意
评语	

评价实施：第10课时后实施评价。

评价工具：笔、教师记录表。

六、课后小结

本单元通过英雄人物的描绘，学生理解了中国写意人物画的笔墨语言，并能够运用到自己的创作中，培养了学生的优秀品格，激发了学生创作热情。通过小组合作、自主探究等方式，提高了学生的自学能力，是一次体现美术核心素养的写意人物画的深度学习过程。

我和植物相会在秋天

美术教学部　赵　欣

一、课程基本信息

单元名称	我和植物相会在秋天	专业类型	美术类
活动类型	美术	设计教师	赵欣
活动课时	2 课时 / 周 ×6 周 （45 分钟 / 课时）	活动对象	10~12 岁学生
活动时间	2020 年立秋（8 月 7 日） 后 6 周	人数	30 人

二、背景分析

1. 学期目标及分析

①通过绘画活动和植物老师的讲解，了解教学植物园中部分植物的知识，熟悉常见植物在四季中的形态、颜色、分类与质感。

②学习运用喜欢的美术技法（写生、拓印、设计等）表现四季植物形态，设计美化生活中的物品，锻炼自己的想象能力、设计能力和动手操作能力。

③通过学习和体验，增强热爱生活、热爱大自然的情感。

2. 教材分析

（1）教学内容

“我和植物相会在秋天”单元课程包括以下知识和技能：

①艺术设计概念：所谓艺术设计，就是将艺术的形式美感应用于日常生活紧密相关的设计中，使之不但具有审美功能,还具有实用功能。

②拓印画的概念：拓印画是用黑色或彩色颜料涂布在有肌理的物体表面，将一张纸紧紧覆盖在物体上按压，然后把纸揭下来，一张拓片就复制完成了。

③图案的概念：有装饰意味的花纹或图形和构图方法。

④花卉图案变换规律：夸张、变形、美化。

⑤如何运用喜欢的美术技法（写生、拓印、设计等），设计美化生活中的物品。

（2）基本问题

①秋天的植物园中常见的植物有哪些？这些植物都有哪些特点？

②怎样用喜欢的美术技法表现秋天植物的形态，设计生活中的物品？

③如何理解艺术设计在生活中的意义？

3. 学情分析

本次活动的对象是10~12岁的学生。他们具有一定的理解、接受能力，但多数不了解植物的相关知识。学生通过感官刺激、实践体验等方式，对植物知识产生兴趣，培养学生热爱大自然、热爱生活的情感。

参加本次活动的学生有三年以上的美术学习基础，学过素描、色彩写生，要达成本单元的学习要求，还需要增强动手能力和设计能力，学习运用喜欢的美术技法（写生、拓印、设计等）表现秋天植物的形态，设计美化生活中的物品，这也是本单元中的难点。在学习中容易出现的问题是在拓印和设计中方法的掌握，还需学生们多多练习，找到规律，熟能生巧。

4. 教学资源分析

场地资源：北京教学植物园是科普教育、环境教育基地，直属北京市教育委员会，是直接服务于中小学教育教学的专用植物园。园区总面积为11.65 m^2，有千余种形形色色的花、草、树木、农作物标本，是开展实践活动、传播科普知识的有利场所。

特邀教师资源：为了让学生清晰明了地认识植物，特邀请植物老师现场讲解、辨识植物。

其他教学材料：PPT、素描纸、画笔、白色环保袋、空白扇面等。

三、单元目标

1. 学习目标

①了解植物的相关知识。通过教学，不但熟悉常见植物在秋天中的分类、形态、颜色与质感，还了解植物和自然的关系以及和人类的关系。

②了解美术的表现技法。通过写生、拓印、设计等表现秋天植物的形态。

③了解合适的呈现方式。通过学习和体验，主动选择表达自己对植物理解以及情感，相对恰当的方式，动手呈现出来，锤炼“作品”意识。

2. 使能目标

①通过拓印体验，了解树叶拓印的原理，掌握简易的拓印方法。

②在写生的基础上掌握花卉图案的变化规律，运用简化和夸张等手法设计花卉图案，能选择合适的形状进行形的置换练习。

四、单元内容与实施

活动 1：我和蔬菜有个约定——赴北京教学植物园美术实践活动

课程名称	我和蔬菜有个约定——赴北京教学植物园美术实践活动	任课教师	赵欣	课次	第一、二次课 / 共六次课
单元名称	我和植物相会在秋天	班级	绘画中级	人数	30

续表

<table>
<tr><td>背景分析</td><td colspan="5">本课程在大单元中的地位和关系：本课程在单元中排第一位，和后两个课程成递进关系，先有本课程对植物的认知和写生，才会有后两课利用植物构件设计生活中的物体课程，同时拉开了本单元课程中的序幕。
活动内容：
①同学分组观察和记录蔬菜的特点，完成植物知识问卷。
②请植物老师分析植物知识问卷并带领学生实地观察、讲解蔬菜知识。
③写生蔬菜。
④蔬菜谜语有奖竞猜。
⑤总结评比。
活动重点：让学生懂得有关秋天中蔬菜的知识，熟悉秋天中常见蔬菜的形态、颜色、分类与质感。
活动难点：学习运用喜欢的绘画方法表现蔬菜，掌握蔬菜的绘画表现方法。
学情分析：活动对象是10~12岁的学生，大多数不了解各种蔬菜的相关知识。通过课程中各个环节的体验和实践，让学生对蔬菜知识产生兴趣，培养学生热爱大自然、热爱生活的情感。
学生有三年以上的美术学习基础，学过素描、色彩写生，但动手能力和设计能力较弱。
教学资源：教学植物园是科普教育、环境教育基地，是开展实践活动、传播科普知识的有利场所。
特邀教师资源：为了让学生清晰明了地认识各种蔬菜，特邀请植物老师给同学们现场讲解、辨识植物</td></tr>
<tr><td rowspan="2">课时目标</td><td colspan="4">学习目标</td><td>指向的单元目标</td></tr>
<tr><td colspan="4">①通过绘画活动和完成植物问卷，了解教学植物园中蔬菜的知识，熟悉在秋天中常见蔬菜的形态、颜色、分类与质感。
②通过分小组探究，体会合作的快乐，提高分工合作的能力。
③通过写生造型表现，发现蔬菜在秋天中的美，增强审美感受，抒发对生活和大自然的热爱之情。</td><td>指向单元目标中的学习目标①～③</td></tr>
<tr><td rowspan="6">教学过程</td><td>教学环节 / 时间</td><td>学生活动</td><td>教师活动</td><td>教学资源</td><td>认知梯度</td></tr>
<tr><td>第一阶段：兴趣动员（用时17分钟）</td><td>学生分组观察和记录蔬菜的特点，并在规定时间内完成任务书</td><td>教师动员：用比赛的方式引起学生对活动的兴趣</td><td rowspan="2">北京教学植物园里的蔬菜</td><td>指向课时目标②</td></tr>
<tr><td>第二阶段：指引探究（用时20分钟）</td><td>聆听植物老师分析植物问卷，认识蔬菜的种类。
学生分类体验各种蔬菜的质感。
实施评价（即对单元目标中学习目标①的评价）</td><td>①请植物老师介绍北京教学植物园。
②植物老师分析评比植物知识问卷并发奖。（单元目标评价中的评价任务A）
③植物教师带领学生实地观察蔬菜、讲解蔬菜知识，指引学生分类体验各种蔬菜的质感</td><td>指向课时目标①</td></tr>
<tr><td>第三阶段：示范讲授（用时40分钟）</td><td>①自由选择绘画表现形式：线描、水彩、油画棒等。
②学生自主练习，可以运用色彩的夸张、变形、装饰等表现手法</td><td>教师示范，描写蔬菜，指引学生观看，总结作画步骤。根据任务书中的提问，教师选出学生们最爱画的蔬菜进行写生</td><td>北京教学植物园里的蔬菜</td><td>指向课时目标③</td></tr>
<tr><td>第四阶段：有奖竞猜——蔬菜谜语（用时9分钟）</td><td>猜谜</td><td>提出植物类的谜语，通过语言的描述，加深学生对植物的形象认识</td><td>植物类谜语</td><td>指向课时目标①</td></tr>
<tr><td>第五阶段：总结与评价（用时8分钟）</td><td>学生进行作品交流，投票选出优秀的蔬菜绘画作品。
实施对单元目标中学习目标②的评价以及单元目标评价中的评价任务B</td><td>激励学生应用多种工具材料表现蔬菜，在生活中多观看，发现美，创造美。
布置作业：把在植物园中见到的植物叶片和花朵压制起来或塑封起来（为后两课做准备）</td><td>展示学生平时不易见到的材料、工具</td><td>指向课时目标③</td></tr>
</table>

活动 2：叶叶相印——树叶拓印法设计环保袋

<table>
<tr><td>课程名称</td><td>叶叶相印——树叶拓印法设计环保袋</td><td>任课教师</td><td>赵欣</td><td>课次</td><td>第三、四次课 / 共六次课</td></tr>
<tr><td>单元名称</td><td>我和植物相会在秋天</td><td>班级</td><td>绘画中级</td><td>人数</td><td>30</td></tr>
<tr><td>背景分析</td><td colspan="5">本课程在单元中的地位和关系：本课程在整个单元中和后面的扇面设计课程是并列关系，和第一课程是递进关系，先有第一课程对植物的写生和认识，随后展开后两个课程的设置。
活动重点：利用拓印方法、色彩知识和构图知识设计树叶拓印环保袋。
活动难点：
①设计一个有创意、色彩搭配协调、能充分利用花叶形状、大小、颜色、叶脉的设计环保袋构图。
②认识所采集植物花叶的名称及特征。
学情分析：活动的对象是 10~12 岁的学生，他们具有一定的理解、接受能力，但多数不了解植物的相关知识。学生通过第一课程对植物的写生、实践体验等方式，对植物产生兴趣，进一步学习新课，利用拓印植物叶片设计环保袋。
学生们有三年以上的美术学习基础，学过素描、色彩写生，但动手能力和设计能力较弱。
教学资源：北京市少年宫美术教室</td></tr>
<tr><td rowspan="2">课时目标</td><td colspan="3">学习目标</td><td colspan="2">指向的单元目标</td></tr>
<tr><td colspan="3">①通过拓印体验，了解树叶拓印的原理，掌握简易的拓印方法。
②利用拓印方法、色彩和构图知识动手设计树叶拓印环保袋，提高想象能力、设计能力和动手操作能力。
③了解秋天中不同植物的花叶在形状、大小、特征等方面各有差异，从而形成了多姿多彩的植物世界。
④通过树叶拓印设计环保袋，倡导全民使用环保袋，减少白色污染，让生活变得更美</td><td colspan="2">指向单元目标①～③</td></tr>
<tr><td rowspan="5">教学过程</td><td>教学环节 / 时间</td><td>学生活动</td><td>教师活动</td><td>教学资源</td><td>认知梯度</td></tr>
<tr><td>1. 导入（用时 10 分钟）</td><td>学生和老师互动</td><td>①用变魔术拓印树叶，定格美丽。
②教师介绍植物拓印的历史和树叶的各种美丽玩法。
③播放树叶拓印画作品照片</td><td>①植物拓印的历史。
②树叶的各种美丽玩法照片。
③树叶拓印画作品照片</td><td>激发兴趣，引出课题</td></tr>
<tr><td>2. 复习（用时 3 分钟）</td><td>回答问题、复习知识</td><td>教师帮助复习植物知识、色彩知识和构图方法并提问</td><td rowspan="2">植物知识、色彩知识和构图方法</td><td>清晰设计要领</td></tr>
<tr><td>3. 深入（用时 5 分钟）</td><td>回答问题，记忆图案设计规律</td><td>利用 PPT 引导学生怎样把拓印的美丽花纹装饰在实用品上。
揭示任务：利用拓印方法设计白色环保袋，让保袋变美，让生活更美（学会怎样组合排列图形）</td><td>清晰设计要领，揭示主题，懂得树叶拓印的原理，掌握简易的拓印方法</td></tr>
<tr><td>4. 画设计草图与对拓印方法进行评价（用时 12 分钟）</td><td>①设计树叶拓印环保袋草图。
②确定树叶拓印环保袋色调。
③写上所选花叶植物的名称和特征。
④练习树叶拓印方法，总结要领。
⑤对使能目标②进行评价（详见单元目标评价的评价任务 B、和使能目标评价的评价任务 B）</td><td>老师答疑解惑</td><td>无</td><td>①明确植物拓印不是拓印花叶那么简单，而是一个再创作的过程，是拓印出一个构图合理，色彩搭配协调的画面。设计和制作方法分开，让学生重视植物拓印的设计与制作方法。
②融入植物知识，培养主动探究、激发积极求知欲</td></tr>
</table>

续表

	教学环节 / 时间	学生活动	教师活动	教学资源	认知梯度
教学过程	5. 探讨要领（用时 7 分钟）	学生探讨制作树叶拓印画要领： ①拓印时要选叶脉明显的新鲜的叶子拓印。 ②制作时不要左右摇摆叶子、拓印法制作时涂叶片时颜色不要太稀等	教师动手示范，解决学生制作过程中的实际问题	无	无
	6. 完成作品（用时 40 分钟）	学生完成树叶拓印设计的环保袋	①教师观察学生的表现。 ②随时表扬、评价学生的作品（如叶脉清晰的、构图有创意的、色彩协调的、利用花叶形状好的作品）	无	利用拓印方法、色彩和构图知识动手设计树叶拓印环保袋，提高想象能力、设计能力和动手操作能力
	7. 评价与展示树叶拓印环保袋（用时 10 分钟）	①展示优秀的作品，简单说明设计意图和所用树叶的植物特征。 ②说说自己对这节课的感受总结。 ③实施对单元目标②的评价	无	无	交流分享构图及色彩之美，交流方法，互相学习拓印的技巧，倡导环保，杜绝白色污染
课后小结					

活动 3：扇上开花——利用植物花卉形象设计扇面

课程名称	扇上开花—利用植物花卉形象设计扇面	任课教师	赵欣	课次	第五、六次课 / 共六次课
单元名称	我和植物相会在秋天	班级	绘画中级	人数	30
背景分析	本课程在单元中的地位和关系：本课程在整个单元中和第二课程中设计环保袋课程是并列关系，和第一课程是递进关系，先有第一课程对植物的写生和认识，随后展开了后两个课程的设置。 教学重点：运用黑白或者色彩表现方法实现自己的花卉设计方案，进行扇面设计。 教学难点：①相似形的置换。②认识所采集秋天植物花卉的名称及特征。 学情分析：活动的对象是 10~12 岁学生，他们具有一定的理解、接受能力，但多数不了解植物的相关知识。学生通过第一课程对植物的写生、认知，第二课程利用植物叶片拓印设计环保袋等方式，对植物热情不减，巩固前两课程的知识，进一步学习新课，辨识植物花卉。 学生有三年以上的美术学习基础，学过素描、色彩写生，但动手能力和设计能力较弱。 教学资源：北京市少年宫美术教室				
课时目标	学习目标			指向的单元目标	
	①在写生的基础上掌握花卉图案的变化规律，运用简化和夸张等手法设计花卉图案，能选择合适的形状进行形的置换练习。 ②运用黑白或者色彩表现方法实现自己的花卉设计方案，进行扇面设计，发挥形象思维能力、想象能力、创造能力。 ③通过植物老师讲解，认识所采集秋天植物花卉的名称及特征，增强对自然、对生活的关爱之情，培养审美情趣			指向单元目标①～③	
教学过程	教学环节 / 时间	学生活动	教师活动	教学资源	认知梯度
	1. 导入（用时 8 分钟）	学生展示写生作业并回答问题	布置同学们搜集总结植物园中秋天植物花卉写生作品，了解各种花卉并回答了解的花卉特征和话语	植物园中花卉特征和话语	无

续表

	教学环节 / 时间	学生活动	教师活动	教学资源	认知梯度
教学过程	2. 讲授新课（欣赏、分析，用时 20 分钟）	学生回答问题，总结图案的概念。 学生总结花卉图案变换规律	①让大家来欣赏一些画（投影图片）。 ②让学生总结图案的概念。 ③花卉图案在生活中有什么作用？（投影图片） ④教师给你一幅花卉的照片你如何将真实的照片变成抽象图案呢？（在总结中会不时地出现夸张、变形、想象等词语，老师在倾听学生回答的时候抓住关键词，将变化的规律引导出来）。 ⑤分析讲解变化规律	图案的概念及形成的图书	指向课时目标①
	3. 揭示主题——设计扇面（用时 2 分钟）	聆听	揭示主题	制作扇面传承人的讲述	指向课时目标②
	4. 欣赏扇面，感受扇面的形式美（用时 15 分钟）	欣赏扇面，感受扇面的形式美、自由提问	PPT 播放各种美丽的扇面：不同形状、颜色、质地、时间历史中的扇面	PPT 播放各种美丽的扇面	指向课时目标②
	5. 学生做画，教师巡视（用时 45 分钟）	学生按要求设计扇面并说出自己所画植物的名称和特征	教师巡视。 作业要求： ①符合花卉变化的某一项规律。 ②说出所画花卉植物的名称和特点。 ③我们在装饰扇面的时候，图案的大小、布局要适合于扇面的形状		指向课时目标②
	6. 评价、展示与小结（用时 10 分钟）	实施对单元目标中学习目标②的评价（详见单元目标评价中的评价任务 B）：学生投票选出优秀的绘画作品，学生总结其优缺点	师生互评： ①构图、技法、色彩等方面较完美的作品。 ②想象力、设计夸张大胆的作品。 ③有进步且有特点的作品	无	指向课时目标②
课后作业与评价	实施对使能目标①的评价（详见使能目标评价中的评价任务 A）。 课后作业：“植物是人类的好朋友”，要求写出活动收获与今后的设想。 实施对单元目标中学习目标③的评价				
课后小结					

五、单元评价

1. 单元目标评价

（1）评价任务 A：认识植物

学习目标：通过绘画活动和植物教师的讲解，了解教学植物园中部分植物的知识，熟悉秋天中常见植物的形态、颜色、分类与质感。

任务描述：共30个学生，5人分一组，共分为6组，以小组为单位进行观察，记录植物的特点。植物教师讲解后，每个学生独立完成植物知识问卷任务书（见附录1），并绘画植物，教师根据评价量规表（见附录2）进行单元目标评价。

评价量规：见附录2。

评价实施：第一次课第二阶段（17~37分钟内）教师实施此评价

记录工具：附录1、附录2。

（2）评价任务B：推选优秀作品

学习目标：运用喜欢的美术技法（写生、拓印、设计等）表现秋天植物的形态，设计美化生活中的物品，锻炼自己的想象能力、设计能力和动手操作能力。

任务描述：30个学生，6人一组，共分为5组，在每次活动结束前15分钟，每组举手投票评出一件优秀作品展示出来，并说出设计的作品所运用的哪种植物的构件，请学生举手发言说出该作品的优点和存在的不足，每人上交评价任务表（见附录3），老师填写评价量规表（见附录4）。

评价量规：见附录4。

评价实施：每次活动结束前15分钟实施此评价。

记录工具：举手投票、附录3、附录4。

（3）评价任务C：收获体会

学习目标：通过植物教师讲解，认识所采集植物花卉的名称及特征，增强对自然、对生活的关爱之情，培养审美情趣。

任务描述：完成课后作业“植物是人类的好朋友”，要求写出活动收获与今后的专业目标设想。

评价量规：见附录5。

评价实施：第三次课后实施此评价，学生自评与教师评价相结合。

记录工具：附录5。

2. 使能目标评价

（1）评价任务A：掌握花卉图案的变化规律

使能目标：在写生的基础上掌握花卉图案的变化规律，运用简化和夸张等手法设计花卉图案，能选择合适的形状进行形的置换练习。

任务描述：学生们在写生的基础上掌握花卉图案的变化规律，运用简化和夸张等手法设计花卉图案，进行扇面设计，设计完成后填写评价任务（见附录6），师生根据评价量规表（见附录1-2）进行使能目标评价。

评价量规：见附录7。

评价实施：第三次课后实施此评价，生生互评、教师评价相结合。

记录工具：评价任务表（见附录6）、评价量规表（见附录7）。

（2）评价任务B：掌握简易的拓印方法

使能目标：通过拓印体验，了解树叶拓印的原理，掌握简易的拓印方法。

任务描述：根据教师提供的树叶拓印练习表进行拓印练习，首先自我评价。自我评价为

“☆”的拓印图案需要进行反复练习，直至自我评价为“☆☆☆☆☆”交于教师评价，教师同意后进行下一步拓印环保袋。

评价量规：见附录8，学生自评、教师评价相结合。

评价实施：第二次课第四阶段（讲课20~30分钟）。

记录工具：评价量规、评价结果统计表（见附录8）。

六、课后小结

此单元教学活动是在长时间的教学活动中认真观察、仔细思考产生的，在充分沟通、尝试实验、合理设计的基础上完成的，同时发挥教师自身多年来的教学经验，使得此单元教学活动各个环节得到了有效落实。为更好地在今后教学活动中贯穿培养核心素养的理念，有效地积累经验，现将本单元教学活动进行总结。

此单元教学活动做到了三个明确：

1. 明确指导思想和观念

以党的十九届五中全会明确的“推动绿色发展，促进人与自然和谐共生”“要坚持绿水青山就是金山银山理念，坚持尊重自然、顺应自然、保护自然，坚持节约优先、保护优先、自然恢复为主，守住自然生态安全边界。”为指导思想，结合党的十八大以来提出的“青少年核心素养培养教育的基础内涵”为理念，旨在探索在核心素养教育过程中运用、发挥校外美术教育特点，将学生素养的提高落到实处。

2. 明确教学目的

此单元教学活动的目的在于学生综合能力的提高：

①不同学科知识融合能力：在教学环节中将美术与植物知识有效结合。

②发现能力：针对此单元教学活动，在对学生以往掌握的美术知识，以及其他门类知识梳理的基础上，强调在自然界里如何去发现他们所需要的素材。

③选择能力：需要让学生们了解与美术创作有紧密关系的创作选择，从材料到颜色分类、设计构图等方面，都需要学生在教学中进行选择。

④呈现能力：在教学活动过程中让学生们清晰地看到通过自己的双手和思考使得秋天植物构件呈现出不同的物像形式，充分体会美术创作和形成“作品”的完整流程。

⑤创作能力：此次活动中，学生们树立起了“作品”意识，围绕着这个意识进行创作，这不单单是解决一个自我创作的问题，而是在这个过程中形成了参与社会环保的责任，并对自己的创作增强了自信。

3. 明确控制环节

通过教学反馈和创作中沟通，以及与学生和家长的交流，对关键环节进行指导，特别重视学生个人兴趣特点的培养，使学生明确地将自己的作品放在大的环保理念和绿色健康生活之中。

此单元教学活动中也有不足之处，下一步进行改进：

①在教学过程中，我发现学生们对材料的运用非常感兴趣，下一步教学中将表现材料扩充结合到一些课程中，尤其是在现代艺术和当代艺术中普遍采用的材料，比如影像、装置、行为

等进行教学尝试和介绍。

②个别学生在提问和回答问题时缺少自信和交流技巧,一方面说明学生缺少锻炼,另一方面,教师在活动前对学生的心理上的启发引导不够。

此单元教学活动后，通过学生、家长以及社会的对此单元教学活动良好反馈，学生增强了一定的社会责任意识，提升了社会参与能力。本次单元教学活动达到了最初的创意目的。

七、附录

附录 1：任务书

根类蔬菜				
果实类蔬菜				
叶类蔬菜				
茎类蔬菜				
在此空格处分别绘制一种根类蔬菜、果实类蔬菜、叶类蔬菜、茎类蔬菜				

附录 2：评价量规表

评价维度	评价指标	等级描述			
		优秀	良好	一般	须努力
规划设计	建立认知联系	植物知识问卷全部正确，绘画植物结构准确、画面美观	植物知识问卷基本正确，有 1~2 处错误，画面美观	植物知识问卷有 3~4 处错误，画面效果一般	植物知识问卷有 4 处以上错误，画面效果不理想

附件 3：评价任务表

姓名：		学号：	
你所画的是什么植物？他有哪些特点？		今天你运用的设计方法是什么？	

附录 4：评价量规表

评价规则		学生编号											
		1	2	3	4	5	6	7	8	9	10	11	12
1	能够正确写出所画植物名称及作用的学生得 5 分												
2	基本写出所画植物名称及作用的学生得 4 分												
3	写错所画植物名称及作用的学生得 2 分												

附录 5：评价量规表

评价规则		学生编号											
		1	2	3	4	5	6	7	8	9	10	11	12
1	切合题意、中心突出、内容充实、感情真挚，得 5 分												
2	符合题意、中心明确、内容较充实、感情真实，得 4 分												
3	基本符合题意、中心较明确、内容单薄、感情基本真实，得 3 分												
4	偏离题意、中心不明或立意不当、内容空洞、感情虚假，得 2 分												

附录 6：评价任务表

任务	夸张	简化	变形
运用哪种花卉图案变化规律			
扇面设计成品图（照片）			

注：请在图案变化规律空格处画“○”。

附录 7：评价量规表

评价维度	评价指标	等级描述			
		优秀	良好	一般	须努力
规划设计	建立认知联系	花卉图案变化规律运用正确，扇面设计美观，富有创意	花卉图案变化规律运用正确，扇面设计工整、协调	花卉图案变化规律运用正确，扇面设计效果一般	花卉图案变化规律运用不清晰，扇面设计效果一般

附录 8：评价量规、评价结果统计表

评价规则	拓印练习				
	拓印一片树叶	拓印两片树叶重叠	拓印两片树叶相交	拓印树叶的叶柄	用 3~4 片树叶拓印组成图形
5 个满意☆☆☆☆☆					
4 个满意☆☆☆☆					
3 个及以下满意☆					
评分					

“爱”单字书写和拓展创作

美术教学部 周洪娟

一、课程基本信息

单元名称	“爱”单字书写和拓展创作	专业类型	美术类
活动类型	书法	设计教师	周洪娟
活动课时	2 课时 / 周 ×8 周 （45 分钟 / 课时）	活动对象	10~12 岁学生
活动时间	2021 年 5 月	人数	30 人

二、背景分析

1. 学期目标及分析

①学生在学习、理解、运用中将书法学科中涉及的人文领域知识和技能等方面所形成的基本认知能力、情感态度和社会价值取向。

②学生在书法学习中意识的形成、自主选择学习方式方法、学习进程调控等方面有所改善，具体包括喜欢学书法，勤于在书法学习中反思。

③学生在书法课堂中、活动中学习解决问题、适应挑战等方面所形成的实践能力、创新意识和能力。

2. 教材分析

根据教师在校外从教多年经验自编教材，从爱好各种书体到相关书法家朝代、作品，学生利用多种媒体手段自主探究找寻，师生用微信提前共享相关内容提纲（比如成语、四字词语的举例说明，古诗的举例介绍等），便于每个单元教学讨论分享。

3. 学情分析

学生有一定书写临帖创作基础。学生在10~12岁之间，年龄、水平、基础、年龄等稍有差异。

4. 教学资源分析

充分运用信息资源，学生自主准备。

①复习学习书体的基本笔法；自主选择另一个书体，分享自己选择的原因，对新书体书法

家的基本了解（朝代、主要作品、风格、带给后人的影响等）；思考一个单字的创作形式。

②自主选择不同材质的书写工具，分享自己选择的想法和原因。

③自主查找两字、三字、四字的词语或者成语一个，一种书体（如楷书、隶书、篆书、行书、草书等），分享自己选择的想法和原因及词语或者成语出处、意思。

④自主查找古诗一首（与爱相关的），分享自己选择的想法和原因，及古诗的相关文学内容（作者朝代风格大致意思）。

⑤自主选择制作PPT、微视频、抖音视频、电子文档。

⑥教师准备：宣纸、卡纸、PPT、教师四次课使用的不同的范字和作品等。

三、单元目标

1. 学习目标

①了解“爱”汉字演变过程，及真草隶篆行不同书体的不同写法；掌握已学过书体“爱”字的字形结构特点和书写技法，学生自主尝试另一种不同书体写法，学会单字创作的形式、要领。

②学生自主选择准备在不同材质（纸、木头、笼、陶盘、布袋、空白体恤衫等）上试用不同的墨色（可尝试美术相关颜料、工具进行尝试探索）。

③学生自主准备一个与“爱”字相关的两字、三字、四字词语或者成语，讲解1×2、2×2、1×4等不同尺寸的创作形式要领。

④学生自主查找与爱相关的古诗词一首，尝试不同4尺半裁、4尺整张的创作形式。

2. 使能目标

（1）能力培养目标

按照WHAT-WHY-HOW的深入探究过程，学生感知什么是“爱”从BODY到MIND，爱什么？包括哪些方面？怎样去爱？用什么样的言语和行为表达爱？

①导入并分析小兔子大兔子故事，举例爱是什么？

②如何借用书法创作表达和他人的真实链接，举例分析为什么要爱？怎样表达爱？

③疫情的介入，分析、举例爱的广度、深度。

④分析古诗词中爱的相关内容和现代爱的界定、区别等。

（2）情感态度价值观目标

①单字书法创作及自选一种不同书体。

②不同材质的尝试探索。

③与“爱”字相关的两字、三字、四字的词语或者成语，完成不同形式的一幅创作。

④与爱相关古诗作品的一种创作形式。

四、单元内容与实施

活动1：第一单元“爱”字的简单创作

（1）引入故事——《猜猜我有多爱你》，学生思考并讨论。

①启发学生思考故事本身的意义。

②启发学生思考为什么选取此故事？和书法课有何联系？为什么？

（2）激发学生自主学习模式，学生自愿讲解汉字“爱”的演变过程。

（3）书写颜体和赵体的“爱”字。

（按书体对学生进行分组，练习书写，小组先进行分享，学生互评，自愿在班级分享，教师点评。）

（4）对于真草隶篆行不同书体的不同写法自主选择书写。

①分小组进行探究式学习，分享各书体书法家的相关特点。

②教师讲解并示范各书体的“爱”。

③学生自主选择书写一种或者多种（分层教学，因材施教）。

④小组互评，自愿在班级分享，教师分享。

（5）单字书写的创作形式有哪些？（方、圆、异形）章法要注意哪些因素？（小组讨论，引导学生归纳出相关要素，教师补充）

（6）学生自主尝试不同形式的单字创作，学生小组讨论，归纳出常见的、不好掌握的相关问题，集中谈论，教师补充，归纳出相关要素。

（7）启发学生讨论书法单字创作的形式还有哪些，去观察在生活实际中的用途？具体有什么样的意义和作用？（装饰、祈福等）

活动 2：第二单元 小组探究式学习

（1）分组：自愿组合（可根据材质、颜色、想法等自愿结合五组）。

（2）小组讨论为什么自己选用此材质？有什么优势？想怎么创作？最终可以干什么用？

（3）在班级中自主分享选择的想法和原因及规划设想，预估会出现的问题，是否有相应的解决办法。

（4）教师启发学生从形式、颜色、用途等诸多方面尝试创新，并试着说出自己的创作理念（可以与其他学科融合联系）。

（5）探究式DIY自己的书法单字作品

（6）小组谈论互相分享。

（7）自主在班级分享的学生，要说出自己的预估与实践是否一致，出现了什么问题，怎么解决的？是自己解决的，还是小组帮助解决的？有什么感受？反思？（链接与他人的关系，与人相处，与人合作的教育契机）

（8）教师分享（重点谈学生的课堂表现引发的思想观念背后的内容）。

（9）启发引导学生如果遇到节日或者有意义的事情，如何更好地呈现自己的书法作品与生活社会实际结合。

活动 3：第三单元 “爱”字拓展创作与思考

（1）根据字数的不同进行分组，或者自愿结合5或6组。

（2）小组讨论分享，不同带“爱”字的词语，内容，出处，文学作品或者作者的相关知识。

（3）结合疫情，将“爱”进行深度分析，为什么爱？怎么样爱？等等。

（4）启发学生思考不同尺寸的创作形式要领，引导学生说出应该注意的问题，帮助学生归纳章法强调的相关要素，教师补充强调相应内容。

（5）引导学生思考此次落款与第一次课有什么不同？需要注意什么？（重点：章法的变化，落款的位置及大小）

（6）教师讲解折出1×2、2×2、1×4，相应尺寸的字数。

（7）教师示范颜体、赵体相关汉字的书写过程。

（8）学生分小组探究练习相关内容书写及折纸方法。总结规律，分享问题。

（9）小组讨论互相分享。[（8）和（9）可根据实际情况对调）]

（10）自主在班级分享的学生，要说出自己的预估与实践是否一致，出现了什么问题，怎么解决的？是否提醒大家要注意？是自己解决的，还是小组帮助解决的？有什么感受？反思？

（11）教师分享（重点谈学生的课堂表现引发的思想观念背后的内容）。

活动 4：第四单元归纳与分享

（1）根据字数的不同进行分组，或者自愿结合。

（2）小组讨论分享，不同带“爱”字的古诗，内容，出处，文学作品或者作者的相关知识。引导启发学生说出自己的理解，师生共同归纳爱的广度和深度，爱的种类与表现形式。

（3）启发学生思考不同尺寸的创作形式要领，应该注意的问题，章法强调的相关要素，归纳出重点。

（4）引导学生思考此次落款与第一次、第三次课有什么不同？需要注意什么？

（5）教师呈现颜体、赵体相应尺寸的作品形式，简单讲解。（准备好市场购买的4尺半裁或者4尺整张的宣纸）

（6）学生分小组探究练习相关内容书写。

（7）小组讨论互相分享。

（8）自主在班级分享的学生，要说出自己的选择的原因，预估与实践是否一致，出现了什么问题？怎么解决的？是否提醒大家要注意？是自己解决的，还是小组帮助解决的？有什么感受？反思？

（9）教师分享（重点谈学生的课堂表现引发的思想观念背后的内容）。

五、单元评价

1. 单元目标评价

评价方式：

①学生课堂调查问卷。

②家长调查问卷（学生回家后与家长分享课上的学习情况在此基础上填写相关问题）。

③学生自愿分享此次课的收获、感受、希望、思考。

④小组的收获、感受、希望、思考，线上、线下结合。

⑤教师的收获、感受、希望、思考。

⑥每个学生制作自己的单字书法作品。

⑦制作电子作品，展示所有学生的单字书法作品。

⑧评价学生自己、评价课堂、评价教师的表格。

2. 使能目标评价

评价量规： 学生课堂问卷、家长问卷、学生单元课程评价、课程评价、教师单元课程评价、听课同事对教师单元课程反馈表、教师单元课程综合评价表。

评价实施： 每课一次，每单元一次和综合评价贯穿实施。

六、课后小结

第一单元： 掌握已学过的书体书写“爱”字的技法，探索尝试未学过的书体（1种），有兴趣的学生可尝试真草隶篆行等多种书体。完成单字创作的基本形式（异形-扇面）。

第二单元： 在不同材质上书写不同的书体，关注纸张颜色、书写形式、书写材质，墨在不同材质上的调整，形式、章法、颜色等各种搭配等。

第三单元： 掌握同一个书体，两字、三字、四字的一种书写形式，大字书写的笔、墨、章法，落款的掌握。

第四单元： 书写一首古诗（五言20字或者七言28字，与爱相关的内容），书写形式多种，繁体字和简化字的转化方法，多字的书写形式及章法

我的生活（油画创作）

美术教学部　纪　东

一、课程基本信息

单元名称	我的生活（油画创作）	专业类型	美术类
活动类型	绘画（油画创作）	设计教师	纪东
活动课时	2 课时 / 周 ×10 周（45 分钟 / 课时）	活动对象	7~8 岁学生
活动时间	2021 年 5 月—7 月	人数	30 人

二、背景分析

1. 学期目标及分析

①学习通过观察绘画人物，了解人物五官、身体比例。

②训练色彩感受力，学会主观用色，了解装饰性色彩。尝试使用各种线条、形状和色彩进行绘画表现活动。

③大胆采用各种造型方式，并借助语言表达自己的想法，表现生活中观察到的事物或想象中的事物。

④尝试各种线条、形状和色彩进行绘画表现活动。以游戏的方式，观察和触摸各种实物，进行感官体验，并做简单的组合造型。

⑤在揭示和启发下产生联想，根据课题或在生活中产生丰富的联想、遐想；依已有的经验，有目的、有创造性地想象。

⑥尝试不同工具，用身边容易找到的各种媒材，通过看看、想想、画画、做做等方法进行体验，创作出艺术作品，并发表自己的感受。

⑦观赏自然和各类美术作品的形与色，能用简短的话语大胆表达自己的感受。

⑧学习对比与和谐、对称与均衡等组合原理。学习原色、间色、冷暖色等色彩基本知识，体验色彩的表现力，并有目的地加以运用。

2. 学情分析

此班学生已进入第二个学年（第三个学期）学习，年龄在7~8岁。

在体系化课程的这一环节，本阶段的学生开始试着画自己意识中的表象形象，一旦认定所画的能表达自己意中形象之后，便相对定型一段时间，且内容和形象经常重复，是典型的儿童画阶段。色彩鲜艳、明快，开始不顾空间时间的限制随意表达，用笔肯定有力，容易分不出物象特征差异，经常画出一般性特征，概念化的形象特征在画面中重复较多，而且经常遗漏所画物体的局部，这时加以引导，养成仔细观察的习惯，会使画面表现更加丰富，不断提高表现能力。如果不引导学生记住一些特定的经历和自然运动，不鼓励做更进一步的感官观察，会经常出现符号化的形象，要告诉他们有意识地观察和记忆，在画面中添加很多过去省略的部分。教师引导学生如何观察在本阶段显得尤为重要。

经过一个学年的基础绘画（儿童画）学习，在强调关注生活、逐渐培养观察能力的前提下，通过教育教学实践活动在造型、色彩、构图等方面都有明显的提高，专业学习习惯初步养成。随着学习成绩的提高，他们需要得到更加广泛的创作题材、手段、表现形式等知识和实践运用。

通过这一阶段的教育教学活动引导，巩固、提升孩子们对美术学习的兴趣也是非常重要。联系孩子们的实际生活，让学生在探索和实践美术活动中体验美术绘画方法的多样性，引导学生用自己构想的方法来进行表现创作，在生活中学会欣赏美的事物，使学生在积极的情感体验中提高想象力和创造力。发挥想象力，对绘画工具材料的多样性接触前提下，培养学生学习美术的兴趣和审美创造能力，为今后相对长期的专业学习做好铺垫，打下基础。

3. 本单元教学内容与义务教育美术课程标准的对比、分析

（1）课程性质

义务教育美术课程标准与校外美术教育教学目标基本相同，即：美术课程凸显视觉性，学生在美术学习中积累视觉、触觉和其他感官的经验，发展感知能力、形象思维能力、表达和交流能力；美术课程具有实践性，学生在美术学习中运用传统媒介或新媒体创造作品，发展想象能力、实践能力和创造能力；美术课程追求人文性，学生在美术学习中学会欣赏和尊重不同时代和文化的美术作品，关注生活中的美术现象，涵养人文精神；美术课程强调愉悦性，学生在美术学习中自由抒发情感，表达个性和创意，增强自信心，养成健康人格。

（2）课程基本理念

①面向全体学生。实施义务教育阶段的美术教育，必须坚信每个学生都具有学习美术的潜能，能在他们不同的潜质上获得不同程度的发展。校外美术教育教学活动所面对的学生均为对美术学习有着浓厚的兴趣，与校内相比更应关注个性的培养。选择有利于学生发展的美术知识和技能，结合过程和方法，组成课程的基本内容，并通过有效的学习方式，帮助学生逐步体会美术学习的特征，逐渐提高美术素养，为终身学习奠定基础。

②激发学生学习兴趣。兴趣是学习美术的基本动力之一。校外美术课程更加强调通过发挥美术教学特有的魅力，使课程内容与不同年龄阶段的学生的情意和认知特征相适应，以灵活多样的教学方法激发、巩固学生的学习兴趣，并使这种兴趣转化为持久的情感态度。注重内容与学生的生活经验紧密联系，发挥知识和技能在帮助学生提高精神和生活品质方面的作用，让学生在实际生活中领悟美术的独特价值。

③关注文化与生活。美术是人类文化的一个重要组成部分，与社会生活的方方面面有着千丝万缕的联系。通过校外美术课程，学生更加了解人类文化的丰富性，在广泛的文化情境中认识美术的特征、美术表现的多样性以及美术对社会生活的独特贡献。

现代社会需要充分发挥每个人的主体性和创造性，因此，校外美术课程特别重视对学生个性与创新精神的培养，采取多种方法，帮助学生学会运用美术的方法，将创意转化为具体成果。通过综合学习和探究学习，引导学生在具体情境中探究与发现，找到不同知识之间的关联，发展综合实践能力，创造性地解决问题。

（3）课程设计思路

①以美术学习活动方式划分学习领域，加强综合性和探究性。美术课程的改变单纯以学科知识体系构建课程的思路和方法，从促进学生素质发展的角度，根据美术学习活动方式划分为“造型·表现”、“设计·应用”、“欣赏·评述”和“综合·探索”四个学习领域。美术学习活动大致可分为创作和欣赏两类。为了便于学习，将创作活动再具体分为“造型·表现”和“设计·应用”两个学习领域。“造型·表现”是美术学习的基础，其活动方式更强调自由表现，大胆创造，外化自己的情感和认识。“欣赏·评述”这一学习领域注重通过感受、欣赏和表达等活动方式，内化知识，形成审美心理结构。

②通过校外美术教育教学活动逐渐渗透，培养核心素养绝不是单纯的美术技法，而应该是在专业素养的基础上，懂得欣赏，了解美术，特别是与科技、人文、道德、情感、价值观等多方面的知识、手段的融合，会有效地表达和交流，力争在理解能力、描述能力、形式分析能力、比较能力、创作能力、表现能力等方面有所提升。同时也是知识、技能和情感态度等的综合表现。既包括问题解决、探究能力、批判性思维等“认知性素养”，又包括自我管理、组织能力、人际交往等“非认知性素养”。

同年龄段（小学一、二年级）相关学习领域的对比、分析如下：

①“欣赏·评述”学习领域的对比和分析。

对比项	领域	
	义务教育美术课程标准	本单元教学
目标	观赏自然景物和学生感兴趣的美术作品，用简短的话语大胆表达感受	与义务教育美术课程标准基本相同，培养美术鉴赏力，了解、包容文化和艺术作品的多样性。通过观赏自然和鉴赏各类美术作品的形与色，能用简短的语言表达自己的感受，启发想象
学习活动建议	①通过观摩、讨论的方式，欣赏学生感兴趣的美术作品（如中外表现儿童题材的美术作品）。 ②通过展评等活动，欣赏自己和同学创作的美术作品，交流想法，相互评述。 ③通过实地观摩或观看图片和录像等，观赏自然景色和动植物的形状与色彩	与义务教育美术课程标准基本相同。 ①选择印象派和巡回展览画派的经典作品介绍给孩子就是从这些作品的显著特点和以上的分析、要求出发的。通过鉴赏，许多可介绍、分析的知识点对于孩子来说都不陌生，都是可以在今后的创作思路、手法、表现形式等方面加以借鉴的。 ②进一步养成分析总结、归纳特点、经验积累的良好习惯
评价要点	①乐于参与欣赏学习活动。 ②用简短的话语表达对美术作品和自然景色的感受	与义务教育美术课程标准基本相同。 ①调动学生主动参与教学活动，大胆地表达自己的感受。 ②运用讨论的手段，要求学生用简短的话语表述出优秀美术作品及自然景色给予自己的启发和借鉴，在写生、创作中的应用。 ③以往知识、经验的运用

②“造型·表现”学习领域的对比和分析。

<table>
<tr><th rowspan="2">对比项</th><th colspan="2">领域</th></tr>
<tr><th>义务教育美术课程标准</th><th>本单元教学</th></tr>
<tr><td>目标</td><td>尝试不同工具，用纸以及容易找到的各种媒材，通过看看、画画、做做等方法大胆、自由地表现所见所闻、所感所想，体验造型活动的乐趣</td><td>与义务教育美术课程标准基本相同。
①媒材较专业。
②在有一点造型的基础上更加强调色彩的了解和使用。通过了解基础色彩知识，基本油画表现方法与色彩搭配，尝试了解油画表现语言。在美术游戏中体验油画工具和材料的使用效果，认识常用的颜色</td></tr>
<tr><td>学习活动建议</td><td>①以游戏等多种方式，体验不同工具和媒材的表现效果，开展造型表现活动，并借助语言表达自己的想法。
②尝试用线条、形状和色彩进行绘画表现活动，认识常用颜色</td><td>与义务教育美术课程标准基本相同。
①通过探索和实践，使学生在涂抹色彩的过程中感受创作的喜悦，引发学习兴趣。在参与活动的过程中初步体验美术绘画方法的多样性，引导学生用自己构想的方法进行表现、大胆画画。
②将学习内容与学生的生活经验紧密联系在一起进行创作，引导学生在生活中学会欣赏美的事物，使学生在积极的情感体验中提高想象力和创造力。即倡导技能应用与情感表达的统一，追求在感爱美的基础上表现美的能力。
③结合欣赏、实践活动，培养学生的审美意识和审美情感，进一步培养学生热爱生活的情感。在创作题材上注重培养爱祖国、爱北京的情怀，感知、传承北京悠久、深厚的优秀文化底蕴积淀和精神。尊重学生个性，确立自信</td></tr>
<tr><td>评价要点</td><td>①对造型表现活动感兴趣并积极参与。
②通过造型表现活动，大胆、自由地表达自己的观察、感受和想象，创作若干件能反映自己学习水平的作品。
③辨别 12 种以上的颜色</td><td>与义务教育美术课程标准基本相同。
①结合校外特色和自身条件，课堂选择在自然环境条件下以写生的形式进行，学习体验更有利于学生身心放松、确立自信。
②不单纯于通过造型表现活动，在造型活动的基础上加入了简单的构图和色彩知识。
③学习使用油画手段进行练习创作的学习兴趣和创作感受的评价。
④辨别并尝试使用 30 种以上的颜色</td></tr>
</table>

4. 教学资源分析

此班学生的年龄特点、心理特点为：在创作中非常喜欢运用色彩来表达自己的所见所想；经过一个学年的学习，具备了一定的色彩知识和表现技法、材料的使用技巧，并且形成了一些经验；具有了初步的构图意识和相关知识；画面整体表现、把握的意识还没有完全形成；不能表现出相对合理的造型，等等。

基于以上特点并在此基础上，首先可以要求学生注重观察自己身边感兴趣的人和事儿，关注自己能够理解的社会事件，为创作积累素材。其次，引导、鼓励其力所能及地去大胆尝试、实践使用新工具、材料，进一步追求完善，逐渐实现自己想要表现的画面效果。第三，为今后的长期专业学习循序渐进地打下基础，例如在练习、创作中开始有意识地关注光线下颜色的变化等。第四，最大可能地提高创作作品水平，通过比赛、展示等手段达到巩固兴趣、提升自信心的目的。

选择印象派和巡回展览画派的经典作品介绍给孩子就是从这些作品的显著特点和以上的分析、要求出发的。通过鉴赏，许多可介绍、分析的知识点对于孩子来说都不陌生，都是可以在今后的创作思路、手法、表现形式等方面加以借鉴的。

（1）法国十九世纪印象派（后期印象派，例如梵高、高更等）代表画家的经典作品

就概念来说，“印象派”有很多特点：粗放的笔触，独特的色彩，对于光线的注重，类似的绘画对象以及受到摄影的影响等。

①粗放的笔触：非常具有绘画感的笔触应该是印象派画作最明显的特征。印象派之前，画作的笔触多细致和谐，而印象派画家却不以为然。他们用粗放的笔触绘下转瞬即逝的美景。

②独特的色彩：除了粗放的笔触，独特的色彩也是印象派画作的一大特点。一般画家都会将颜料调匀再画，而印象派画家更喜欢将各种颜色层层叠叠地铺在画布上。这个特点在以影和雪为主题的画中更为显著，因为这样的印象派画作从来都不是单调的只有黑白两色。

③注重光线：很多印象派画家（比如著名的莫奈）对云和自然都有一种执着。正因如此，画家们会特别注重光线，以及景色、建筑和其他物体在光线下的变化。

④日常事物：印象派另一明显特征是画作的主题都是日常事物，比如日常生活的场景、景色，家人和朋友的肖像，还有现代都市景观。

⑤创造性的构图：摄影在当时还算是一种新潮技术，印象派画家们还是从中汲取到了精华。因为印象派所绘的多为短暂的画面，画家们就开始以更“自然”的方式来描绘他们想画的场景。因此，有时的画就不那么对称，就好像偷拍的照片一样。

⑥印象派的作品对今后创作作品的影响：随着发展，印象派受到了很多后来绘画风格的影响，比如现代主义。后印象派保留了印象派粗放的笔触，抽象印象派在莫奈不同寻常的作画形式中找到了灵感，许多当代画家甚至加入个人风格开创了自己的绘画风格，为今后的创作提供灵感和思路。

（2）十九世纪俄罗斯巡回展览画派代表画家的经典作品

美学基础：巡回展览画派是俄罗斯绘画史上光辉绚丽的一页，在创作上，协会要求成员们按照车尔尼雪夫斯基的美学原则进行创作，这些原则是：“美就是生活”“艺术家的任务不在于追求那些不存在的美，也不在于去美化现实生活，而在于真实地再现生活。他们从民主的立场出发描绘俄罗斯民众的生活、历史和人的劳动美，认为只有现实生活才是艺术创作的基础。他们一直认为，艺术负有教育人民的社会责任，因此他们不知疲倦地为具有批判现实主义和民族特色的艺术而奋斗。

创作题材：巡回展览画派画家选择的题材与当时的现实社会，人物画、风俗画、历史画、风景画、肖像画和军事画蓬勃发展，呈现出空前繁荣的景象。

①巡回展览画派的历史题材绘画画家们抛弃了古代神话和圣经题材，多以反映人们现实生活或者反映俄罗斯民族历史为主，巡回画派在历史题材中进行的改革对发展民族美术有重要的意义。

②风俗画题材绘画在巡回展览派中有重要的地位，艺术作品从不同的侧面描绘了俄罗斯的历史和现实生活。

③肖像题材绘画在巡回展览画派的创作中具有重大的意义。

④风景画题材在巡回展览画派的创作中有了新的面貌，他们不再单纯地描绘雄伟的大自然，更着意于表现对祖国的热爱。

思想内涵：①巡回展览画派作品大多表现了社会中的劳动人民生活的场景，深入挖掘人的心理状态，表达人们对于生活现状的认识。②巡回展览画派的作品是俄罗斯时代风尚的表现，反映了俄罗斯民族深厚的文化精神内涵。他们以一种本土语言的表现力，探索出了俄罗斯民族

的独特风貌。③巡回展览画派不论是风俗画还是风景画大都是站在人民的立场上，表达对广大人民的赞美和对人民英雄英勇无畏的颂扬，可以说具有高尚的人民性。画家们直面大自然，从生活中汲取素材，因而，他们的绘画更具真实性和生活的味道。④巡回展览派画家主张真实地描绘俄罗斯人民的历史、生活和大自然。他们倡导人文主义思想，关注人民生活，饱含着深刻的人道主义情怀，从人民大众中吸取素材与产生灵感，提倡内容与形式的统一。

创作方法：俄罗斯巡回展览画派采用现实主义的创作方法和原则，其绘画风格朴素、厚重、写实、自然，富于精神内涵和寓意；其绘画技巧是对印象派的兼容并蓄。这造就了巡回画派既有严谨的构图又有很好的色彩表达。例如俄国抒情风景画派的鼻祖列维坦，他继承印象派的色彩与技巧以明亮的色彩、生动的笔触注着对自然、生命的无限热爱，画中的自然万物恬淡、静穆、草木营造着理想之地。

表现主题：从巡回展览画派的作品中我们能够感觉到，它们都与俄罗斯的自然、风俗、民族等紧密相连。在表现上，较多地采用文学的叙事手法和意境创造，他们从文学作品中汲取创作素材，从生活场景中捕捉瞬间情节因素，从历史题材的矛盾中揭示人物命运的悲剧性，从大自然的描绘中再现俄罗斯民族的苦难历程和不屈从命运的个性和力量。这种人道主义情怀、挚爱大地、阳光和健康的深情，崇尚真善美的艺术理想，使巡回展览画派艺术别具风貌，在人们的心中留下难以磨灭的印象。巡回展览画派在探索本民族术语言方面对中国油画发展具有积极深远的影响。我们应该学会思考和借鉴巡回展览画派的美学思想，油画表现技法等与我国特有的民族文化相结合，创造出具有我们民族特色的艺术作品，而并不是简单的复制和移植。

5. 选用教学体验内容分析

（1）选用教学体验环境分析

鉴于前期学习的有关色彩基础练习的知识以及积累的经验（第一学期已经进行过油画棒等材料的运用和相关色彩知识的练习）、优秀作品的赏析、逐渐形成的日常观察的良好习惯、前期有针对性的预留观察作用（天空、白云、树木、草地）等，利用少年宫植物园的优越条件，课堂选择在自然环境条件下以写生的形式进行学习体验，更有利于学生喜爱、兴奋、身心放松、确立自信。

（2）创作题材、内容的要求：基于前两个学期有关创作的知识和学习经验的积累，本单元油画表现手法的学习在创作题材、内容上不做过多的要求，甚至可以使用原来创作的稿子。不全面要求画面新颖，重点只关注学生利用油画表现手法进行创作的心理过程、心态，多一点鼓励、包容，培养自信，同时特别关注个别对油画感觉敏锐的孩子，及时肯定。

三、单元目标

①培养美术鉴赏力，了解、包容文化和艺术作品的多样性。通过观赏自然和鉴赏各类美术作品的形与色，能用简短的语言表达自己的感受，启发想象。

②通过了解基础色彩知识，基本油画表现方法与色彩搭配，尝试了解油画表现语言。在美术游戏中体验油画工具和材料的使用效果，认识常用的颜色。

③通过探索和实践，使学生在涂抹色彩的过程中感受创作的喜悦，引发学习兴趣。在参与活动的过程中初步体验美术绘画方法的多样性，引导学生用自己构想的方法来进行表现、大胆

画画。

④将学习内容与学生的生活经验紧密联系在一起进行创作，引导学生在生活中学会欣赏美的事物，使学生在积极的情感体验中提高想象力和创造力。即倡导技能应用与情感表达的统一，追求在感爱美的基础上表现美的能力。

⑤结合欣赏、实践活动，培养学生的审美意识和审美情感，进一步培养学生热爱生活的情感。在创作题材上注重培养爱祖国、爱北京的情怀，感知、传承北京悠久、深厚的优秀文化底蕴积淀和精神。尊重学生个性，确立自信。

四、教学重点、难点

1. 教学重点

（1）学生

①有关色彩的理解和认知；光线下色彩的丰富变化；油画工具使用、技法的表现。

②油画技法在创作中的应用（技能是必要的，一味强调技能发展是不切实际的）。

③尊重学生个性，确立自信。

④对文化的了解和审美能力的培养。

⑤活动过程中的相互沟通、交流。

（2）教师

基于学生的实际情况，针对活动目标的制定突出重点：

①鉴赏作品分析易于学生理解。

②油画技法讲解准确、简练、明确、清晰。

③创作题材的建议。

④引导创造性思维，特别关注、培养、赞赏学生的个性。

⑤注重活动情境，把握好课堂秩序。

2. 教学难点

（1）学生

①要敢于使用工具和颜色，敢于大胆下笔。

②在启发、引导下敢于画出自己的想法（前期小稿），而不是一味临摹。

③第一幅油画创作画面的把控（步骤、工具的使用）。

④相互沟通、交流中敢于表述出自己的观点、见解，同时能够听取别人的建议。

（2）教师

基于学生的实际情况，针对教学重点的分析前期做好充分准备：

（1）深入解读待鉴赏作品。

（2）如何与学生沟通对于前期创作草稿的建议。

（3）积极、及时地反映出对学生创造性思维表现出作品、技法多样性的肯定、保护和应对。

（4）活动过程中的秩序、安全、卫生。

五、单元内容与实施

第一阶段：优秀作品鉴赏（用时4课时）

优秀作品鉴赏（上）：印象派作品（用时2课时）

本阶段前学生在家长的辅助下已经进行了两个月的时间，利用网络搜集资料。

本阶段进行中要求开始调整创作、练习草稿。

这一阶段需要特别关注与学生的互动，分析与讨论相结合，及时解答疑问。

一、引入新课

出示图片，引入。

二、讲授课题——印象主义绘画

（一）印象主义

什么是印象主义？印象主义的由来？

印象主义这个名称是由法国画家莫奈的一幅风景画《印象·日出》得来的。印象主义画家以阳光和色彩为主角，借助光与色的变幻来表现作者从一个飞逝的瞬间所捕捉到的印象。

（二）介绍莫奈和他的作品《印象·日出》

教师出示一张白纸，问：这是什么颜色？答：白色！打上红色的灯光后，问：现在是什么颜色？答：红色。打上蓝色的灯光后，问：现在是什么颜色？答：蓝色。大家从这个实验中，得出结论：在不同的光线下，物体会展现不同的颜色。

请学生回忆，曾经学过的形容阳光色彩的词句。

（三）莫奈的其他作品

莫奈笔下的阳光的颜色。

1.系列作品《卢昂大教堂》：辨别这三张画，讨论它们分别是什么时间画的？黎明、中午、黄昏。

2.系列作品《睡莲》的分析：构图、色彩、笔触等。

3.梵高作品《向日葵》的分析：色彩、笔触等等。

4.马奈作品《在拉杜伊勒咖啡馆》：日常生活的情景捕捉。

（四）其他印象派画家及其代表作

印象主义绘画的代表者，除了莫奈还有谁？

马奈、毕沙罗、德加、雷诺阿、塞尚、梵高等。作为印象派的相近之处和具有各自风格、特点的表现形式、手法等。

优秀作品鉴赏（下）：巡回展览画派作品（用时2课时）

一、为什么称为巡回展览画派以及它的由来

巡回展览画派是1870年至1923年间由俄国现实主义画家组成的集体，成立于彼得堡，发起人是克拉姆斯柯依、彼罗夫、米亚索耶多夫等人。19世纪中叶，俄国迎来了文化艺术的繁荣，随着俄国批判现实主义文学运动的高涨，出现了著名的现实主义画派——巡回展览画派。

二、介绍、分析代表人物、作品

1.列宾和他的作品《查波罗什人给土耳其苏丹的回信》，叙事性故事情节的表现。列宾以及相近风格画家（苏里科夫、谢罗夫等等）的其他作品。

2.克拉姆斯柯依和他的作品《无名女郎》，肖像画的表现，以及相近风格画家（列宾、谢罗夫等等）的其他作品。

3.列宾和他的作品《库尔斯克省的宗教行列》，真实反映出社会现状。

4.西施金和他的作品《林间花丛》，风景画的表现，以及相近风格画家（列维坦、萨甫拉索夫、库因之等）的其他作品。

作为同一画派的相近之处和具有各自风格、特点的表现形式、手法等。

三、作业

1.通过鉴赏课上对于作品的了解，选出自己喜欢的油画表现方法。

2.熟悉油画工具，熟记每一个颜色的名字。

第二阶段：油画技法的风景创作练习（天空、树、草地）

用时8课时，30 cm×40 cm油画内框。

本阶段开始前已经确定练习小稿，并且在动笔前要求进行教师参与的相互观摩、讨论。

一、油画用具及工具的使用方法：教师讲解、学生认知

1.颜色在调色板上的摆放；颜色调和方法。

2.调色板、调色油、油画笔的使用方法和注意事项。

二、油画技法讲授

（一）天空（用时2课时）

1.学生：表述、讨论自己观察到的各种季节、天气下的天空的颜色，形态多姿的云（结构、颜色），用时10分钟。

2.教师：天空（蓝）的画法（示范），用时15分钟。

颜色：群青、钴蓝、天蓝、灰（暖冷）、白等。白色调和蓝、灰画云，表现出云的薄厚；光线和云角度的关系；云的亮部用小笔提分出块面；颜色、结构、数量大小决定云和天空是否和谐。

3.要求学生集中注意教师的讲解或演示；对陌生而新奇的表现形式要大胆地接纳或质疑。

4.颜色调和关系、调和方法，用笔方法、速度、细节等。

5.特别注意：引导启发、关注肯定学生延展开的思路，例如日出、日落、阴天的天空表现想法、色彩的运用。

6.学生练习，用时20分钟。

7.师生、生生互动，点评，用时10分钟。

8.学生继续练习，用时20分钟。

9.学生之间表述探讨自己的学习体会，用时5分钟。

10.教师答疑、点评、留作业，用时10分钟。

（二）草地（用时2课时）

1.学生：表述、讨论自己观察到的各种地势、光线下草地的颜色，用时10分钟。

2.教室：草地（绿）的画法（示范），用时15分钟。

颜色：暗部使用宝石翠绿+土绿+群青；中间使用中绿+草绿+永固浅绿；亮部使用黄绿+永固浅绿；高光处使用黄绿+白。

3.要求学生集中注意教师的讲解或演示；对陌生而新奇的表现形式要大胆地接纳或质疑。

4.颜色调和关系、调和方法,用笔方法、速度、细节等。

5.特别注意：引导启发、关注肯定学生延展开的思路，例如各个季节、光线下草地的表现想法、色彩的运用。

6.学生练习，用时20分钟。

7.师生、生生互动，点评，用时10分钟。

8.学生继续练习，用时20分钟。

9.学生之间表述探讨自己的学习体会，用时5分钟。

10.教师答疑、点评、留作业，用时10分钟。

（三）树（用时2课时）

1.学生：表述、讨论自己观察到的各种季节、天气、光线下的形态各异的树（结构、颜色），用时10分钟。

2.教室：树（绿）的画法（示范），用时15分钟。

颜色：暗部使用宝石翠绿+土绿+群青+红；中间使用中绿+草绿+永固浅绿；亮部使用黄绿+永固浅绿；高光处使用黄绿+白。

3.要求学生集中注意教师的讲解或演示；对陌生而新奇的表现形式要大胆的接纳或质疑。

4.颜色调和关系、调和方法,用笔方法、速度、细节等。

5.特别注意：引导启发、关注肯定学生延展开的思路，例如各个季节、种类树的表现想法、色彩的运用，例如秋天树的丰富色彩（黄、红等）。

6.学生练习，用时20分钟。

7.师生、生生互动，点评，用时10分钟。

8.学生继续练习，用时20分钟。

9.学生之间表述探讨自己的学习体会，用时5分钟。

10.教师答疑、点评、留作业，用时10分钟。

（四）整体深入处理（用时2课时）

1.学生：相互观摩已完成练习阶段的习作，相关探讨，敢于表述自己的见解和积极听取别人的建议，用时10分钟。

2.教师：结合专业要求（先整体后局部）进行讲解，分别对每一个学生的习作进行点评、分析，给予建议。注重学生的差异和个性，及时给予肯定，用时15分钟。

3.教师：选出两幅习作（一幅问题较多，另一幅可以，基础较好），现场进行调整，使学生能够感知到明显的改观。要求学生集中注意教师的讲解或演示；要大胆地接纳或质疑。强调颜色调和关系、调和方法,用笔方法、细节的表现等。

4.具体要求：基于自己已有的经验，在构图、比例上更加合理，注意空间、层次的表现。强调在技能应用的前提下与情感表达的统一，追求在感爱美的基础上表现美的能力。

在尝试使用油画表现的方法，大胆、自由地把所见所闻、所感所想的事物表现出来的同时，通过体验创作活动的乐趣进一步培养学生学习美术的兴趣和审美创造能力以及动手动脑能力。

5.特别注意：建议坚持自我个性的表达。

6.学生练习，用时20分钟。

7.师生、生生互动，点评，用时10分钟。

8.学生继续练习，用时20分钟。

9.总结展示（家长参与）：相互观摩、讨论，

学生之间表述探讨自己的学习体会，教师参与指导，用时5分钟。

10.教师答疑、点评、留作业，用时10分钟。

三、本阶段教学活动小结

1.在第一阶段的基础上对于油画表现手段的理解。

2.对于油画工具的了解和使用的熟练程度。（油画笔的使用方法、油画颜色与油画媒介的关系、调色板、油画布等）

3.建立在原有知识、经验的基础上对于表现内容（天空、树、草地）的合理性和熟练程度。（云、树的结构形状等）

4.使用油画技法层面练习的收获度。（颜色的调试合理性、颜色与媒介的相互添加使用、用油画笔在画布上摆放颜色、颜色在画布上的混合衔接等）

5.基于自己观察、体验的认知，采用表现内容、形式、手法的个性表现。（颜色、技法等）

6.对问题的探究和主动学习的情况（师生、生生互动），自信心的建立。

7.专业习惯的养成情况。

四、作业

1.活动后利用业余时间完成右侧这幅小风景作品的创作练习。

2.创作作品：我的生活（具体题材、题目自定）油画内框起稿60 cm×80 cm。

第三阶段：油画创作我的生活（用时8课时）

第一小单元（用时2课时）

一、导入：提出教学活动要求，用时10分钟

1.用油画的表现形式完成一幅来自自己生活的创作。

2.充分利用已有的创作相关知识和经验。

二、前期准备：用时45分钟

1.学生：相互观摩已完成练习阶段的习作，相关探讨，敢于表述自己的见解和积极听取别人的建议，用时10分钟。

2、教师：结合创作要求和以往知识进行讲解，分别对每一个学生的习作进行点评、分析，给予建议。注重学生的差异和个性，及时肯定，用时15分钟。

3.调整铅笔稿：注意比例、空间、层次等。画面要完整，内容要丰富，注意细节的表现，用时20分钟。

三、开始使用油画颜色起稿，用时35分钟

1.选用较小的油画笔（建议2号），使用松节油作为媒介调试较薄的熟褐颜色起稿。

2.教师随时关注进度、方法，提出建议。

3.作业：课下完成。

第二小单元（用时2课时）

四、大面积铺颜色

1.教师参与的相互观摩已完成创作稿，分别对每一个学生进行点评、分析，给予建议。注重学生的差异和个性，及时肯定。

2.强调创作过程：注意光影，从后往前梯次进行。本单元完成天空、地面、建筑等。

3.强调整体，不要在开始阶段就进入细节刻画（学生往往如此）。

教师巡视，及时指导。根据活动情况，发现共性问题，随时提出暂停，讲解、分析并示范。

4.作业：课下完成课上未完成的画面。

第三小单元（用时2课时）

1.本单元依次完成树、人物（皮肤、头发、衣服）。

强调整体，在铺衣服颜色时可以适当关注细节刻画（服饰、衣服褶等）。

教师巡视，及时指导。根据活动情况，发现共性问题，随时提出暂停，讲解、分析并示范。

2.作业：课下完成课上未完成的画面。

第四小单元（用时2课时）

五、进入细节调整

1.在强调整体的前提下，进行从整体到局部的调整，适当进入细节刻画。依次为：天空、地面、建筑、树（花草）、人物。注意光影。

2.人物的五官、手等。

3.教师巡视，及时指导。根据活动情况，发现共性问题，随时提出暂停，讲解、分析并示范。

4.总结展示（家长参与）：相互观摩、讨论，学生之间表述探讨自己的学习体会，教师参与指导，用时15分钟。

5.教师答疑、点评，用时10分钟。

6.作业：课下继续完成此幅作品。（用时两周）

六、后期工作

1.下一教学活动课题开始后，学生可随时将作品带来，教师利用课上时间进行个别指导。

2.两个月后可根据具体画面情况，要求使用上光油。

七、本阶段教学活动小结

1.在上一阶段的基础上对于油画表现手段的理解。

2.对于油画工具的了解和使用的熟练程度。（油画笔的使用方法、油画颜色与油画媒介的关系、调色板、油画布等）

3.建立在原有知识、经验的基础上对于表现内容的合理性和熟练程度。

4.使用油画技法层面练习的收获度。（颜色的调试合理性、颜色与媒介的相互添加使用、用油画笔在画布上摆放颜色、颜色在画布上的混合衔接等）

5.基于自己观察、体验的认知、实践，采用表现内容、形式、手法的个性表现（颜色、技法等），逐渐形成经验，用于今后的创作。

6.对问题的探究和主动学习的情况（师生、生生互动），自信心的建立。

7.通过探索和实践，对绘画创作所用的材料和色彩有了初步认识。继而巩固学习兴趣。在参与活动的过程中进一步体验绘画方法的多样性，引导学生用自己构想的方法来进行表现，在老师的指导下大胆画画。

8.将学习内容与学生的生活经验紧密联系在一起进行创作，结合后期即将接触的国画、版画、工艺等表现形式，针对不同题材采用不同的表现形式，更能使学生得到全面的发展，在积极的情感体验中提高想象力和创造力。即倡导技能应用与情感表达的统一，追求在感受美的基础上表现美的能力。

9.专业习惯的养成情况。

六、单元评价

1. 学习使用油画手段进行练习创作的学习兴趣的评价

问题	学生自评
活动中需要分享我对鉴赏作品的认识和理解	1 2 3 4 5
对于油画工具的使用分享我的感受	1 2 3 4 5
在学习中使用油画这一表现形式进行练习创作，分享我的感受	1 2 3 4 5
在今后的创作活动中我继续使用油画的表现形式	1 2 3 4 5
评价标准	1= 非常愿意　2= 愿意　3= 一般　4= 不太愿意　5= 非常不愿意

2. 运用油画这一表现形式进行创作的感受评价

评价内容	评价观测点	表现标准
运用油画这一表现形式进行创作	对于鉴赏的作品	☆☆☆ 能够自主联想、体会到画面内容所表现出的意思和采用的方法。 ☆☆ 在老师的讲解启发下，能够体会到一些画面内容和采用的方法。 ☆ 不是很明白画面里的内容和采用的方法
	对于油画工具的使用	☆☆☆ 经过练习，完全能够理解和使用油画的相关工具。 ☆☆ 经过练习，基本能够理解和使用油画的相关工具。 ☆ 经过练习，完全不能理解和使用油画的相关工具
	油画与其他使用过的方式进行创作的对比	☆☆☆ 都非常喜欢，感觉油画的表现手段更加丰富。 ☆☆ 都非常喜欢，感觉油画的表现手段和其他使用过的方式差不多。 ☆ 比较喜欢，但感觉油画的表现手段不如其他使用过的方式

3. 对于学生主动参与教学活动的评价

评价内容	评价观测点	表现标准
学生学习的自主性	对于前期利用互联网等途径查找资料并与家长进行探讨	☆☆☆ 能够积极主动的在家长的辅导下利用多种手段查找资料，并与家长进行探讨。 ☆☆ 能够在家长的辅导下利用多种手段查找资料，并与家长进行探讨。 ☆ 在家长的催促、辅导下利用多种手段查找资料，没有兴趣与家长进行探讨
	对于创作题材的确定	☆☆☆ 通过观察和自己感受，我认真地准备一幅新的创作稿子。 ☆☆ 通过观察和自己感受，我准备了一幅原来作品的稿子改了改。 ☆ 为了活动练习，我准备了一幅原来作品的稿子
	与老师、同伴交流对于自己和其他同学作品的看法	☆☆☆ 喜欢和老师、同伴沟通，能主动地、自主地表达自己的认知和看法。 ☆☆ 能够参与老师、同伴们沟通，能够表达自己的认知和看法。 ☆ 在老师的要求下和同伴们进行简单的交流
	创作作品的个性	☆☆☆ 特别想利用油画方法把自己内心的感受创作出一幅与众不同的作品。 ☆☆ 尝试着使用油画工具简单进行一幅创作练习。 ☆ 想参照着鉴赏中的作品，临摹一幅

4. 教学活动成果的评价

问题	学生自评
通过活动中对于优秀作品的鉴赏，了解了一些油画知识和其他国家、民族的异域文化	1 2 3 4 5
通过对于油画工具的练习和创作实践，我的使用熟练程度	1 2 3 4 5
运用油画这一表现形式进行创作	1 2 3 4 5
经过大胆的练习，运用油画这一表现形式进行创作，我确立了自信	1 2 3 4 5
评价标准	1= 非常满意　2= 满意　3= 一般　4= 不太满意　5= 非常不满意

七、课后小结

①“因材施教，因人授课”。个性，是一个人在日常生活中表现出来的心理特点，每个人的个性天生就是有所不同的，这种不同体现在兴趣爱好、气质、能力以及梦想等各个方面，这也正是我们必须采取“因材施教，因人授课”的理由。因人授课的意思并不是说不同进度的教学内容不一样，而是同样的教学内容，根据每个班氛围的不同，采取不同的教学方式。这样既考虑到了不同进度之间学生的不同，又顾虑到了期望的目标同实际造成的结果之间的差距。要根据完全相同的课堂内容，针对学生实际情况的不同而做出改变，避免一成不变的上课模式，进一步激发学生的热情和兴趣。

②“氛围轻松，寓教于乐”。每个人天生都会有创造的欲望，而美术课正是发挥学生才能

的舞台，但是很多时候导致学生不敢展示自己的原因正是因为过于严肃的课堂气氛。美术课的课堂氛围应该是轻松而快乐的，这也就是所谓的“氛围轻松，寓教于乐”。教师应注意讲解绘画方法，不能使学生听得无聊，适当采用师生、生生互动、讨论等形式丰富教学手段，使学生既学到了内容，而且印象还会较为深刻。

③“善用科技，科学结合”。随着科技的不断发展，上课的形式也已经开始不断发生变化，美术课除了技法学习、创作外，还有一部分就是鉴赏。多媒体播放设备无疑为这种鉴赏提供了相当程度的便利。打破时间、空间、地域的界限，激发他们以自己的知识经验、审美认识、情感态度去识读大师们的优秀作品。

④“寻找优点，善于鼓励”。美术不同于数理化。数理化的问题总会有一个唯一的标准答案，但美术却没有，美术作品向来都是仁者见仁、智者见智的。因此，在美术作品的鉴赏过程中，教师要鼓励大家说出自己对于美术作品的理解，而且要对那些新的、独特的，哪怕是有些偏离主题的见解都要予以鼓励，因为思维的发散性和角度的独特性是美术课所必须鼓励的。还有在美术创作的过程中，不少学生的绘画功底确实偏低，画出的作品也差强人意，但作为老师一定要从中找出学生的闪光点，对学生进行鼓励，保护学生的自尊心。将所有学生的作品展示出来，这对于学生来说会获得巨大的自豪感和成就感，从而激发起学生创作和学习的热情。

⑤美术教学作为素质教育的重要体现，担负着培养学生全面发展的重任。教师应该以学生为本，把提升学生气质和审美品味、激发学生创造性、锻炼学生思维的发散性作为目标，通过生动有趣的课堂内容、环境设计，力求培养学生的核心素养，从而使其适应时代和社会新背景下对人才提出的新要求。

⑥与校内美术教育具有一套完整的体系不同，如何发挥自身优势，利用点滴专业活动积累、渗透，从注重技能培养目标真正落实到更好、更全面地培养孩子这一育人目标，也就是专业技能与核心素养并举，即育人目标素养化是今后开展工作的重中之重。

⑦针对学生全面、长期的培养，特别是对相应年龄阶段孩子的心理特点的认识需要再深入研究。所采用的教学手段、方法丰富多样，这既是校外美术教学的突出特点，同时从严谨的学科教学的规律出发还需要进一步探讨。

⑧因学生各年龄阶段生理、心理发育存在较大差异和特征，学科教师更需要相应的较为完整的教育教学计划，即各学段之间的衔接需要体系化。

⑨从美育角度出发对学生核心素养的关注，从专业角度出发对学生的培养，都应注重养成习惯的渗透、要求。

⑩开展具有民族特色和地域特色的丰富多彩的活动，逐步完善、丰富形成符合校外特点的以美术教育教学活动为主的美育课程体系和校本课程建设，是今后努力的方向。

⑪以基本技能为载体，重视美育培养。技能是必要的，一味强调技能发展是不切实际的。在获得技能的同时培养美感，发展其审美意识、观念和能力。

⑫针对不同年龄段的学生，系统地从学生情况分析、各阶段教学目标要求、活动方式、评价方式、养成教育等五方面需要进一步加以研究、逐步实践完善。

⑬坚持引导学生关注现实生活，关注社会前沿发展，关注社会热点问题，从身边生活的人与事入手，用熟练的美术技法进行创作。启发学生注重观察，表现身边生活，按照学科规律逐渐培养想象力。

⑭校外美术教育的一大特点是个性差异较大，如何“以普及促进提高，以提高带动普

及”，尊重学生的兴趣爱好，满足学生个性化发展的需求，为学生搭建展示、交流、学习的平台，促进美术教育教学活动水平的整体提升需要在今后的工作中特别关注。

⑮教育即良好习惯的养成教育和初步的智力培养。在本单元的教学活动中重点关注培养学生的自信、独立、协作、个性、宽容和专业习惯，让孩子们轻松地学习、快乐地生活。

⑯教师角色的转变，由台前主导有意识地转变、融合到幕后参与把控，逐渐“淡化”角色特征，师生共同学习，更有利于培养学生的主动参与学习的意识、能力。由一问一答到敢于积极表述自己的观点，共同探讨、分析，自然而然地接受不同意见、观点，逐渐完善自己。

名家名著赏析

美术教学部　杜怡斋

一、课程基本信息

单元名称	名家名著赏析	专业类型	美术类
活动类型	绘画	设计教师	杜怡斋
活动课时	2 课时 / 周 ×3 周 （45 分钟 / 课时）	活动对象	10~12 岁学生
活动时间	2021 年 4 月	人数	30 人

二、背景分析

1. 学期目标及分析

通过教学启发学生主动搜集查阅书籍和网络资料，激发学生自主学习的主体意识。注重欣赏教学的视觉功效，让学生有更多的机会欣赏到中外优秀的美术作品，了解有代表性的美术家。注重学生对美术语言的运用，通过描述、分析、讨论，表达对美术作品的感受与理解。

2. 教材分析

从画家梵高的后印象派入手，到马蒂斯的野兽派和剪纸作品，再到抽象画派的众多画家，逐步引导学生知道如何对画家及其作品进行研究。让学生在感受、认识和理解的程度上体现出递进的梯度。

3. 学情分析

10~12岁的学生能够主动探寻自然事物及人文作品；他们能够独立利用教材及课外书籍、杂志、互联网、博物馆等校内外资源进行知识的探寻。教师要引导学生对欣赏内容本身产生直接兴趣，激发内在学习动力，这样才具有持久性和长期性，达成目标要求。

这个年龄的学生认识线条、图形、色彩与肌理等造型元素，能用一定的工具进行绘画创作，表现所见所闻、所感所想。

4. 教学资源分析

书籍、教材体现了系统的学科知识体系，根据各年龄段学生特点精心编排文字和图片、范例，将中外各种美术佳作和美术名家进行系统的整理归纳、呈现，为师生提供了最大便利。

利用网络提供资料搜索，学生可以在课前查询作品的有关信息，进行课内分享，为课内讨论做好知识和心理铺垫，提高学生积极性，提高课堂效率和教学效果。

三、单元目标

1. 学习目标

①在教师引导下，学生欣赏不同风格的美术作品，能说出三位不同风格美术名家的生平及其代表作品的创作背景、表现风格与画派，知道如何对画家及其作品进行欣赏研究。感受不同风格美术作品中的造型美、色彩美。

②在欣赏的过程中，能以语言表述或绘画实践等方式，大胆表达自己对美术作品的理解和感受。提高自主探究学习的能力、美术欣赏评述的能力、绘画表现创新的能力和与同学合作学习的能力。

2. 使能目标

①学生在探究式的欣赏情境中，认识不同风格的代表画家及其画派、代表作品的主题、绘画风格等。

②能运用所学的知识技能尝试创作，以个人和小组合作的形式，模仿画家的创作手法和思路，创造性地进行造型表现。

四、单元内容与实施

活动 1：画家梵高（用时 2 课时）

活动环节	教师活动	学生活动	活动目的	活动时长
课前准备	布置查阅梵高生平资料和主要作品			
导入	出示梵高《自画像》 讲梵高的一生	猜画家名字。 发表看法	通过欣赏作品了解画家的艺术风格	10 分钟
新授	梵高早期作品赏析。 梵高早期还画了许多类似的作品（课件）	欣赏作品。回答。 欣赏梵高早期作品	了解梵高早期生活经历以及作品风格	10 分钟
	巴黎时期：印象派。 介绍印象派。 感受梵高作品	简单说印象派。 欣赏	初步了解印象派，感受梵高画风的转变	10 分钟
	分析《向日葵》《割耳后的自画像》	学生赏析。 听讲解，欣赏作品，谈作品	解读作品	20 分钟
	分析《星月夜》	欣赏，学生讨论	体会作品的艺术特色	20 分钟
课堂实践	尝试像梵高那样用鲜艳的色彩，粗犷有力的笔触画一画	学生艺术实践	尝试走入画家的内心世界	15 分钟
小结拓展	《麦田里的乌鸦》创作背景	欣赏《麦田里的乌鸦》	总结学习画家的创新精神及艺术特点	5 分钟

活动 2：马蒂斯的绘画和剪纸艺术（用时 2 课时）

活动环节	教师活动	学生活动	活动目的	活动时长
导入	出示马蒂斯剪纸作品	欣赏	设置探索情境，激发学习兴趣	2 分钟
新授	介绍马蒂斯的生平	学生根据搜集的资料介绍	了解画家生平	5 分钟
	欣赏《戴帽的女人》 对比《蒙娜丽莎》和《戴帽的女人》	学生小组活动，研究问题。师生互动进行探讨	引导学生初步尝试用美术语言分析作品	20 分钟

续表

活动环节	教师活动	学生活动	活动目的	活动时长
新授	找一找，哪幅是马蒂斯的作品	学生在诸多作品中找出马蒂斯的作品	感受作品中的装饰美，理解马蒂斯作品奥秘	3 分钟
	欣赏《红色的和谐》	学生根据课件演示自主研究		10 分钟
	小结			15 分钟
	剪纸作品欣赏 《小鹦鹉与美人鱼》 《蜗牛》	学生自主研究并回答问题	引导学生关注作品中的抽象因素	15 分钟
艺术实践	小组合作用马蒂斯喜欢的色彩和剪纸中常用的图案，创作一幅剪纸作品	学生创作	内化所学知识，培养创新意识	15 分钟
展示评价	组织学生展示作品	学生自评、互评作品	锻炼语言评述能力	4 分钟
拓展延伸	介绍并展示马蒂斯其他作品	学生观看并感受马蒂斯的最高理想	进一步激发学生对美术的热爱	1 分钟

活动 3：抽象画的世界（用时 2 课时）

活动环节	教师活动	学生活动	活动目的	活动时长
导入	出示抽象风格的作品。说说你对抽象画的理解。 教师介绍抽象画知识	学生说抽象画概念	让学生在体验中了解抽象画的概念	5 分钟
感知体验	分析作品。 这些抽象画，你有什么感受	学生自由表达感受	引导学生初步感受抽象画的艺术风格	10 分钟
	体验创作抽象画。 尝试运用点、线、面、色彩等美术语言，进行创作体验	学生运用色彩和工具进行简单尝试	引导学生在体验中获得艺术感受	5 分钟
	思考。 这样的创作体验给你什么感受	学生发表想法	学生感受抽象画的表现形式	10 分钟
	根据资料和当时的艺术背景，说说为什么会出现抽象绘画	学生小组讨论，根据资料和亲身体验，自主探究，分析	学生通过故事了解抽象绘画是如何产生的及其代表画家	10 分钟
欣赏评述	自主探究，解读抽象画艺术。 布置讨论任务	学生根据作品及相关资料，结合问题进行小组欣赏与讨论	引导学生观察、欣赏作品	30 分钟
	思考总结，提出问题，引发学生思考。 抽象画有什么艺术特点	学生畅所欲言	学生感知艺术家探索、创新的精神	10 分钟
美术生活	抽象画与生活。 课件展示抽象绘画风格的服饰	学生欣赏抽象绘画风格的现代艺术作品	联系生活，引导学生关注生活中的美术现象	5 分钟
评论交流	出示图片，请学生对比并说一说，和传统写实的作品相比，你喜欢哪种表现方式？为什么	学生自由表达	学生感受、表达抽象和写实绘画作品的不同	5 分钟

五、单元评价

1. 单元目标评价

（1）评价任务 A

学习目标： 单元目标1。

任务描述： 教师出示课堂学习记录表，经过3次欣赏教学活动，学生能说出至少3位美术家及其代表作品，并对作品风格进行描述。学生先独立填写在课堂学习记录表上，再分组交流，由组长记录并在课堂学习效果评价表上填写评价结果。

评价量规：

“我印象最深的美术家”课堂学习记录表				
姓名：		日期：		
美术家	画派	代表作品	风格描述	作品比较

评价实施：单元整体学习活动后实施此任务，5人为一组，分6组，从能否通过本单元学习对美术家有初步了解，知道其代表作品、能否感悟不同风格美术作品的美感、能否在欣赏过程中体会美术家的绘画技巧、思想表达方面，由组员之间根据自评、互评作出评价。组长记录在课堂学习记录表上。对能准确写出3位代表画家及代表作品，并能用简明的美术术语进行描述的学生提出表扬。

（2）评价任务B

学习目标：单元目标2。

任务描述：在五次欣赏活动后，学生对单元整体学习过程中的收获，自己的学习态度，是否能主动查阅资料并收集整理，能否用语言表述感受，能否主动探究、讨论、合作学习等方面作出自评，并给予同学客观真实的评价。

评价量规：

“我的欣赏成果”课堂学习效果自评、互评表			
姓名：　　　　日期：			
测试问题	等级		
	优秀	良好	一般
以积极的态度参与了整个欣赏评述活动中			
了解画家及其代表作品，能用简明的美术术语描述作品的风格和特点			
能为活动主动查阅搜集资料，并整理利用，自主求知			
能用恰当的语言表达我对作品的感受			

评价实施：在每次欣赏活动后或单元学习活动后实施此任务，5人为一组，分6组，组员之间根据自评和互评作出评价。组长记录在课堂学习效果自评、互评表上。对在学习过程中能主动探究、讨论、合作学习并帮助他人的学生提出肯定和表扬。

2. 使能目标评价

评价量规：

“我的欣赏成果”课堂学习效果自评、互评表			
姓名：　　　　日期：			
测试问题	等级		
	优秀	良好	一般
能在活动前积极主动搜集资料			
能带着疑问参与老师的课堂活动，在活动中积极思考			
能通过活动解决对作品绘画风格、构图、色彩等方面的疑问			
活动前查阅资料对我在活动中的帮助			
活动中积极思考、质疑对我美术学习的帮助			

评价实施：对活动前查阅资料的评价：学生在活动中是否能准确地向师生作出画家生平及作品的介绍；能否提出有针对性的问题；活动中自主学习的评价：学生在活动中是否能主动寻找问题答案并和同学交流。对活动后自主探究的评价：学生能否对活动中没有解决的疑问，在课后继续查阅资料，丰富自己的知识，加深见解。

六、课后小结

通过对外国美术家及其作品的赏析，学生在探究、评述、合作、体验的欣赏过程中，了解美术家对艺术不懈追求、不断超越自我的一生，激发对美术家及其美术作品的喜爱之情；学生感受并体会美术家对艺术热情、执着、创新的精神，意识到要做一个做事有恒心的人，学生的想象力及创新意识得到培养；在理解、感悟美术作品的过程中，学生更加尊重、热爱多元文化艺术，形成审美情趣，提高美术素养。